追求法治

东莞理工学院首届法学卓越班学生论文集

ZHUIQIU FAZHI

Dongguan Ligong Xueyuan Shoujie Faxue Zhuoyueban Xuesheng Lunwenji

郑玉敏 强昌文 主编

合肥工業大學出版社

序　言

本书收集了东莞理工学院法律与社会工作学院（知识产权学院）首届法学卓越班30名学生的论文。这30名学生从2014年入学开始就有针对地在老师指导下进行阅读和论文写作准备，每名同学从选题、阅读相关著作、写稿修改到最后的定稿，都花费了大量的时间和心血。尽管这些学生只学习了两年的法律知识，但是在专业导师的细心指导下，最终在大二结束的时候都完成了自己的论文写作。在此我们把这些学生的论文汇编成书。

本书所涉及的法律知识和法律思想可以说是相当广的。从古希腊时期柏拉图的法律思想解读，到近代洛克的《政府论》的自由理论分析，再到现代的西方各种法学流派的探讨等。这些论文虽表现为初涉法律的同学们对法律的稚嫩的看法和对法学大家理论的肤浅理解，但也明晰可见法科学生对法治的懵懂追求和对法治社会的真挚崇仰。这些初涉法律的孩子们还运用他们所学的法理学、刑法、行政法、法制史、婚姻法等多个部门法的知识和理论去解读身边和我们社会中的各种问题，这些论文反映出名家的法律思想给孩子们带来的思想震撼和深刻影响，也反映出同学们在法律的知识海洋里畅游的快乐体会。

世界之大，在于和而不同；学问之大，在于海纳百川；心灵之大，在于兼容并蓄。再过几年这些同学们就会走向社会，成为建设法治社会的重要一员，希望法治的种子可以在他们心中发芽、结果直至长成参天大树；希望这些法科学生永远追求法治、信仰法治，为建设法治中国添砖加瓦。

编　者

2016年10月8日

目　录

柏拉图的法治观

杨亦斌

摘　要：本文通过分析柏拉图的“法治”理念，并与其早期的“哲学王”思想进行对比，论述了“人治”走向“法治”过程中保留的两者兼具的“理性”和国家的政体到个人的言行在“人治”和“法治”间的区别，再以此提出《法律篇》内容的构筑要点来辅助说明柏拉图的“法治”理念，展现柏拉图法治思想的理论特点，即具有一定自然法的倾向，蕴含着浓厚的宗教主义色彩和渗透着理想主义的乌托邦情怀。同时，通过中外对比，阐述古代中国思潮与“法治”概念的隔阂，进而推进说明古代中国制度对“法治”的限制与阻碍。同时，对当今中国法治国家“依法治国”的大环境加以审视，分析法治重要性，提出在反省与自我批判、自我改进中逐渐过渡，为法治注入新鲜血液。

关键词：“哲学王”思想；理性；人治；法律与宗教；法治

一、理性指引下的“人治”

说起《法律篇》不得不提到柏拉图早期的著作《理想国》，他在这一书中主张的是“哲学王”思想，虽具理性，而实质乃“人治”。但是这种理念的“人治”却和我们古代中国的“人治”（或者说具有批判性的“人治”）有所不同。比如，建立在禁锢人性和高压之下的统治是野蛮的、威逼的，但我认为柏拉图说的“人治”是文明的，是开放的，是仁和的。归纳起来，柏拉图认为，理性是统治者具有的最核心的统领着智慧、勇敢和有节制的品德，而正义又是这三种品德交相辉映的共同结果。因此，在柏拉图的“人治”时代，理性的和优秀美德的城邦统治者也就是哲学王。

二、柏拉图"法治"理念的构筑

柏拉图在《理想国》一书中还认为，国家只要有一位卓越的哲学统治者就足够了，甚至鄙夷法律的制定和必要性。但是，随着时间的变化，关于国家管理的一切都在转变，作为大思想者，处于大变革时代，从社会的现状反馈中，柏拉图敏锐地察觉到了国家的固有模式和当初自己的主张已不适用。正如清末变革者一样，在国家欲将更迭之际，孜孜以求一套更为先进的良政来力挽狂澜。同样的，在晚年，他于79岁时写下了《法律篇》并在书中强烈推崇"法治"，诠释了法治对于治理城邦的必要性，尽管没有确切地阐述来形成一整套以"法治"为线索的理论体系，但是，从书中的文字所体现出来的零碎、隐约的思想，却可以看得出柏拉图正抬步迈向法治道路，这亦是人类智慧的结晶。人本来最难改变的就是自身的思想，柏拉图却由"人治"转向了"法治"。在我看来，这并不是像牛顿晚年一样斗转间成为"有神论"者那样荒诞不经，柏拉图或者是基于岁月和时间的沉淀，在经历与阅历的交融下闪烁出智慧光辉。

但是，在读完《法律篇》后，我们并不能从中系统地了解柏拉图对于"法治"国家的构筑体系，其中，以第三人称精简描述的柏拉图的思想包罗万象，但是，最明显的就是他的"正义"的理性原则。在这个原则下，柏拉图提出的各种思想，或多或少离不开《理想国》中精辟重要的论点。因此，《法律篇》是《理想国》的一个投影，却有着新的广阔一角，那就是越过"人治"和"法治"之间这条鸿沟步入的"法治"新世界。所以，相较于《理想国》，在《法律篇》中，我们可以找到柏拉图提出的我认为最突出的几点构建要求。第一，美德。书中屡次提及美德，这让我觉得柏拉图是否受其老师苏格拉底"知德合一"观点的影响而认为美德对于法治来说是一大支柱和一条桥梁，当然，也跟柏拉图过去认为哲学王应具有美德品性息息相关。其中，柏拉图在书中第一卷就开宗明义讲了德性。他给德分了类，比如书中讲到的"一类是属人的（包括权力、知识、美貌、富裕），一类是属神的。他说神的德性比人的德性更可取，已具有属人德性的人也许就错失了属神的德性。而真正的立法者是以一种适当的方式为这些德性排定次序，引导人们达至属神的德性。人们尊奉神的德性时就好像是法的要求，则属人的德性就成为属神的德性了"。所以，柏拉图突出了德性在城邦居民和立法者之间的重要性：一方面，城邦居民要有良好的道德，心要善，遵循传统和立法者的要求；另一方面，立法者要透过立法引导城邦居民适应法的要求。这两方面架起了城邦居民和立法者之间的桥梁。因此，我认为美德是柏拉图理想“法治”的一大重要组成部分，是基于人的实质内在的基础。第二，立善法。正所谓“恶法非法，善法之治才是法治”。首先，柏拉图在《法律篇》中提到的立法不是空洞的，不是跟随内心带有目的性而设立的。他强调在立法过程中，立法者要勇于实践，要观察了解无德性居民的恶习、陋习及其卑劣行径，以此来制定制度避免危害。其次，他还提到，一个胜利者，要胜利在立法的质量和数量上，进而认为，要立善法就必须让颁布的每一条法规都与适当的和恰当的自然相匹配，法律才不会流于空文，否则就容易散失而无迹可寻了。第三，传统。传统一词在第五卷之后被柏拉图频繁提到。就我个人理解来说，柏拉图所说的“传统”略微抽象，“传统”与法律制度不同，但是又似乎有相似之处，好比现代通说的公序良俗或者近乎习惯一词。柏拉图认为居民要尊荣传统，不同的部落有不同的传统，居民要按照这些传统来施行生活的方方面面。从一定程度上来说，传统是根，居民沿袭之而用之。法律是延伸，推陈出新，两者并驾齐驱，达至柏拉图式的法治。第四，自由。谈到自由，我认为这是个大概念，但是，在《法律篇》中，柏拉图对于自由有独特的诠释见解。他说的“自由”不是人身的自由，是意志的自由，并且这种自由体现在对于法律、传统的接受上。比如书中所说的“因以自由的方式接受传统所带来的福祉，和以奴性和高压的方式接受传统所导致的堕落。他谈到了奴性之令人讨厌和让人不快”。这跟我们平常所说的自由是不同的，我们强调人身和意志自由，而柏拉图认为，国家安稳、政局平定靠的是居民能够以自由的意志接受制定或沿袭的法规，这些法规还有一个特点，那就是为人们所喜爱、所乐意去接受。从这一方面，我认为，这就是柏拉图力图把人性的自由从压迫剥削的囚笼中拉出来，这是对奴性的批判，对文明的敬仰！

当然，我认为在那个轴心时代，柏拉图算是一个时代的精神领袖，是哲学领域的先驱，亦是法治时代的拓荒者。对于他提出的“法治”思想，尚且处于启蒙的阶段，并不成熟也不完整，比如很多主张都牵涉宗教的道义，因为欧洲大陆绝大部分都信仰基督教，宗教对人民的影响就像扩大了的普遍的家庭教育一般，从出生到认知阶段，潜移默化，所以对于柏拉图提出的某些观点，可能今天看来并不切实可行或者说是宗教在他的思想中的虚幻的、歪曲的反映。比如，他说美德上，要让人的德性趋向神的德性，神的德性乃是最高的衡量标准，这是不可定性的标准，因为神不存在，其只是美好的精神寄托，正如中国人对于佛祖的信仰一样。但是，不能否定法律的萌生很大功劳、很大部分正是来源于欧洲大陆的宗教思想，从历史来看，在许多政教合一的国家里，宗教经典同时起着法典的作用，如印度教的《摩奴法典》、伊斯兰教的《古兰经》、基督教的《圣经》等。除此之外，伯尔曼就曾经写过《法律与宗教》一书，很深刻地阐述了宗教的发展变化对国家政治文化的影响，专门谈到划分法律与宗教对于维护个人精神价值和国家独立地位的重要意义。所以，对于柏拉图的思想，我们首先要承认他的伟大功绩，但也要分别来看待，因为柏拉图所提出的是伴随着宗教的道义，但宗教与法律却不能相提并论，它们分属不同领域，有丝缕渊源，但我们应该把过去的理论观点以当今的视角加以审视，一分为二地看待问题。

三、法治实现的思考

相比之下，请我们打开历史记忆的闸门，回望过去，把时间点同样放在与柏拉图相同的时代，你会惊讶地发现，我们的先哲孟子同样提出的“仁政”与柏拉图提出的“美德”在理念上有相似之处。确切来说，孟子主张“以民为本”“民贵君轻”。比如《孟子》中写道：“五亩之宅，树之以桑，五十者可以衣帛矣。鸡豚狗彘之畜，勿失其时，七十者可以食肉矣。百亩之田，勿夺其时，数口之家可以无饥。”所以，按照孟子的思想，其注重的莫过于百姓安居乐业，在农耕自给自足的时代能够满足衣食住行就足矣，加上君主施仁天下，则国泰民安，社稷太平。以此来看，孟子的“仁”与柏拉图的“美德”异曲同工。但是在人性上，孟子并没有追求解放。在国家治理上，孟子也没有质疑“人治”统治下缺失的真正的自由、公正、平等。这也许就是起始于儒家的“中庸”思想，乃至后来几千年的统治者都津津乐道以“尊儒”为本，突破不了思维的局限，更打不破制度的局面。拿破仑说过“中国是一头沉睡的雄狮，当他醒来全世界都会震惊，那就让他永远不要醒来”。但是，中国的觉醒却是被外来的大炮轰醒的。面对西方的制度、技术、文化、经济，醒来时都只能是望其项背了。而究其原因，都是“制度”惹的祸。在什么样的制度下，就会孕育怎样的社会环境。中国一直以来都是封建专制统治，权力的天性就是膨胀，所以这种高度集权的国家必然匮乏甚至根本没有法治生存的土壤。如何突出这一根本性的问题，我们可以通过比较来看。首先，柏拉图提到“美德”，我们有提倡“仁政”。柏拉图说到“传统”，我们兼有之，法制史中就明显表现出多少朝代都是对旧有的传统沿袭之而用之。但是，我们缺少的就是我上面说到的剩余两点，即“善法”和“自由”。我不敢说我们古代中国没有善法，日本借鉴效仿我们，某些精髓今天也仍适用。但是，古代这种“善法”并不是臻于“真正的善”。柏拉图谈到“善法”是不能根据立法者内心所欲来制定，而必须找到一个度量衡，了解百姓居民所需、所欠缺而加以制定。但是，我们古代中国的最高统治者很大程度上就是集立法、司法、行政于一身的，他是统治者也是立法者，所以说，皇帝立的法都是为了维护他的统治、他的利益来确立的，没有找到君主和百姓之间的一个平衡点，这样能不能算“善法”？其次就是“自由”了。柏拉图要城邦居民拥有自由意志接受法规，但是相比于古代中国，我们的皇帝都是以威压强势的方式让百姓头涔涔而泪潸潸地接受，诚惶诚恐痛苦地过日子，哪里能得以自由而乐意地去接受法的规定呢！简言之，有善法人们才能够具备自由的、乐意的心态去遵循和维护，这也是“善法”和“自由”的密切联系吧。所以，善法和自由是在开明先进的制度下诞生的，没有这样广阔的天地和滋养的土壤，哪怕事实上人的思想已经得到启蒙，却极易被重重阻力瓦解，就像翱翔的小鸟双翅被两个重重的链球坠扯着。但可惜的是，古代中国不要说在制度施行上从“人治”转向“法治”，就连思想上世世代代根深蒂固都不能转变，最后也是“后人哀之而不鉴之，亦使后人而复哀后人也”。而柏拉图呢，尽管也是在变革的时代，但是其却在混乱的氛围中窥探出社会国家治理的弱点，进而提出良方，我想用一句话来形容他的思想转变，那就是“因为睡得太昏太沉，以至于他对黎明破晓的体会特别深刻”。当然，今天的中国焕然一新，我们提出依法治国，注重加强法治，人们的法治意识也在逐步提高。我想，这所包含的不仅是观念、行为以及政治的彻底改造，而且是绝望与顿悟、死亡与再生的深刻体验，是一种真正的脱胎换骨。我们承认以往的失败，在对自身国家生存状况作真正全面、深刻而且诚实的反省与批判的基础上，超越我们的过去，创造出我们自己的法律，这也是我们的自救之道啊。

最后，我想说以上归纳的书中四点内容是我读完《法律篇》后印象最为深刻，也是我认为最核心的部分，其他内容涉及的面非常广也很分散，包括柏拉图对音乐、教化、神灵等的感受与体会，看似偏离主线，但是，联想到柏拉图当时生活的环境，容易发现柏拉图对于生活细致入微的感悟已经上升到他的理想“法治”中了。这些点滴微不足道却与他心中的政治蓝图息息相关啊！

当然，正如孔子言：择其善者而为之，其不善者而改之。我们最需要的是带着批判的眼光去看待事物，在法律的学习上秉着吾将上下而求索的精神，就像柏拉图，如果可以比喻，那么我想，他就像一个终生跋涉的香客，不停地寻找一座永恒的神庙，希冀一种理想的涅槃。而我们，也将努力地追寻正义，遵循善法，企及理想法治国度的边境。

参考文献

[1]［古希腊］柏拉图．法律篇［M］．张智仁，何勤华，译．上海：上海人民出版社，2001.

[2]［美］哈罗德·J·伯尔曼．法律与宗教［M］．梁治平，译．北京：中国政法大学出版社，2010.

《通过法律的社会控制》读后感

陈展鹏

摘　要：罗斯科·庞德是美国社会学法学的代表，20 世纪西方法学界的权威人物之一。他曾于 1916 年至 1936 年长期担任哈佛大学法学院的院长。庞德学说的思想渊源主要包括詹姆斯的实用主义哲学和霍姆斯的实用主义法律思想。美国社会学家沃德和罗斯关于社会力量和社会控制等学说也对庞德的学说产生了很大影响。庞德一生著述颇丰，其中 1942 年发表的《通过法律的社会控制》最早是他在担任哈佛法学院院长期间所做的一篇专题讲座的讲义，虽然篇幅十分短小，但内容却相当精炼，它集中阐释了庞德社会学法学的精髓——社会控制理论与利益学说，为我们一窥其博大的法学思想提供了一个简明的范本。

关键词：社会；控制；社会控制

一、法律在社会控制中的意义

“社会控制”一词是由罗斯在 1896 年提出的。他在《社会控制》一书中指出，人类经历从自然秩序走向社会秩序是从混乱到有序的过程，一旦社会复杂化，人类的情感不再维系自然秩序，因而需要一种机制来稳定人类社会且不受情感的影响，这样的机制就是社会控制。庞德引用了这个概念，并从更宽泛的意义上解释了这个名词。他认为实行社会控制的手段主要有三种：法律、道德和宗教。在开始有法律时，这三者是混淆在一起，很难区分的。当时的“法律”可以说包括了社会控制的所有手段。但从 16 世纪以来，法律已成为社会控制的主要手段，因为从那时起，社会政治组织已经成为首要的了。它具有一种对强力的垄断，而当前社会正是依赖于这种强力才得以继续。社会控制首先是国家的职能，并通过法律来行使。所有其他社会控制的手段被认为只能行使从属于法律并在法律确定的范围内的纪律性权力。因此，从历史上来看，法律由最初与道德、宗教不分的混沌状态中渐渐分离出来，成为一种独立的和高度专门化的形式，正好表明了文明的进步和社会的复杂化。

那么，我们究竟为什么需要社会控制？法律在社会控制中又起什么作用呢？庞德举了一个经典的例子来说明。假如有一个戏院要放映一部新的、大做广告的电影，想要进入戏院的人远远大于戏院能够承受的最大容量。在这种情况下，如果不排队，那么就不可能有很多人进得去，而且过程会很痛苦，并可能会有人受伤。到最后那些侥幸进去的人，将在万分狼狈的状态下去“享受”这次演出。反过来，如果大家都排队购票，那就不仅会有尽可能多的人进去，而且能避免可能出现的不幸后果。从这个例子就可以看出，社会控制就是为最多数人做最多的事情。说得更具体点，就是使人们的要求在最小阻碍和浪费的条件下获得最大限度的满足。地球只有一个，而我们大家都需要地球。任何社会都不可能满足所有的不同要求，因而就会导致人们相互之间的冲突。换句话说，人们的各自不同的要求是无限的，但社会满足这些要求的机会和资源是有限的，这就不可避免地产生利益的冲突，因此就需要一种手段来调整。庞德的社会控制论正是建立在这样一种基础之上。

中世纪法律在亲属关系组织的社会中起着作用，法律的目的似乎是在这一社会中和谐一致地维护社会现状。全世界的法律现在处于一种困难的情况下，这种困难说明了三十年来对于各种法律制度和法律正义所进行的许多公开的攻击。人们对法律不满意并且愿意尝试一下不要法律的治理，因为他们感到，正如有的人所说的法律一直没有合法地运行。特别在应付许多新问题和力图保障一个正在变化的经济秩序中许多新产生的迫切利益方面，法律不符合人们对它的期望。这种情况产生于公认的理想对于今天法院所受理的各种冲突的和重叠的利益不能提供满意的调整。因而新的法律问题如何解决还没有头绪，人们对政治组织社会的强力放任自流。既然没有权威性的理想来指导这种强力，行使强力也就成了凭个人意愿、成见和偏爱办事的事情——这些正是法律力图压抑的东西。强力统治试图担当法律统治的工作。不论我们把文明看作事实还是观念，我认为它是各门社会科学的出发点。有人曾经说过，文明是使人类力量得到最大可能的展现。不如让我们说，文明是人类力量不断地完善、发展，是人类对外在的或物质自然界和对人类目前能加以控制的内在的或人类本性的最大限度的控制。文明的这两个方面是相互依赖的。如果不是由于人们所已达到的对内在本性的控制，他们就难以征服外在的自然界。如果人们必须随时武装自己并经常害怕受到攻击；如果没有这样一个假设，即：在文明社会中，人们必须能假定其他人不会故意侵犯他们，必须能假定那些从事某种行为的人在其行为中将适当和注意以免给其他人带来遭到损害的不合理危险，那么曾使物质自然界的许多东西有可能被控制起来供人类之用的研究、试验和调查，就不可能进行了。但是如果没有对物质自然界已经达到的那种控制，今天生活在世界上的庞大人口也就不可能存在了。因而人们对内在本性的控制，使得人们得以继承这个世界并保有和增加他们对内在本性的控制。各门社会科学必须研究这种对内在的或人类本性所取得的支配力——它究竟是什么，它是怎样产生的，还有最重要的是它是怎样得以保持、促进和留传的。这种支配力直接地是通过社会控制来保持的，是通过人们对每个人所施加的压力来保持的。施加这种压力是为了迫使他尽自己本分来维护文明社会，并阻止他从事反社会的行为，即不符合社会秩序假定的行为。社会控制的主要手段是道德、宗教和法律。在开始有法律时，这些东西没有什么区别。我们所称的舆论，就是伦理习惯的一种近代形式，它是在各种各样的自愿联合之中组织起来的。当伦理发展的结果产生了道德体系时，就出现一种法律发展的阶段，在这个阶段中，人们试图将法律和道德等同起来，使一切道德戒律本身也成为法令。在文明史的很长一段时期内，它负担了大部分的社会控制。很多早期的法律，接收了各种宗教制度和宗教戒律，并用国家的强力加以支持。在近代世界，法律成了社会控制的主要手段。在当前的社会中，我们主要依靠的是政治组织社会的强力。我们力图通过有秩序地和系统地使用强力，来调整关系和安排行为。如果法律作为社会控制的一种方式，具有强力的全部力量，那么它也具有依赖强力的一切弱点。某种很像法律的东西，虽没有任何强力支持，也能够存在并证明是有效的。在一个不以个人为单位而以血亲集团为单位的血亲组织社会中，法律的任务只是在各个好战集团之间保持和平这样一个简单的任务。如果一个血亲成员伤害了另一成员，就由血亲集团内部纪律来加以处理。如果某一血亲集团的成员伤害了另一个血亲集团的成员，就没有一个共同的上级来调整所产生的争端。而通常的结果就是血亲复仇。最早设计的法律制度，是通过要求被害血亲放弃复仇行为和规定旨在确定事实的机械的审讯方式，来调节并最终制止私人间的战争。不过这种制度只以有限的社会控制为它的范围，大部分社会控制仍留给血亲集团的内部纪律、共同体的伦理习惯和宗教组织去处理。可是血亲组织作为社会控制的一个重要手段，实质上已经消失，少年法院和家庭关系法院已接替了许多一度曾属于家长的管辖权。法官行使着处理逃学和屡教不改行为的权力，法院程序代替了旧时父亲和儿子之间在家庭边房里的谈话。在血亲集团已不再是社会单位很久以后，甚至在政治组织社会已获得相当大的发展以后，宗教组织还是社会控制的一个有效手段。从西罗马帝国覆灭到12世纪，教会充当了社会控制的前锋，并且在当时是维护和促进文明的一个最重要的手段。但是不管宗教现在还占有多少地位，宗教组织已丧失了它们对人类的权力。社会控制已完全世俗化了。道德的背后不曾有过这样有效的组织作为支持。可是血亲集团却对其行为为本亲属带来耻辱的血亲成员加以约束。所有其他社会控制的手段被认为只能行使从属于法律并在法律确定范围内的纪律性权力。英国的法院可以恢复被一个社会团体错误地开除出去的人的会员籍。家庭、教会和各种团体在一定程度上起着在现代社会中组织道德的作用，他们都是在法律规定限度内活动并服从法院的审查。今天，社会控制首先是国家的职能，并通过法律来行使。它的最后效力依赖于专为这一目的而设立或遴选的团体、机构和官员所行使的强力。它主要是通过法律发生作用，这就是说，通过被任命的代理人系统地和有秩序地使用强力。可是，如果假定政治组织社会和它用来对个人施加压力的法律，对完成目前复杂社会里的社会控制的任务来说已经绰绰有余，那是错误的。法律必须在存在着其他比较间接的但是重要的手段——家庭、家庭教养、宗教和学校教育的情况下执行其职能。如果这些手段恰当地并顺利地完成了它们的工作的话，那么，许多本应属于法律的事情将会预先做好。需要管制的反社会的行为和与周围的人们处理得不好的关系，可以通过养育、训练和教育来预防，从而导致以理性为准绳的生活。但是都是生活和工业环境严重地影响了家庭教养。它的作用，在大都市里远远不如在过去的小范围的、同种姓的邻居关系中那样有效。现时事物的普遍世俗化，对信念或教义的不信任以及冷酷的现实主义，削弱了宗教的势力。当法律将社会控制的全部活动纳入自己的领域后，法令的实施就成为一个尖锐的问题了。关于“是怎样”的各种理论，对“应当是怎样”的各种观念具有显著的影响。

二、法律的社会组织

该书用的是社会“控制”这个词，控制更多的含义表现为有权者（立法者、司法者或是主权者）有意识地、能动地、系统地对社会秩序和运行状态做出调整与规制，但我们知道，有的时候法律的实际运行情况是超出控制了，是失“控”的。例如在某些民事案件的审理过程中，家里经历过的一次交通肇事赔偿，法官和当事人会联合起来，有意或无意地忽略某些程序规定，而着眼于纠纷的实质解决，立法者所订立的一些社会控制手段在司法者与纠纷当事人的行动中，并没有得到有效的施行，但并不能说此时法律不起任何作用。

除了那些似乎违背了法的严格规范、有违法律精神的个别案例之外，社会生活中尚有大量的合乎法律精神的软法现象，所以不能一味指责个别当事人的脱离立法者的法律控制的行为是不合法治精神的“违法”行为。

我的意思是，与其说是“通过法律的社会控制”，不如改成“通过法律的社会组织”，以此来彰显法律更为深远的影响。

三、权利的重要性

权利是贯穿今日法律的灵魂，是构成法律大厦的基石，无论是理论研究还是实务工作，分析某一法律现象中的权利与义务，是解决法律问题的一把钥匙。但确立权利的基石地位并非一开始就得到了法学研究者们的一致同意，我的意思是，好吧，如果你现在抛开你所接受过的一切法学教育，你为什么会认为在法律中，有权利的存在呢？甚至权利这个概念是如此的重要呢？在中国古代，我们就压根没使用过今天的法学意义上的“权利”这个词，法律制度也一直在运作的啊。

或许法律的基本概念是过错，而不是权利和义务。你犯下了某种错误，于是法律就要适用国家的强制力来惩罚你，这就是法律规则，仅此而已。所谓的权利，不过是从国家强制力的“威胁的效果里推论出来的”，换句话说，是先有了国家的强制力以及这种强制力对某种行为的威胁，然后才有了所谓的权利的幻象，而不是相反。

譬如，你的肖像被张三非法使用，你去法院告他，你不能说，因为我的肖像权被侵犯了，所以张三要承担责任。事情的真相是，国家规定任何人不得随意使用他人的肖像，否则法律就要施以惩罚，没啥什么权利存在的必要，它不过是假象而已。

庞德如何回答这种理论呢？他在列举了诸多的违法现象之后，质问道，难道在这些对违法行为的处理背后，就真的没有其他的考虑了吗？如果在所有的场合中，我们只考虑特定的事实情况（如每一桩违法行为），那么必须为每一种特定事实情况规定一个特定的威胁。但事实上，即便最详尽的法典也无法做到这点（想想看，使用他人的肖像可能是用胶卷，也可能是用数码，也可能是用手工绘画……如果详细规定每种情形以及发生每种情形后的威胁措施，那么法典确实要够厚的了）。

所以，庞德一针见血地指出："在每种威胁的后面，有着为人们所理解的、得到人们承认的和被划定界限的各种利益，还由于有着我们谋求通过威胁手段来加以实现的许多公认理想，使我们能有把握应付大多数新产生的事实情况，而不必预先为每一种情况规定和颁布新的详细的威胁。"

这段话逻辑强劲地解释了权利的重要作用！读起来令人会心一笑。

精彩还在继续，庞德意犹未尽、振聋发聩地指出："这种认为不存在权利的观念，是政治专制主义在全世界兴起的象征。在专制主义和这样一些法学理论的支配下，专制者或官僚就没必要为权利去操心了，也就是说，没有必要去为任何一个人的利益、要求或需要而操心了。"

读到庞德的这些话似乎并不新奇，权利的重要性已深入每个研习法律的人的心中了，但在一个权利观念尚不深入人心的时代里，他论证的逻辑思路值得学习。

简析边沁的功利主义

杨嘉兴

摘　要：功利主义是指以超阶级的功利作为人们行为标准的资产阶级哲学思想，认为最大多数人的最大幸福是正确与错误的衡量标准，尽管要牺牲小部分人的利益，但是为了大众的利益，其小部分利益的牺牲是有价值的，即共同体利益大于个人利益。本文根据功利主义的性质、内容来阐述为什么最大多数人的幸福才是我们所追求的，而不是个体的幸福，将功利主义与禁欲主义相对比，以突出功利主义存在的正确性。从社会发展的角度看，功利主义又有其缺陷，需要不断去完善和发展。

关键词：边沁；功利主义；简析

一、边沁的思想简介

（一）边沁的个人简介

边沁是英国的法理学家、功利主义哲学家、经济学家和社会改革者。他是一个政治上的激进分子，也是英国法律改革运动的先驱和领袖，并以一位功利主义的创立者、动物权利的宣扬者及自然权利的反对者而闻名于世。

（二）边沁提出或支持的思想

我们来看一下边沁所提出或者支持过的思想：（1）个人以及经济的自由。在18世纪，正是资本主义飞速发展的阶段[1]，然而政府过多的干预阻碍了经济发展，由亚当·斯密提出的《国富论》强调一只“看不见的手”，从而发挥市场的自我调节作用使得市场利益达到最大化，正好与边沁所提出的功利主义相呼应。（2）国教分离。在边沁所处的年代，天主教会一直掌握着巨大的权力，不仅王权因此受到约束，连政府的事务也或多或少受到干扰，因此，国教分离是边沁认为一个国家想强大必须要做到的事情。（3）言论自由。时至今日，言论自由仍然是我们需要坚持的一个原则，只有让人自由地表达出自己的想法，这个社会才能不断进步。

（三）边沁最主要的哲学原理

我们来了解一下边沁最主要的哲学原理：功利原理或称之为最大幸福原理。作为功利主义创始人的边沁认为所有能带来幸福和能防止不幸的东西都称为功利，因此，边沁把快乐幸福的产生和痛苦的防止归结为功利。对于边沁的功利主义可以概括为以下几个主张：（1）作为衡量标准的功利主义。边沁认为“最大多数人的最大幸福是正确与错误的衡量标准”，简而言之就是要去追求幸福最大化。边沁还指出，功利主义原理可以用来证明其他任何事物，但它本身无法被证明。（2）功利主义原理的计算。根据边沁的功利主义内容，可以得出这样一条公式：行为引起的快乐-行为带来的痛苦=善。从而来计算出行为人的幸福程度。（3）功利主义与快乐主义。边沁认为“组成共同体的个人的幸福，或曰其快乐与安全，是立法者应当记住的目的，而且是唯一的目的”。边沁将这两者与立法结合起来，表明了立法的好坏，取决于人们在其法律约束下的快乐程度。（4）功利主义与政治法律制度的安排。边沁的功利主义与自由政治哲学的勾连更体现在其政治法律安排的维度。在边沁看来，人类是受“快乐和痛苦”这两位自然主公的主宰的，功利原理承认这种被支配地位，并“把它当作旨在依靠理性和法律之手建造福乐大厦的制度的基础”。所以，边沁认为无论私人伦理还是作为一般伦理的立法艺术都不是行为的标准，其功利主义的重点在于提升立法者治理之下的社会共同体的幸福感。接下来，我将具体地展开对功利主义的论述。

二、功利主义的论述

（一）何谓功利主义？

人类由快乐和痛苦主宰。自然把人类置于两位主公——快乐和痛苦的主宰之中。只有它们才指示我们应当干什么，决定我们将要干什么。是非标准，因果联系，俱由其定夺。凡我们所行、所言、所思，无不由其支配；我们所能力图挣脱被支配地位的每项努力，都只会昭示和肯定这一点。一个人在口头上可以声称不受其主宰，但实际上他将照旧每时每刻对其俯首称臣。功利主义承认这一支配地位，把它当作旨在依靠理性和法律之手建造幸福大厦的基础。

功利原理是指这样的原理：它按照看来势必增大或减少利益有关者之间

幸福的倾向，亦即促进或妨碍此种幸福的倾向，来赞成或非难任何一项行动，以上所说的是无论什么行动，因而不仅是私人的每项行动，而且是政府的每项措施。

功利是指任何客体的这么一种性质，由此，它倾向于给利益有关者带来实惠、好处、快乐、利益或幸福，或者倾向于防止利益有关者遭受损害、痛苦、祸患或不幸[2]；如果利益有关者是一半的共同体，那就是共同体的幸福，如果是一个具体的个人，那就是这个人的幸福。共同体的利益是道德术语中所能有的最笼统的用语之一，因而它往往失去意义。在它确有意义时，它有以下表述：共同体是个虚构体，由那些认为可以说构成其成员的个人组成。那么，共同体的利益是什么呢？是组成共同体的若干成员的利益总和。

（二）个人利益之重要性

不理解什么是个人利益，谈论共同体的利益便毫无意义。当一个事物倾向于增大一个人的快乐总和时，或同义地说倾向于减少其痛苦总和时，它就被说成促进了这个人的利益，或为了这个人的利益。就整个共同体而言，当一项行动增大共同体幸福的倾向大于它减少这一幸福的倾向时，它就可以说是符合功利原理，或简言之，符合功利。同样地，当一项政府措施之增大共同体幸福的倾向大于它减少这一幸福的倾向时，它就可以说是符合或服从功利原理。一项行动，或特别是一项政府措施，被一个人设想为符合功利原理，那么为论述方便起见，可以想象有一类法规或命令，被称为功利的法规或命令，并且如此谈论有关行动，把它当作符合这样的法规或命令。如果一个人对任何行动或措施的赞许或非难，是由认为它增大或减少共同体幸福的倾向来决定并与之相称的，或者换句话说，由它是否符合功利的法规或命令决定并与之相称的，这个人就可以说是功利原理的信徒了。

在边沁看来，事物只要符合功利主义原理，去做就是对的，或者起码不是错的，应然和实然两个层面就是这样通过功利主义的桥梁构建起来了。接着，他强调了符合该原则的情况，也是唯一的情况，那就是一项行动的“后果的总和，即取决于所有良好结果与所有有害后果之间的差额”。不得不承认，他到此所架构的原则都是符合常识的，或者虽然有点结果主义，但远不能直截了当地归为谬论，直到他表述了功利原则的计算原理。

他不懈地追求一种对主观现象量化的尺度，因为这在他看来是如此科学，他也不止一次地强调：只有通过像数学那般严格而且无法比拟的更为复杂和广泛的探究，才会发现构成政治和道德科学基础的真理。为了实现数学般的精确，他将快乐和痛苦进行了分类，如感官之乐、财富之乐、匮乏之苦、感官之苦，共有十几种之多，并且进行了排序。同时，他列出了影响苦乐质量的七种因素，分别是强度、持续时间、是否确定、远近、丰度和纯度等，以及干预这些因素影响苦乐的效用，包括健康、体力、耐力等，在此我就不一一解释了。边沁为了尽可能地实现数学计算，可谓费尽苦心，极尽缜密。当然，这些只是功利质上的程度，他还界定了数上的计算，因为“共同体是个虚构体，由那些被认为可以说构成其成员的个人组成”，所以“共同的利益是组成共同体的若干成员的利益总和”。

（三）个人主义与禁欲主义之对比

但是，在社会上还存在着与功利主义相反的原理——禁欲主义原理。它像功利原理那样，根据任何行动看来势必增大或减少利益有关者的幸福的倾向，来赞许或非难该行动；不过，这是以一种逆向方式来赞许或非难，即行动趋于减少其幸福便予以赞许，行动趋于增大其幸福便予以非难。换句话说，凡谴责任何起码的、无论从何而来的快乐本身的人就是禁欲主义的信徒。其最典型有两类人：一类是道德家；一类是宗教徒。道德家摒弃快乐，难以走得更远；宗教狂则经常趋于极端，以致把这当成德行，认为有责任来乞求痛苦。禁欲主义最初像某些轻率鲁莽的玄思者的幻觉，他们领悟或想象到在某些环境中获得的某些快乐从长远来看伴有比它们更大的痛苦，于是借此挑剔在快乐名下出现的每一件事情。走得如此之远并将自己的出发点忘得一干二净，他们执迷不悟，错上加错，竟至于认为热衷痛苦便是美德。我们看到，即使如此，说到底也只是功利原理的误用。

三、功利主义的现代适用性

（一）电车难题

但到了今时今日，功利主义又是否还适用于我们这个年代呢？

我记得之前看过一集关于公平的公开课，上面提到一个假设。如果你是一名电车司机，你的电车正以每秒26米的速度向前行驶，突然你发现轨道的尽头有五个工人在工作，你想要刹车，可是却惊愕地发现刹车失灵了，你不知所措，因为你知道电车如果冲向这五个人，他们必死无疑。在你很无助的时候，你发现轨道的右边有一个侧轨，那边的尽头只有一个工人在工作，而你的方向盘还能用，情势紧迫，你会怎么做？这个电车难题最早是由哲学家Philippa Foot提出的，而且主要是用来批判功利主义的。

边沁运用了一个虚无缥缈的概念来使我们产生一种可以期望而且值得追求的错觉，这样的错觉就是我们能够实现最大多数人的最大幸福，就像在Excel里面输入一个MAX公式一样简单。这里需要明确的是，我承认这样一个描述的存在，不然我们就不会用语言描述它，但可惜的是，它只存在于理想世界，或者起码在现实的世界中是不能实现的。这不仅因为既有利益团体的阻挠，还包括二八定律、马太效应等已发现的原理的围堵。即便我们相信了这样一个目的的正确性，如果我们仔细探究其中的诸多方法和前提，就会窥见其中的瑕疵。

（二）幸福可以计算吗?

首先，幸福是可以计算的吗？我们能够赶上时间、地点、人物的变化速度进行计算吗？或者说一个公式就能够让主观评价的等式成立吗？吃饭和喝水哪个给人的快乐更多呢？或者一个安心钓鱼晒晒太阳的渔民和辛苦挣钱的百万富翁哪个更接近于快乐呢？或者一个死刑犯几块钱的注射剂和他如果继续劳动创造的价值哪个更大呢？也许你会指出死刑的震慑作用，但这种作用即便有，它的大小是否经过了测量呢？边沁也着重陈述，惩罚如果无益，则不应该施加惩罚。但是，惩罚的后果究竟怎么测量，远比拿着尺子量长短要复杂。更何况，不仅有些东西难以测量，这个世界上还存在着很多不能测量的东西，诸如生命、爱情、命运、未来。能说长江大学那些不幸遇难的大学生就一定比这些被救的初中生有价值吗？或者命也是能够放在天平上比较大小的，毕竟国家培养一个大学生，家庭养育孩子到成年，这些都是难以想象的成本。不过谁又能想见，初中生也是祖国的未来，美国政府把每个学生视作未来的总统，不同的地方生命的价值也不同吗？更不要说未来的不确定性了，洞穴奇案中，因为会造成十个急救人员的丧生就不去营救吗？

四、结论

未来充满了不确定性，让我们难以估计未来的价值；过去又是已经发生的过去，一切都归于了沉默成本；能够比照的现在要么是转瞬即逝，要么是难以测量，要么是不能测量。这个时候，谁还能相信幸福是个可测量的事情呢？是啊，也许在你很渴的时候一杯水比一个馒头更让你快乐，但是如果这杯水是属于别人的呢？就算你可以拿一个馒头和他交换，如果他不同意这种交换呢？就算他有一百杯水或者说不缺水，你拿一百个馒头和他交换，如果没有达成合意，快乐就不是一个必须实现的东西，它被权利阻却了。

再如古代的同态复仇，假使有人杀了甲的父亲，甲基于功利主义原理就不应该再去报仇，因为即便他杀死那个人，他也无法挽回他的父亲，虽然他满足了这种心理上的快乐，却给了另一个人复仇的理由。如此下去只能是囚徒困境，每个人都追求自己利益的最大化，到头来却是群体利益的损失。罪有应得是在惩罚降临后的说辞，但不是施与惩罚的理由。最大多数人的最大幸福，看似应该算是理由了，但在它的理念王国里却插翅难飞，不能作用于现实之地。

另外，人是否在一直贯彻执行着这个原则，我也是存疑的。虽然边沁说："活生生的人，不管多么愚蠢或堕落，并非或未曾在一生的许多或绝大多数场合不遵从这个原理。人类身心的天然素质，决定人们在一生的绝大多数场合一般都信奉这个原理而无此意识。这即使不是为了规范他们自己的行动，也是为了评判他们自己的以及别人的行动。"但是他的弟子，著名的《功利主义》一书的作者，约翰·穆勒，他在二十岁的时候深信自己会成为一个一流的思想家，却怀疑当未来已经如此明了之时，人生还有什么意义，并因此坠入精神分裂和抑郁症的深渊。后来，他明白了："做一个并不满足的人要比做一头满足的猪好得多；做一个并不满足的苏格拉底要比做一个满足的蠢人好得多。"就好像没有人会选择做一个傻瓜，尽管他知道傻瓜更容易感到满足。所以萧伯纳也说："幸福并不是生活的目的；生活并没有目的；生活本身就是目的。"

问题不仅如此，如果人们有追求利益的心理，却没有这个能力呢？边沁的一切原则都首先假设了经济人的前提，即每个人都是逐利且理性的。他们懂得追求自身利益的最大化，这是人性本质，但他们很难看到这种追逐有时候会侵犯到公共利益，或者即便他们意识到了也仍会选择自身利益。他们是如此的理性，又是如此的不理性。甚至有时候，他们连利益轻重都难以辨识，短浅的目光扰乱了利益的风向，人最终迷失在利益的泥沼，更不要说那些贪污犯知法犯法了。除此之外，边沁把法律理解成达到最大多数人的最大幸福的工具，把结果当成法律的终极追求，这多少有点极端。抛开这个目的的可能性不谈，我不否认法律的这个目的，但是为了达到这个目的是否可以不顾其他一切原则呢？法律不是没有灵魂的工具，不是拿来就用的附属物，如果法律可以为了这个终极目标而抛弃其他价值的话，那么它就已经在真正意义上离开了它所宣扬和保护的价值。因为在追求最大化时，过程是破坏性的。如果最好的笛子可以不顾制作人的意愿而轻易献给最擅长的笛子手的话，所有享受这种音乐的听众就都成了抢劫的从犯，并很可能成为下一个自己的钢琴或者架子鼓被抢夺的对象。或者我们再假设得极端一点，自杀显然对于社会和家庭是有害的，或者起码是没有任何好处的，那么是否可以随意阻止他人的自杀行为呢？一个对于社会和人生失去信仰和目标的人，活着对于他来说就是最大的痛苦，那么我们能否基于功利主义原理而囚禁他使他不能自杀呢？答案已经是不言自明的了，功利主义作为一种伦理价值规范，在特定的历史阶段，适应并促进了资本主义政治、经济的发展。

然而，功利主义的理论建构存在着一定程度上的逻辑缺陷，举个例子而言：在古罗马斗兽场，人们喜欢看奴隶和野兽之间的搏斗，但是这很容易出事故，如果按照功利主义来说，这一行为是可行的，因为他满足了大多数罗马人的观赏心、好奇心，产生快乐，但是对于那个搏斗的奴隶来说却是拿生命在为人制造快乐。用边沁的功利主义来说就是可以解释的，但是按照人道主义来讲，这种行为不被现代人接受。功利主义的缺陷在一定程度上体现于在符合大多数人的利益的时候，往往会牺牲少数人的利益。例如在第二次世界大战的时候，德国法西斯就因为认为犹太人的血统不纯，会玷污了高尚的德国日耳曼人的血统，所以进行了惨绝人寰的种族屠杀，就是为了一个血统问题，几百万的无辜生命因此而牺牲。我觉得每一个学说没有绝对的对与错，功利主义亦不例外，因此我们在学习它并结合当今社会的情况的时候，需要用一种批判的态度对待。

参考文献

[1] 杰里米·边沁．政府片论［M］．北京：商务印书馆，1995.

[2] 杰里米·边沁．道德与立法原理导论［M］．时殷弘，译．北京：商务印书馆，2000.

法律的经济分析

——读《所罗门之结》有感

何嘉怡

摘　要：贫困这个问题并不是通过救助就可以解决的，授之以鱼不如授之以渔，所以《所罗门之结》探讨的是法律到底能为经济做些什么，就是如何通过一种治本的方法解决贫困的问题。首先法律的制定就是为了发展经济，良法可以激励创新，增加国民财富；同时一个国家的经济程度也客观反映了法治程度。其次，商业日渐发达的今天，双方的信任是商业交易的基础，所以《公司法》《合同法》等的出台就是为了维护交易安全，保障双方的权利，增强双边信任。再次是创新，这是我们国家一直提倡的理念，要令可持续发展的速度最大化，就要让创新者保留其创新带来的大量价值。最后是反腐和经济自由化的问题，这是经济能否健康发展的保障，通过简政放权，使行政保障阳光化。

关键词：贫困；法律；经济；信任；创新；反腐；经济自由化

没有创新，经济就无法长盛不衰。

没有信任，创新就无法蓬勃发展。

没有法治，信任就无法滋生壮大。

“可持续的经济发展究竟需要什么样的组织和制度条件？库特与谢弗以清晰、深刻而又生动的描述和分析，揭示了基于法治的社会信任对企业、金融以及科技创新之间组合优化的决定性作用。《所罗门之结》有利于中国及其他非西方国家的读者重新认识所有权、契约以及司法规则在控制交易成本方面的具体作用。”——季卫东

“香港轮船的绳套上有一个将两股绳环紧密连接起来的结——所罗门之

结，它代表了作为持续发展条件的一个词——‘信任’，尤其是创新者与投资者之间的信任。”中国自 1972 年提出可持续发展后一直坚持经济、社会、环境和文化四个方面协调发展，创新能力将经济发展与法治以及社会开放联系起来，不可或缺的法制条件成为万能金钥匙。

法学与经济学原本是一体的，法经济学运动与制度经济学的兴起重新将这两者结合起来。波斯纳认为，法经济学是“将经济学的理论和经验主义方法全面运用于法律制度分析”的学科。康芒斯认为：从经济理论、社会哲学和世界历史三个观点出发，对不同制度进行综合性比较研究的努力，就是现在的所谓“制度经济学”。而在发展中的法经济学能在多大程度上解释法律能为战胜贫困做什么？

一、法律的制定就是为了发展经济

“别傻了，谈的就是经济！”这是 1992 年克林顿在竞选总统时的一句名言，也是《所罗门之结》一书的思路。犹记 CCTV 曾问“你幸福吗？”的答案之一是“是的，我姓傅。”如此简单的问句、如此意外的回答背后隐含的是一个普通中国人对于所处时代的政治、经济、自然环境等方方面面的感受和体会，引发当代中国人对幸福的深入思考。不同的人对幸福有不同的定义，但经济学可以直接考察财富背后的某项目的，例如幸福。那么经济增长靠什么？创新。虽说中国是世界上最大的发展中国家，发展速度有目共睹，但不可否认其仍然缺乏创新和发展。“设计规范经济活动的法律，应当以财富最大化作为主要目标，良法可以激励创新，增加国民财富。”回顾世界经济发展进程，我们知道，各国的经济发展速度与其富裕程度没有必然关联，但法律却有着举足轻重的作用。历史经验告诉我们，如果一个国家改革的时机成熟，那么这个国家所发生的变化速度比我们想象的速度要快。作为历史发展的丰碑——中国和印度，其经济发展轨迹无疑伴随着法律的巨大变化。就像书中所说，“法治通常源自国家、介于国家与文化之间的过渡性制度以及社会规范”。通过社会现状改变法律体系，继而日益完善的法律推动经济的快速增长，中国在法治道路的转变上成果斐然，但仍需努力前进。

二、法律维持双边信任

创新的双边信任困境：“发展中国家的持久创新要靠市场与组织创新，但要创新就会引发有点子的创新者与有资本的融资人之间的信任问题。”想要解决此种困境，需将对方像“所罗门之结”般捆绑，使得双向担保奏效。书上指出创新周期的三个阶段有着不同的建立信任的方式：一是关系性融资——靠人际关系驱动的融资；二是私人性融资——资金来自“风险投资家”；三是公众性融资——可以直接通过首次公开发行股票出售自己，也可以间接由上市公司将其并购。而每一阶段都存在双边信任问题，要解决这个问题的最佳解决途径就在于法律，创新者与风险投资者需要借助各种法律机制来克服相互不信任。“关系性融资需要保护产权（财产法），私人性融资需要执行合同（合同法），而公众性融资需要商法来保护外部投资者。”但并不是有法律支撑就能顺利融资，拓展融资的源泉需要的是能真正发挥作用、控制行为的法律。正如韦伯所说：“任何法律保障都是直接地为经济利益服务的。即便不尽如此，经济利益也是影响法律创设的极重要原因。”我们知道，法律的效力来自社会和国家，韦伯进一步指出：“‘得到保障的法律’这一术语可以理解为存在一种‘强制性机制’，即有一人或多人担负特殊的任务：为了规范实施的目的而适用特别规定的强制力手段。”而斯蒂格勒指出：“国家拥有一个在纯理论上即使是最有势力的公民也不能分享的资源：强制权。”所以单靠社会的制裁而没有国家的执行力，法律不足以发挥作用。但通过国家的强制力保障实施的法律，事实上直接或间接地起着作用。

财产法：我造故我有。波斯纳认为：“法律对财产权的保护创造了有效率地利用资源的激励……只有透过在社会成员间划分清楚对特定资源的排他性使用之权，适当的激励才会被创造出来。”如果没有这种保护，人们就不会去开发、利用资源。波斯纳亦认为，有效率的财产权利体系有三个标准：（1）普遍性（university）：意味着任何有价值的资源都应由某人占有，而且这种占有必须通过制度界定并表现为权利；（2）排他性（exclusivity）：是指决定谁在一个特定的方式下使用一种稀缺资源的权利；（3）可转让性（transferability）：涉及所有权通过出售或捐赠等方式的变化。虽然目前没有“中华人民共和国财产法”这样的法律，但在现行法律中存在涉及财产问题的民事法律：“如果违法占地者的产权得到保障，他们就会改良不动产（物权法）；如果经理人拥有企业，他们就会促进企业发展（公司法）；如果创新者能够取得发明专利，他们就会专心创新（知识产权法）。”虽说中国在建成社会主义法律体系的进程中仍遇到不少棘手的问题，但不可否认的是，法律为保护财产权做出了相当大的尝试并取得了不可磨灭的进步，例如动产和不动产流转的规则；国有企业实行公司制，以法律的形式建立和完善国有资产管理、监督和运营体制；掌握知识产权制度的核心，在最优激励和最优利用之间实现平衡。除了需要有效的诸如财产法之类的法律协助外，创新还需要协调不同个人之间的努力。人与人之间的协调，是通过允诺自己干什么并且实现这种允诺而得以实现的。

合同法：一诺千金。有人认为，合同法的经济功能：（1）把无效率的博弈转化为有效率的合作博弈；（2）获得最优的履约承诺；（3）获得最优信任；（4）填补合同缺口，使交易成本最小化；（5）调整合同条款以纠正市场失灵。在这些功能的驱动下，衍生出各种合同形式。“关系性合同”指处于特定关系之中的人们做出的允诺，但此种关系下做出的模糊允诺常常使得合同无法准确表述情况。关系性合同虽增强了信任，却是以减少竞争为代价的，并且因其不现实而无法在所有交易中发挥作用。私人性合同在国家制裁不到位的情况下也不能充分发挥作用，并且贫困国家与地区尤其面临着私人性合同相关法律的缺陷。“面对贫困的被告和薄弱的市场，实际履行而非损害赔偿——是更加值得青睐的违约救济方式，但只是有可能履行。”事实上，经济的日益商业化与货币化使得违约救济的天平倾向于金钱性损害赔偿。私人性合同比关系性合同拓展了合作的领域，不过，有时人们会将这一领域继续拓展到公开市场的交易之中：公众性合同。而为了维护社会主义市场经济秩序，每一种合法合同都会得到法律的保护。

三、创新是现代经济制造财富的源泉

想要融资就必须有财富，人们为获得财富，可以依靠创造，也可以依靠攫取。在创造优于攫取的强烈对比下，法律和政策必须引导人们通过创造来追求财富。创新的产权原理鼓励创新者保留其创造的大量财富，如果用福利超越理论来重新诠释便是：“创新者保留的财富数量应该符合以下要求，即它能使得以综合性消费指标衡量的、可持续的经济发展率达到最高水平。”这一原理暗示：法律政策追求的经济平等程度应当能够促进发展，而不应以牺牲发展为代价以求得更多的平等。理论上，平等程度常常与可持续发展齐头并进，极度不平等和彻底平等都会延缓发展，而适度的不平等则能使发展的速度最大化。但国际慈善组织乐施会发布的一份最新研究报告显示，目前全球最富有的62人坐拥的资产，相当于占世界人口一半的、约35亿最贫困人口的财富总额，世界贫富差距越发悬殊。此外，福利超越论暗示：使发展速度最大化的平等程度也会使一国的福利最大化。根据许多国家的实践，建立较为健全的福利体系，往往会产生较大的社会和谐、带来经济的高速增长并促

成较高的经济发展质量。因此，使中国贫困管理再转型的良策便是建立与中等经济发展水平相适应的社会福利制度。而我们的经济学家在讨论中国的过渡经济学时，非常关注诸如利益均衡与改革的稳定形式、利益分配与补偿此类问题，得出了许多建议或结论，但是，这些与法律制度有关的经济学研究几乎没有论及具体的法律问题，而法与经济的关系在马克思研究法律制度的经济根源及其经济运动的规律时已清楚表明。他在《资本论》中对经济基础与上层建筑的关系做了进一步分析，阐明以下三个基本观点：第一，不仅法律的内容，而且法律关系、法律权力、法律观念等都是由经济关系决定的。第二，生产力与生产关系的矛盾运动是法律产生的最终原因。马克思说："一种生产方式只要继续维持一个期间，它就会当作习惯和传统固定下来，最后还会当作明文的法律，而成为神圣不可侵犯的。"第三，法律具有反作用。法律是由国家制定的主观法则，如能正确反映客观法则，就能促进社会发展，反之，就会阻碍其发展。所以确切有效的法律制度对于促进经济而言是不可置疑的。

四、法律的其他手段：反腐与保障经济自由化

"贫困不仅仅是经济过程的产物——它是经济的、社会的和政治的力量相互作用的结果。尤其是，它是政府机构的责任心和负责态度的产物。"那么，政府能够解决问题吗？事实上，政府的规模、权力和强制力，不可避免地导致政府优势的副作用：低效、缓慢和腐败。尽管腐败是隐藏着的，但无处不在的腐败蛀蚀了经济发展的法律基础、物质基础和社会基础，就像白蚁蛀蚀了房屋的地基。当前，我国正处于经济转轨时期，市场经济体制尚未完善，国家对公务人员管理制度还不健全，加上西方资产阶级思想的腐蚀，因此，出现了一些腐败现象。有文章指出，当前中国的腐败出现了一些新的特征：由收钱收物的"硬腐败"发展为接受各种服务、旅游出国等"好处"的"软腐败"；由个人捞钱的"小腐败"上升为集体福利、挥霍公款的"大腐败"；由内资企业的"内部腐败"发展为外资企业参与商业贿赂、国有资产廉价卖给外国人的"涉外腐败"；由一人出事的"单案"扩大为一揪一串的"窝案"。要反腐就要靠法治：首先，从根本上解决腐败问题，根本出路就在于提高社会主义民主的法治化水平；其次，从源头上解决腐败问题，必须加强民主与法治建设，防止和克服封建主义思想影响；再次，依靠法治反腐败是社会主义市场经济的必然要求；最后，党的历史经验也告诉我们，反腐败必须在法治的轨道上进行。总之，健全的法治是遏制腐败行为产生的震慑力和强制力。

回顾历史，国家主导经济增长在20世纪50年代成果斐然，“计划经济体制解决贫困问题的理念是中国历史上第一次以构建现代国家的方式来消灭贫困现象，这是中国贫困管理历史上的一次根本性的现代变革”。但到了1970年，它在很多国家失灵了。当“华盛顿共识”于20世纪80年代出现时，发展经济学背离了国家主导经济，转向了自由化，但市场自由化并非最佳发展方案。为了结合点子与资本并促进经济增长，企业需要以法律为依凭的自由。“之所以法律属于引人注目的‘前景’，是因为它在经济增长中的核心作用，财产法、合同法和公司法通过社会规范、法院、公务员和政治之间的互动来发挥作用。”

将自由付诸法制：自由的法制化释放了企业家的活力，也让创新活动进入了创造性的、不可预设的轨道。有人说，中国现在是两极化，是社会分裂的一种体制，即有中国特色的社会主义：经济上是“一切都允许包括法律禁止”，没有管理也没有控制；政治是“一切都禁止包括法律允许”，没有管理但严格控制。这样的体制，目前使得经济得到了空前的发展，但经济发展处于失控状态，必将在不久的将来产生严重的后果，比如生态环境的破坏和自然资源的枯竭。如果中国共产党真是要创建和谐社会，就应该尽快建立党内民主，逐步过渡到全面民主，并建立健全法制，真正做到“有法可依，有法必依，执法必严，违法必究”，坚持法律面前人人平等，认真维护法律的尊严，使中国成为“一切都禁止，除非法律允许”的现代化法治国家。为了让国家发展得更好，没有什么别的事物比可持续发展更为重要。但如今，在依法治国、依法行政的指导下，某些政府部门千方百计地争取有利于本部门利益的立法，力图将行政手段法制化，这无异于西方国家所说的利益集团，而在中国，国家本身没有任何理论上的自我利益，一切都是为了人民利益。我们的法律如何协调社会各个相关阶层或群体的利益，如何真正反映最广大人民的利益，是我们一直致力解决却未有最佳良策的现实之患。一个制度的出现、一种学说的兴起也许不会改变什么，但作为一种社会发展的群体现象，我们的确应该重视。《所罗门之结》这股绳索揭示了如何通过法律制度来推进以创新为基础的可持续经济发展，坚持发展与平等、公平与正义在法治的作用下相辅相成。而在法律经济学看来，法制改革只有在满足新法律运作后所能提供的法律净收益，减去变法成本后，大于旧法律所能提供的法律净收益的条件下才是有效益的、成功的。

参考文献

[1] 理查德·A. 波斯纳．法律的经济分析（上）[M]．蒋兆康，译．北京：中国大百科全书出版社，1997.

[2] [美] 康芒斯．制度经济学（下卷）[M]．于树生，译．北京：商务印书馆，1962.

[3] 马克斯·韦伯．论经济与社会中的法律 [M]．张乃根，译．北京：中国大百科全书出版社，1998.

[4] [美] G. J. 斯蒂格勒．产业组织与政府管制 [M]．上海：上海人民出版社，1996.

[5] 林立．波斯纳与法律经济分析 [M]．上海：上海三联书店，2005.

[6] 卢现祥，刘大洪．法经济学 [M]．北京：北京大学出版社，2007.

[7] 盛洪：《寻求改革的稳定形式》、樊纲：《论改革过程》，均载于《中国的过渡经济学》。

[8] 资本论（第3卷）[M]．北京：人民出版社，2004.

[9] 世界银行2000年世界发展报告《与贫困作斗争》.

[10] 人民网：看看目前中国腐败有哪些特征?

[11] 田小红．中国贫困管理：历史、发展与转型 [M]．北京：中国社会出版社，2009.

[12] 共识网：四种国家和中国的政治体制改革.

司法审判下的利益平衡

李婉珊

摘　要：面对社会的不断发展，正确处理社会的各种矛盾，需要建立完善的利益平衡机制，而利益平衡以法律为依据，谙习法律中蕴含的价值，司法者运用自己对实际情况的综合思考，解决实际发生的法律问题，为各个方面的利益创造一个相对平衡的状态，实现利益的最大化。本文主要讲述什么是利益法学派以及它对司法审判的影响作用，从利益与利益平衡的角度出发，浅度分析司法审判中的利益平衡。

关键词：利益平衡；司法审判；冲突；利益；利益法学

一、引言

社会在不断地发展，人与人之间的矛盾也不断发生，需要法律给予帮助，去调解社会的矛盾，因此诞生了利益法学派给法官带来审判的方法论，使得法官在审判下更好地做出公正的判断，社会的矛盾得以调解。本文讲述什么是利益法学派以及它对司法审判的影响作用，从利益与利益平衡的角度出发，分析司法审判中的利益平衡，帮助大家了解利益平衡。

二、利益法学派的诞生背景

20 世纪初，西方各国正进入垄断资本主义阶段，社会各利益主体之间的矛盾日益尖锐，统治阶级与被统治阶级之间的利益发生巨大冲突，使得社会在利益主体的碰撞摩擦中不断发展，社会的各个方面开始不断地发生变革，法律领域中也随之发生了变革。德国的 1900 年《德国民法典》，其中的总则包括了不少抽象原则，例如第 138 条“违反善良风俗的法律行为无效”，这些规则在适用时产生了复杂的法律解释以及法官的作用问题，而传统概念法学日益僵化，不能适应现代社会的发展，法律问题日益严重。因此，为解决这些在实际中发生的应用问题，以赫克为代表的一众法学家在德国掀起了一次反对概念法学、崇尚利益法学的改革风暴，利益法学派就是在这种新的历史背景下应运而生的，而利益平衡就是源于利益法学。

三、利益法学的作用——利益平衡

（一）利益的概念及产生

利益，在英文中写作“interest”，本义为“利息”，原来主要被用来表示债权人对利息的要求是正当的、无可厚非的。但凡是能满足人类欲望的事物，均可称为利益。利益依附欲望而生，而人的基因确定了欲望的存在。因此，在这个社会中，有人类存在，就会有不同的利益冲突，每个人都会为自己的利益而奋勇拼搏，就如同奥维德所言一样：“为自己的利益而争论，人人都是雄辩家。”人人都会为自己争取最大的利益，利益间就会发生冲突。因此，当我们在处理某件事情时，我们往往会出于对各方利益的考虑，而使这件事情的结果达到各方都相对满意的状态，当然，在这方面，法律也不例外，法官通过亲自对有关利益的考察去掌握立法者的意图，对法律做出评价，做出平衡各方利益的判决，针对实际的情形而做出法律并没有详细规定的恰当的判决，就如它的创始人之一赫克所说的：利益法学是为适应法律的实际目的而创设的一种方法。随着社会的不断发展，利益多元化现象越来越明显，这必然引起相应的利益需求的多元化，在这种情况下利益平衡方法显得越来越重要，需要法官不断地根据自己的经验和利益的需求去对案子做出裁判。

（二）利益平衡的作用

在最初的原始社会时期，这时人们的利益很简单，就是吃饱生存，而一个人的力量是渺小的，难以对抗大自然的力量，所以，人们为了相同的利益而集聚在一起，有了最初的公共利益；但当人们满足了最基本的生理需要，就会开始寻求更多的利益，因为人性都是贪婪的，每个人都想拥有最大的利益，社会生活中不断产生利益冲突，从而不断促进人们提高生产力，促进社会的改革进步，法律也随着社会的进步而诞生，发挥“利益平衡的作用”。随着社会的不断发展，法律总是滞后于社会发展的，如果仅仅守着法条办事，是不足以满足社会发展中产生的各种利益纷争的，人们在社会生活中存在着各种各样的利益关系，相互需要、相互作用。而当今社会不断地发展，已经开始进入法治社会，通过法律手段来解决各种各样的利益关系，在法官审判各种案件的过程中，不断地协调各种利益的冲突，使社会冲突的利益得到调解，进而实现利益平衡，促进社会和谐发展。德国法学家是这样评论利益法学的：“利益法学通过综合考虑复杂案情和多种需要平衡利益，根据法律本身追求的公平正义等评价标准进行全面分析，逐步取代了仅依据呆板的法律规则进行逻辑概括的方法是在方法论上对法律适用进行了一次变革。”而利益平衡则是利益法学追求利益调整的武器，在利益平衡的运用下使得利益法学在审判中得以运用。

在形形色色的案件中，总会夹杂着各方面不同的相互冲突的利益，法官不是审判的机器，不只是行走的法条，他应该对各方的利益做出衡量，运用自己的思考，做出判决，而不是一味地遵守法律的条条框框。社会中总会有着不同的利益的对立，赫克在《法律解释与利益法学》中指出：“法律是所有法的共同社会中物质的、国民的、宗教的和伦理的各种利益相互对立，谋取承认和斗争的结果，在这样的一种认识中，存在着利益法学的核心。”因此，利益法学派主张，利益是法律的产生之源。法律命令源于各种利益的冲击。利益以及对利益所进行的衡量是制定法律规则的基本要素，法律平衡着各自相互冲突的利益。社会的发展总是瞬息万变的，每天都会迸发出不同的冲突，摩擦碰撞，正如霍尔巴赫所说的“利益是人类行动的一切动力”。每个人都会为自己而奋斗，有些人会选择利用法律来解决问题，然而，世界上不可能存在着至善至美的制度，法律也不例外，当法官在处理某个案件时如果只是拘泥于法律的条规之中，不可能做出公平公正的判决。法律制度是不完善的，这需要法官在立法者的精神价值下做出自己的价值判断，使得自己所做出的判决能够与法律所体现的价值表现一致，弥补法律制度的不足。就像一句法律名言所讲的“法官应给予被承认为在法律中占支配地位的权利以优先权”。当然，给予法官这个自主做出判决的自由，不是空泛无际的，盲目地扩大自由裁量权，法官并不是能够随心所欲地解释法律的，必须是充分深刻地理解法律，忠于法律蕴含的内在价值，根据立法者所想要保护的一般价值而做出判决。想必，这也是为什么法官需要有一定的自由裁量权的原因吧。法官的自由裁量权体现着利益平衡在审判中的作用。

四、利益法学的实际应用

前两年有一件案子，一名女子以护工名义与有妇之夫同居长达十余年，男子因病辞世，该女子持有男子生前遗嘱，一纸诉状将原配告至法院，要求凭遗嘱继承男子名下房产、退休费、丧葬费补贴、抚恤金、保险金等合计46

万多元。判决的结果是一审认定原告违背公序良俗，判决驳回了原告的诉讼请求，二审维持原判。或许有些人觉得正室赢了大快人心，维护了妻子的地位；或许有些人为照顾了那位男子多年的女子感到不值，尽心尽力服侍，却无法得到回报。但其实有很多人没有仔细思考过法官为什么会这样判决以及其中蕴含的深意。因为其中涉及的利益纷争不单只是当事人之间的，更关系着社会秩序的这一层利益关系。案中的女子明知他人婚姻未解除，仍与他人非法同居，违反了社会的一般道德，这种遗赠行为有悖于公序良俗，而其中的关键“公序良俗”，就是法律维护公共利益的一种体现，通过法律有效地维护社会的一般道德价值观，维护社会成员的意志，同时也就是在维护着他们的公共利益，调节个人利益与集体利益之间的冲突。法官的判决体现了社会的主流价值观念，维护了原配和社会利益。不过其实我认为如果想要达到更加令人满意的结果，我觉得，法官可以综合实际情况，酌情给予那名女子多年以来付出的辛苦的一些补偿，这样的话，不仅符合公序良俗原则，而且也使得该名女子的个人利益得到一定的维护。在上面的案子中尽管法律维护了公共利益，却难逃对个人利益失去了一定的维护，使得个人利益与集体利益之间失去了平衡。根据利益平衡原则的主张，“公序良俗”是想要维护社会的一般道德价值观，维护公共利益。在利益法学中所代表的“利益”，是从广义上来讲的，分别有：公共利益、私人利益、群体利益等。著名法学家耶林认为法律的目的在于谋求社会利益，法官在行使自由裁量权时，应该维护社会利益。但是，这并不代表着要以牺牲个人利益为前提，当公共利益与个人利益发生冲突时，因为法律本来就是调和矛盾冲突，对于某些立法没有规制，但又需要化解的利益冲突，在司法审判时，采取一定的措施进行补充性利益衡量，是实现利益平衡的手段，如果只会一味地维护公共利益，这样就失去了法律对利益的调节作用了。如果能够理解并把利益法学其中包含的含义运用到实际，就能实现其真正的价值。

或许，有的人会说，如果我们只顾着追求利益，那不是失去了公平正义的追求了吗？正义首先要求利益的分配合理，法以一般人的认识为基准保护利益，正是以正义为标准保护利益。法离不开正义，也离不开利益，因此利益和法律是可以两者共存的，两者并不矛盾，法律是以正义为标准、以利益平衡为目的去调整社会的规范。在司法审判的制度下，法官以利益平衡作为方法论指导，发挥法律的作用，一方面，法官要善于在案件中发现各方的利益；另一方面，法官要保证公平正义，不失偏颇，结合自己主观判断，大胆探索，小心求证，不能没有任何依据，便随意判案，滥用利益平衡。同时，在运用利益平衡的时候，要不失案件的客观公正，运用法律去判案，又不能拘泥于法律的条条框框之中，不能先入为主地认为要优先保护某种利益，轻易地牺牲无辜的利益。法官在实际判决中，保护着立法者所想要保护的利益，综合对实际情况的考虑，行使自由裁量权，在私人利益与公共利益发生冲突时，保护公共利益并给予私人利益一定程度上的维护，实现利益的最大化，减少利益的摩擦和冲突。尽管法律不可能将利益平均地分配给每一个人，因为世界上不存在“绝对的公平”，但是法律可以从司法对利益的分配给予一个动态平衡，法律依据稳定的评价规范对利益冲突进行化解，使法律成为一项兼具稳定性和有效性的利益冲突化解机制，综合衡量各方利益，协调各方利益，使得社会在利益的衡量中得到发展，而法律自身也在利益的衡量中迸发出新的活力，同时利益也不断地在具有“活力”的法律中分配利益，而法官就是要运用利益平衡这个有力的工具去实现这个目标。

五、利益平衡的不足

当然，利益平衡不是万金油，世上也没有一件东西是无所不能的，利益平衡也有其不足的地方。利益平衡缺乏系统性和规范性，缺乏理论体系和运用标准，尽管利益平衡能够克服法律的滞后性，弥补法律的不足，但是，法官在审判的时候，往往是通过主观上的感知去裁判的。因此，利益平衡不能够系统地得到运用，法官可以有选择性地在广度和深度上选择运用，很容易造成利益平衡的滥用，法官肆意运用自由裁量权，使得利益平衡只停留在价值层面上，而没有得到真正的运用，损害了当事人的利益。所以，在运用利益平衡的时候，法官要以公平正义为标准，在追求公平利益的范围内去运用利益平衡，而不能盲目地以自身标准去度量。

六、结论

法律自产生以来，就以公平、正义、秩序、效率的实现为其追求的价值目标。但是，利益平衡是实现法律基本价值的基础，而利益冲突决定一切。我们提倡的不是利益至上、崇尚利益大于一切，而是寻求利益本来就是我们的天性，每个人都有寻求利益的时候，这是我们不可否认的。因此，既然人与人之间有利益存在就不可避免地出现了：阶级、既得利益者、阶级矛盾、政治、战争……我们既然不能回避利益冲突，就只好正面回应，在法律领域中，选择最大的利益主体，实现最大化的利益，但与此同时，要使得利益平衡，在保证优势价值目标实现的前提下，也使其他处于弱势地位的价值目标得到体现，使强势利益与弱势利益取得相互的平衡。随着我国的不断发展，利益不断细化，利益主体间的矛盾日益加剧，伴随而来的是我国的法律制度也在不断完善，但是法律具有滞后性，它不可能规范到实际的每一个细节，因此需要将利益平衡运用到实际之中，为法官在实际判决中提供方法论。法官在审判时，必然要遵循着立法者所想要的价值来判断，法官遵循法律又不能只局限于法律，要懂得如何合理规范地运用自己的自由裁判权，认识法律规则，通过逻辑方法将法律规则运用到案件中去，以事实为依据、以法律为准绳，仔细剖析案件中各方当事人的利益以及对社会的公共利益，运用利益平衡的方法，给予违法者与受害者相对平衡的责任与赔偿，强调调和利益，使得法律本身的不适应性得到补救，进而不断完善法律。法律与利益之间是相互影响、相互作用的，它们两者之间紧密地联系在了一起。有诗云："一语不能践，万卷徒空虚。"理论要运用到实际中，这也是现代法官所需要认真做到的，空有知识，只是纸上谈兵，应践行利益法学，使得利益得到法律的制约。法官通过有效地利用自己的逻辑思维，在审判活动中对方方面面的利益进行科学的考虑、整合与平衡，将发生了变动和打破了平衡的社会、经济利益谋求恢复到初始原态的最大化追求，体现法律的作用，实现社会利益的平衡，达到法律的真正目的。

参考文献

[1] 马克思，恩格斯．马克思恩格斯全集［M］．北京：人民出版社，2006.

[2] 卢梭．论人类不平等的起源和基础［M］．杭州：浙江文艺出版社，2015.

[3] 耶林．为权利而斗争［M］．北京：法律出版社，2007.

[4] 刘运毅．利益平衡的法律方法浅析［J］．法制与社会，2009 (26)：1-2.

[5] 吕世伦，孙文凯．赫克的利益法学［J］．求是学刊，2000 (6)：61-67.

[6] 付子堂．利益问题的法律解释．载爱思想网，访问地址：http：//www.aisixiang.com/data/88709.html，发布日期：2015-06-03，访问日期：2016年8月11日．

对性贿赂的浅见

冯青诗

摘　要：随着时代的发展，伴随着对于贿赂犯罪的进一步打击，行贿和受贿的技巧也在不断提高，行贿正从贿赂金钱、房子、汽车等直接的财物贿赂方式转向其他隐蔽的贿赂方式，即从原有的权钱交易的方式转向权钱交易和权色交易并用的方式。司法实践表明，以权色交易的贿赂方式在实践中呈现出逐渐上升的趋势，而以“性贿赂”形式所表现的权色交易的贿赂行为具有相当的隐蔽性，故其对公务人员的廉洁性和社会的公权的侵犯程度就呈现出更为严重的态势。

关键词：性贿赂；定性；入罪；可行性；制度设计

一、背景

近年来，随着社会经济的发展，官员腐败问题日益严重，腐败的形式也日益多元化，出现了一些新的特点，从有形贿赂到无形贿赂，下至科级干部，上至厅级、省部级官员，甚至中央政治局委员，凡是存在腐败问题的，大都存在性贿赂的问题。在2005年的一次研讨会上，最高人民检察院原副检察长赵登举语出惊人：最高人民检察院查办的省部级干部大案中，几乎每人都有情妇，“性贿赂目前在行贿犯罪中已相当普遍”。今年“两会”期间的一组数据虽然遭到质疑，但人们心底也不能不泛起一丝凉意：被查处的贪官污吏中95%都有情妇，腐败的领导干部中60%以上与“包二奶”有关。对于存在严重社会危害性的性贿赂犯罪，目前我国在法理上未将其列入法律调整的范畴，依然是道德调整的范畴，但《联合国反腐败公约》中“贿赂”的内容被明文规定是“一切不正当利益”，既包括金钱、物品等有形的财产，债权设立、债务免除等财产性利益，还包括职务升迁、升学就业、户口迁移、提供性服务等非财产性利益。而我国现行刑法中对贿赂犯罪的规定仅限于“财物”，外延远小于公约的范围。在我国，接受权色交易的贪官往往以“作风问题”“道德问题”，甚至以“谈恋爱”掩盖接受权色交易的真相……男女关系反而成了贪官逃避法律严惩的借口，权色交易的发生频率之高与法律惩治力度之弱，形成鲜明的对比。权色交易实质是“性贿赂”，其现实危害不亚于金钱贿赂。性贿赂行为的诱惑力和影响力甚至超过传统的贿赂行为，对社会的危害已经不是道德范畴所能调整的。

二、性贿赂概述

中国的现状，在中国的刑法典及其五个修正案中，并没有规定对性贿赂的定罪处罚，但在司法实践中这种现象却频繁发生。所谓性贿赂，即是指不法分子以提供性服务或者雇用性职业者（性工作者）向当权的国家工作人员行贿，以使国家工作人员利用职务之便，为其谋取不正当利益的行为。性贿赂包含性受贿和性行贿两个可行性的罪名。性受贿可以定义为“国家工作人员利用职务上的便利接受他人提供非正当性服务为他人谋取利益”，而性行贿则可以定义为“谋取不正当利益，给予国家工作人员以不正当性服务”。

中国刑法第 385 条第一款对受贿罪的定义是“国家工作人员利用职务上的便利，索取他人财物的，或者非法收受他人财物的，为他人谋取利益的，是受贿罪”。第 389 条第一款对行贿罪的规定是“为谋取不正当利益，给予国家工作人员以财物的，是行贿罪”。这两条都是针对财物性贿赂犯罪做出的规定，但是贿赂的形式却远远不止财物一种。按照这两款规定，其他贿赂形式是不能按照贿赂犯罪来定罪量刑的。而由于刑法仅将贿赂罪的内容限定为财物，给其留下了刑法处罚的死角。所以在面临此类问题时我们常常陷入无法可依的瓶颈，而不得已将其作为道德问题考虑，对应以纪律行政处分，给社会带来了极大的危害。这就为那些用美色进行贿赂犯罪的犯罪分子钻空子提供了可乘之机。对性贿赂做出规定可以有效地堵上这一法律漏洞。

三、性贿赂入罪的争议

（一）入罪的争议点

性非赃物，如何定罪？

性贿赂入罪，难，和现行法律对贿赂的规定冲突，并且还混淆了个人隐私、性道德和国家法律的界限，扩大了死刑的范围。根据《刑法》，受贿数额巨大、情节特别严重者，是可以处死的。什么是现行的规定呢？通俗地说，便是“计赃论罪”。贪污贿赂罪视同盗窃，定罪的主要证据是嫌疑人侵吞、挪用、收取的钱财。故《刑法》将贿赂的范围限定在“财物”（第三百八十五条），排斥了包括“性服务”在内的一切非财物类好处。计赃论罪是我们老祖宗的做法。维护《刑法》计赃论罪的原则和抽象的个人性自由的道德藩篱，将性贿赂圈在了腐败犯罪行为之外。

“法律面前人人平等”，官员和老百姓一样，也享有隐私权。事实上，特权与腐败同步滋长，干部的隐私和免责的范围要比常人大得多。等到腐败变成“心照不宣的惯例”，性贿赂作为婚外性行为的一种，也就堂而皇之纳入“道德范畴”，跟《刑法》上的贿赂拉开距离。

再者，性贿赂的定罪量刑不好操作，因为难以符合现代法治强调的“正当程序”原则。刑事诉讼程序的出发点是“无罪推定”，即未经审判定罪，被告人享有推定无罪的待遇。所以拿出证据来证明被告人犯罪的责任（举证责任），一般由代表政府的公诉人（检察官）承担。性服务大多是“心照不宣”或隐秘的交易，调查取证难免与当事人的人身和财产权利冲突，受其限制或得不到证人配合，拿到证据之后，如何证明被告人主观上有受贿的犯意，而非作风问题或两情相悦问题，目前也没有明确的规定。

（二）支持者的意见

性贿赂入罪虽然饱受争议和质疑，但支持者也有其相应依据。主要意见有：

1. 性贿赂入罪针对的是性贿赂巨大的社会危害性，是对社会民众长期以来反感权色交易的理性回应。刑法打击制裁性贿赂原因不在于惩治这种违反伦理道德的不正当的性行为，而在于权力腐败。接受性服务后利用职务上的便利为请托人谋求利益与接受财物谋取利益具有同一性，而且性贿赂的社会危害性与持续性在一定程度上甚至超过了财物贿赂。性贿赂既遂后会形成整个利益链条，请托人会多次诱惑利用受托人为其谋取利益，导致权力质变，滋生腐败。而同属于权力腐败，财物贿赂已经入罪，因此情色贿赂也应当入罪。

2. 性贿赂不入罪将在一定程度上不利于遏制犯罪。由于法律没有明文规定，性贿赂便成了刑法打击的死角，即使追查到了相关的贿赂犯罪行为，性贿赂也多半作为财物贿赂的量刑参考依据，甚至成为人们的饭后谈资，这种情况下极易导致行贿人的逃脱惩罚，与其利用身体交换不正当利益的不法行为不具有对应性，脱离了刑法的立法目的，不利于打击犯罪和反腐倡廉建设。

3. 性贿赂具有符合刑法中关于贿赂犯罪的犯罪构成，其在犯罪客体、犯罪主体、主观方面具有一致性，只是具体贿赂内容不同。但贿赂内容这一客观方面的不同不应导致其对整个刑法贿赂体系的脱离，本质上性贿赂与财产性贿赂是一致的，都是应当受到刑法惩治追诉的行为。同时参照《反不正当竞争法》中对商业贿赂的规定——“经营者采用财物或其他手段进行贿赂”，可以看出关于商业贿赂的规定中的其他手段应当是包括非财产性的利益要求的，如情色贿赂。因此，此项规定在一定程度上，至少在惩治利用性贿赂来获取不正当的竞争机会这一领域，性贿赂入罪是有其法律依据的。

4. 取证困难、量刑困难不应当成为把性贿赂不规定为犯罪的借口。虽然性贿赂的取证量刑具有很大的操作难度，但并非完全不可操作，不能因为实践中的阻力去怀疑法律存在的必要，不能因为取证困难而放任性贿赂的猖獗蔓延。

四、性贿赂的法律界定

性贿赂若构成犯罪应当符合以下犯罪构成：（1）客体，即性贿赂侵犯的是为刑法所保护的法益，侵犯了国家机关工作人员职务的廉洁性。（2）客观方面，贿赂方向国家机关工作人员提供性服务，既可以是贿赂方自己提供性服务，也可以是贿赂方安排他人提供性服务。受贿方接受行贿方提供的性服务，行贿方获得不当或不法利益。（3）主体，受贿方应为国家机关工作人员及国有公司、企事业单位中从事公务的人员，包括女性和男性。（4）主观方面，行贿方与受贿方都有故意，行贿方提供性服务为谋求不当或不法利益，受贿方明知行贿方的目的而予以接受。

五、性贿赂入罪的可行性分析

对于性贿赂，“假设我是手握权力者，你有求于我，于是放一个妖艳的女子在我的卧室，要我对她没有非分之想，这显然从人的本性上来讲不现实”。设置一套“根本不让美女进入卧室”的制度，才是问题的根本所在。笔者认为，性贿赂入罪还是有其正当性支持的。其可行性主要体现在：（1）性贿赂本身的违法性与社会危害性是衡量犯罪的真正标尺，即犯罪对社会的危害性。社会危害性与刑事违法性是犯罪的两个基本特征。性贿赂和普通贿赂犯罪一样，同样侵犯了国家机关工作人员职务的廉洁性。性贿赂作为一种权色交易，与财物贿赂相比具有长期性，同样危害性也更加严重。性贿赂一旦形成，很容易成为其他犯罪的源头，诱发其他类型的犯罪发生，如徇私舞弊、滥用职权等。从我国的现状来看，据有关统计95%以上贪官有情妇，60%以上的贪官与“包二奶”有关。性贿赂在我国已呈普遍发展的趋势，在这些权色交易中，请托人利用身体博得贪官的欣赏，再利用贪官手中的权力为自己谋取不当或不法利益，必然对他人的合法利益以及整个社会秩序造成严重危害，已经严重侵犯了国家机关工作人员职务的廉洁性。如果得不到有效遏制，长此以往，必将给国家和社会带来重大损失。性贿赂自身的违法性与其严重的社会危害性表明将其纳入刑法犯罪体系刻不容缓。（2）性贿赂入罪是刑法谦抑性原则的要求。刑法的谦抑性原则，又称必要性原则，指立法机关只有在没有可以代替刑罚的其他适当方法存在的条件下，才能将某种违反法秩序的行为设定为犯罪行为。刑法具有制裁的严厉性和最后性，当某种行为由其他规范得以有效规制的情况下不宜动用刑法。一般的社会行为由道德来调整，当道德调整不力时需要法律来规范。性贿赂自身严重的社会危害性及其对国家机关工作人员职务廉洁性的破坏，已远远超出了普通道德的范畴和普通违法的程度。当前性贿赂已由个别、偶然向普遍化发展，很大程度上是由于缺少法律规制。我国现行立法将贿赂罪的对象限定在物质性财物，已严重阻碍了对贿赂犯罪的惩治与防范，不符合打击贿赂犯罪的需要，依靠简单的党纪政纪处分制止不了性贿赂蔓延的趋势。国家机关工作人员接受了性贿赂，必然为请托人谋取利益，滥用手中的权力，开启其他犯罪的大门。从刑法的谦抑性原则出发，性贿赂入罪势在必行。

六、性贿赂入罪的相关制度设计

性贿赂由于与普通贿赂犯罪的内容不同，在立法及司法实践中会面临调查取证难、量刑难的困境，为完善这一规定的实施，需要在相关制度上加以创新，以满足刑法发展的需要和刑事实践需要。笔者认为，建立与性贿赂入罪相关的制度，需要从以下几个方面着手：

1. 完善立法，在立法中扩大贿赂的外延或者将性贿赂作为明确的量刑情节，参照国外立法经验，与《联合国反腐败公约》相衔接，是对性贿赂的惩处有法可依，或者将刑法贿赂罪相关条款中的“财物”改为“利益”，或者将性贿赂作为贿赂罪的加重处罚情节。在现实社会中，受贿人很少只接受性贿赂而拒绝财物贿赂，将性贿赂作为加重情节，可以避开立法上的交叉和取证量刑难的问题，从而维护社会秩序与社会伦理。

2. 建立当事人举证、证人出庭作证的相关制度。在立案时向当事人发出举证通知书，督促其举证，强调法律后果，完善举证时效制度。一定情况下参照“巨额财产来源不明罪”实行举证责任倒置。由于性贿赂本身具有隐秘性，公诉方距离案件的真实情况远于被告人，因此，公诉方不易收集证据。因此，被告人举证更符合诉讼效率。在具体的操作中由检方负责收集证据来说明被告人有性贿赂的嫌疑，而被告举证证明自己无罪，说明自己的行为不符合性贿赂犯罪成立的条件。如果被告人无法证明自己的行为不符合性贿赂的相关成立要件，则依法推定其性贿赂成立。同时，为证人出庭营造一个宽松、良好的氛围，建立证人的人身保障制度，落实相关的出庭经济保障制度，完善证人不履行法定义务的制裁措施，严格证人出庭的相关程序。

七、结论

作为众多犯罪源头的性贿赂，在社会经济日益发展的今天，其对社会秩序、社会风气的破坏已昭然若揭。而对这种法律的漏洞，应当在立法上加以完善，在实践中细化操作。在有法可依的情况下，迅速、有效惩处此类腐败犯罪，全方位、多层次地打击和预防贿赂犯罪，治本清源，促进我国反腐倡廉建设和精神文明建设。“腐败者的受贿方式在不断变化，但仔细分析就会发现，腐败行为万变不离其宗，本质上还是老一套。”

参考文献

[1] 孙颖．非物质性贿赂探析［J］．现代商贸工业，2010（16）：298.

[2] 王菁．对“性贿赂”犯罪化反对观点的探讨［J］．企业导报，2010（8）：163－164.

[3] 高一飞．《反腐败公约》管得了性贿赂吗？［J］．东方早报，2005－11－27.

[4] 韩锐．将“性贿赂”纳入刑法调整的可行性分析［J］．现代商贸工业，2008（3）：264－265.

[5] 翁里，王梦茹．性贿赂入罪若干问题初探［J］．公安学刊，2010（5）：71－77.

[6] 王廷祥．性贿赂的刑法学思考［J］．政治与法律，2009（4）：115－119.

[7] 贝卡利亚．论犯罪与刑罚［M］．北京：中国大百科全书出版社，1993.

[8] 唐薇．性贿赂犯罪化视角下的思考［J］．法制与社会，2009（21）：339－340.

论社会学法学派

杨 静

摘 要：三大法学派之一的社会法学派产生于垄断资本主义发展时期，社会学的产生与迅速发展传播，为其提供了重要的理论前提和精神动力。社会法学派将社会学的分析框架和理论工具引进到法学领域，在社会中研究法律，并通过法律研究社会，强调法律的社会作用和效果。社会法学派强调研究“现实的法学”，研究法律现实的各个方面，反对实证主义法学派仅仅对法律进行形式逻辑上的研究，但他们对法律实证主义的批判是从反科学的立场出发的。强调社会本位主义，是社会法学派所坚持的核心原则。重视社会利益，不是否定个人利益，只有社会的发展才能为民众的发展提供更好的平台去获得自己的最大利益。

关键词：社会学法学派；庞德；坎托罗维奇；莱翁·狄骥

一、社会学法学的产生及其背景

19世纪，随着资产阶级政权的不断巩固，资本主义社会进入自由发展时期。从19世纪90年代开始，垄断制度逐渐成为主要资本主义国家占统治地位的经济制度，西方资本主义开始从自由竞争向垄断的转变，这使得社会问题日益突出、社会矛盾日益加剧，并在政治上引发了大规模的劳工运动。因此，促使西方人的价值观念发生了由以个人为本位到以社会为本位的变化和产生法律社会化运动。

社会学的产生与迅速发展传播为社会法学派的产生提供了重要的理论前提和精神动力。19世纪30年代，“欧洲的第一流思想家”孔德创立社会学，他提倡实证主义，要按科学的态度和方法，研究历史，研究人的思想认识，研究人类社会，研究科学。“社会有机说”创始人斯宾塞是进化论的第一代表，他认为进化是普遍的真理，宇宙间一切事物都在进化，进化的过程就是运动、整合、分化的过程。进化可以解释为宇宙的最早变化，也可解释为社会生活新发现的变化。只有用进化的观点去解释宇宙的问题，才会理解人类社会的进步现象。他还认为，个人自由发展在于实现自己避苦求乐的目标，而只有个人实现幸福才能实现为社会带来幸福。国家的职能只在于保障个人自由与才智充分地发挥，国家要尊重个人之间契约式的约定，政府立法不应当干预自然选择，否则会违背适者生存的进化规律。

社会法学派是19世纪末叶以来资产阶级法学中一个重要派别，也是几个类似派别的总称。社会法学派起源于19世纪后半期的德国，盛行于20世纪西方各国。该学派在德国的主要代表人物是艾尔利希，在美国系统地阐述这一学派观点的是霍姆斯和庞德。社会法学派强调研究“现实的法学”，研究法律现实的各个方面，反对实证主义法学派仅仅对法律进行形式逻辑上的研究，但他们对法律实证主义的批判是从反科学的立场出发的。他们对于法律的来源性质和作用的论述，着重宣扬了法的社会性，否定了法律的阶级性。社会法学派将社会学的分析框架和理论工具引进到法学领域，在社会中研究法律，并通过法律研究社会，强调法律的社会作用和效果；认为法或者法学不应像19世纪那样强调个人权利和自由，而应强调社会利益和“法的社会化”。其一，法在本质上是一种社会秩序，真正有效的和主要的法律不是国家立法机关制定的法律规则，而是社会立法中的秩序或人类联合的内在秩序。其二，法律与国家之间并没有不可分割的联系，它并非一定由国家机关特别是立法机关所制定和实施，在没有国家的时候，地方也存在着法律。其三，法律绝非仅仅是规则的体系，而是由规则、原则、政策多种复杂的要素构成，法律的本身必不是单纯的一种规则。其四，法律不仅是一个规则体系，还是一项过程和事业。社会法学派的观点，表明了他们坚持在法与社会的相互关系中，以法的实际运作为对象，目的是揭示法产生于社会之中，消解彼此利益之间的矛盾、冲突、对立和斗争。而且，他们把法律置于整个社会之中，分析各种社会的、政治的、心理的以及文化的诸因素对于法及其运作的作用和影响。应当说，法律社会学有助于对法的外延的理解，有利于扩展法学研究的领域和视野。

二、社会法学派与其他法学派的区别

社会法学派与另外两大学派（自然法学派和分析实证法学派）本质不同。

自然法学派认为法产生于契约，产生于理性，所以人们应该自觉遵守自然法的价值，坚持法治，实现宪政。但是人们也拥有反抗权，对于不正义的法律，不应该遵守，恶法非法。正如洛克所言：“人类原来所处的自然状态，那是一种完备无缺的自由状态，他们在自然法的范围内，按照他们认为合适的办法，决定他们的行动和处理他们的财产和人身，而无须得到任何人的许可或听命于任何人的意志。”自然法学派强调的是自然法产生于人们的理性，而人们就应该自觉去遵守。自然法学派认为法的本质是理性、客观规律或人的本性，是存在于实在法之外的不以人的意志为转移的法律。严格来说，它并不是一种法律，而是关于法的理念，所表达的是一种对公正或正义秩序的信念，这种正义秩序普遍适用于所有为宇宙间最高控制力量支配的人。

分析法学派认为法律是中性的，与价值无涉，它是一种纯粹技术性和工具性的东西。其基本观点是：恶法亦法；法和道德之间，实然的法和应然的法之间没有必然的联系；法是国家主权者的命令，是一个“封闭的逻辑体系”。在法和道德本质联系的问题上主张不符合道德的法不影响法的实在性的观点。在分析实证主义法学的指导下，西方社会在其后的几十年里，法律规则迅速发展，成为一个庞大的规则体系。在西方法学中，分析实证主义法学的一个重要作用就是完成了对自然法学这一纯思辨、理想的批判和清算。它运用实证的方法，否定了那种不可捉摸、虚无缥缈的“自然法”的存在，在一定程度上推进了法学的进步。正是从奥斯丁开始，法学研究重心才开始从法律的外部关系，如法律与宗教、法律与道德等方面，转移到法律的内部结构、范畴体系和逻辑关系等方面，因而，这种研究方法，对法学研究、对法学家们的思维方式有启迪作用，开创了法学研究的新领域。但如果将法律仅停留在做实证的分析，不研究法的理想和正义，割断法律与道德和社会的关系，主张“恶法亦法”，这对法律的冲击和破坏是巨大的，有可能发生法的合法性危机，导致法的暴政与专制。法律发展的历史表明，一旦法律“理性”的面纱被撕去，法律前景就极为可悲和可怕。法律一旦脱离了价值判断的领域，仅做形而下的理解，法律的社会意义也大为逊色。因为这种方法，无助于人们培养对法律的感情，法律就会僵死，就会变成支离破碎，就会失去它的神圣性与可爱，从而使法律在历史的长河中成为失去源头的活水而趋于枯竭。它的最可怕的结果是最终导致法学走上极端形式主义的道路，使具有丰富内容和极大活力的法律变成了一套单调、死板、枯燥和毫无生机的抽象的法律概念和范畴的堆砌，把活生生的法律概念、范畴变成了纯逻辑的推理和演绎，在面临复杂的社会生活和尖锐的矛盾冲突时，难以提出多样化的法律方案。社会法学派区别该派在于其着重法的作用而不是它的抽象内容，它将法当作一种社会制度，认为可以通过人的才智和努力，予以改善，并以发现这种改善手段为己任；它强调法所要达到的社会目的，而不是法的制裁；它认为法律规则是实现社会公正的指针，而不是永恒不变的模型。

三、主要代表人

罗斯科·庞德是“社会学法学”运动的奠基人，美国法律现实主义运动的早期代表人物。该运动主张更加实用地并依据公共利益来解释法律，并侧重于实际发生的法律过程，反对当时美国法律界盛行的法律实证主义。庞德主要探讨了法律的概念、法律的历史发展、社会工程与社会控制、社会利益等问题。作为社会学法学家，庞德很重视法律的社会化问题，这也是 20 世纪以来，资产阶级法律与法学思潮的一个普遍特征。他对法律的发展做了历史概述：第一，古代与中世纪法律的精神是义务，强调人民要服从国家权力；第二，18 世纪“天赋人权”观念流行以来，法律精神强调个人权利与自由；第三，19 世纪占主导地位的资产阶级民法的三大原则（即私有财产权神圣不可侵犯、契约自由及过时责任原则）等都体现了以个人权力为主的法律精神；第四，20 世纪以来，法律不仅应保护个人利益，而且更应加强保护社会利益。因此，强调个人权利、自由的法律就应该代之以社会化的法律。

1923 年，庞德在《法制史解释》一书中提出了法律是一种“社会工程”理论，在以后的著作中，又进一步丰富和发展了社会工程和社会控制法学理论。“我认为，在某种意义上，法律是发达政治组织化社会里更高度专门化的社会控制形式——即通过有系统、有秩序地运用这种社会的暴力而达到的社会控制。在这一意义上，法律是一种制度，即称之为法律秩序的制度。”庞德认为，法律作为社会控制的工具，是和一定的时间、空间的文明密切联系的，因而必须从以下三个方面来看待法律：从过去看，法律是文明的产物；从现在看，法律是维护文明的手段；从将来看，法律是推进文明的手段。文明有两个方面：一个是对外在的、物质自然界的控制；另一个是对内在的、人类本性的控制。这两种控制是相互依赖的，只有通过科学的发展实现对外在自然界的控制，生活在世界上的庞大人口才得以安定地和相对富裕地生活；反过来，由于对人类本性（相互合作的社会本性与个人主义的本性）的控制，科学发展的考察、试验与研究才可能实现，对创造奇迹的科学研究来说，和平的、不受侵犯和干扰的自由是必不可少的条件。

对人类本性的控制就是社会控制。“对内在本性的支配，过去是、现在也是通过社会控制来保持的，即通过人们对每个人施加的压力来保持的，目的在于迫使他尽自己的本分，支持文明社会，并制止他从事违反社会秩序的行为。”庞德认为，对人类内在本性的控制，即实行社会控制，有三种主要手段：法律、道德与宗教。16 世纪以来，法律是社会控制的首要工具，因为从那时以来，“社会政治组织已成为首要的了，它具有或要求具有，而且就整个来说也保持着一种对强制力的垄断，所有其他的社会控制手段只能行使从属于法律，并在法律确定范围内的纪律性权力”。法律作为社会控制的主要手段，仍然需要其他社会控制手段的配合。庞德的社会工程和社会控制论主张的目的就是尽可能地建筑社会结构，以有效地实现以最小的阻力和浪费最大限度地满足社会中人类的利益。

另一社会法学派代表坎托罗维奇称法学为关于价值的科学，社会学是关于事实的科学，指出二者应互为补充。1906 年，坎托罗维奇以笔名发表《为法律科学而斗争》。在这本使他成名的小册子里，他反对当时在法学中占主导地位的概念论法学，提倡自由法学——社会学法学派的一个支派。他认为概念论法学往往否认正义观念，忽视社会现实，以为法律仿佛是“自动售货机”，可以简单地通过抽象的逻辑推理，从现行法律中为任何案件获得答案。他主张法官在审理案件时不应仅仅适用法律，必要时还应当创造法律。除“正式法”（formal law）外，“自由法”（free law）也是法的渊源，其中包括习惯、判例理由以及法学家的权威论述。但是他仍坚持法官应当遵守法律，认为这是保障个人自由和法律安全的必要条件，法官创造法律的活动，应当只限于在法律出现漏洞等情况下进行。

坎托罗维奇的自由法学说与美国现实主义法学派的观点虽有共同之处，但他批评现实主义法学派在强调法官创造法律的权力方面走得太远，认为他们抱有社会学的或职业的偏见，而事实上，他们是根本不可能不顾法律规定而去研究社会现象的。因为过分强调法的社会决定论，并将法学完全当作经验主义的社会学，而否认法的规范性，就不可能有完整的法学。

法国公法学家、政治理论家、社会连带主义法学的创始人莱翁·狄骥认为，连带关系既是人在社会生活中生活的必然产物，也是人拥有的一种天赋，它是社会的基本事实和第一构成要素。既然人们可以观察到的不可能是抽象的东西，而只能是由分工和合作所产生的社会连带关系，那么社会连带关系就应成为社会科学的研究重点。法律是调整社会关系和社会秩序的工具，因此也必须以社会连带关系为基础。狄骥反对不丹等的各种国家主权学说，他认为主权观念是假设的、没有实际意义的，其命题都带有形而上学的性质。他认为，不存在所谓国家意志，只存在掌握统治权的个人意志。狄骥主张以“公共服务”为核心的政府理论。如果有公共权力，那么公共权力只能是义务，是职责，而不是权力。统治者的权力受该公共服务行为限制，统治者颁布的法律如果与公共服务的目的相悖，就是无效的。

在对社会法学派分析之后，我们已经清楚地了解其理论的本质及其内涵，强调社会本位主义，是社会法学派所坚持的核心原则。重视社会利益，不是否定个人利益，只有社会的发展才能为民众的发展提供更好的平台去获得自己的最大利益。

参考文献

[1] 莱翁·狄骥．宪法学教程［M］．王文利，等，译．沈阳：辽海出版社，1999.

[2] 罗斯科·庞德．法理学（第一卷）［M］．余履雪，译．北京：法律出版社，2007.

[3] 陈明华．法社会学研究引论［J］．社会学研究，1998（1）：31－32.

[4] 奥古斯特·孔德．论实证精神［M］．黄建华，译．北京：商务印书馆，1996.

[5] 阳海音．论马克斯·韦伯的合理性理论［J］．世纪桥，2008（16）：63－65.

[6] 张文显．二十世纪西方法哲学思潮研究［M］．北京：法律出版社，1996.

正义非正义

刘佳荣

摘　要：本文介绍了作者阅读完《最好的辩护》一书后的感受以及个人体会，通过本文读者能够大概了解该书的主要内容以及对于英美法系与大陆法系存在的异同有所了解，并体会到本文作者对于此书的心得体会。本文从书籍内容介绍、作者对于正义的理解以及在实际生活中的体会等三方面入手，论述了法律上的正义并非是道德上的正义。

关键词：《最好的辩护》；德萧维奇；正义；李庄案

为什么会看《最好的辩护》这本书呢，是因为被它书腰上所介绍的“全美国法学院学生必看的一本书”所吸引。在没看内容之前，我一直以为是一本法学教科书，当时纯粹是想了解一下英美法系与我们大陆法系的法学教育有什么不同。不过当我读完第一个篇章，我就知道我错了，但也正是这个错误才让我能够读到这么幽深的一本书，推开了一点点法律之门。总之，说这本书是我真正的法学启蒙书都不为过。

一、《最好的辩护》内容介绍

本书作者德萧维奇，是美国当代最伟大的律师，曾为辛普森杀妻案、克林顿绯闻案与弹劾案、泰森案等一系列轰动全球的大案担任辩护律师。德萧维奇 1962 年自耶鲁法学院毕业，28 岁时即成为哈佛法学院教授，是这所名校有史以来最年轻的教授。1981 年，美国刑事辩护律师协会颁奖给他，奖励他作为学者对于美国司法体制建设的卓越贡献。《时代》周刊将其列入“未来 50 大风云人物”，赞扬他是“美国最顶尖的终审律师，司法界的圣犹大”；《生活》杂志说他是“刑事司法体制的偶像破坏者和鞭策者”……他代理的许多大案，都成为人类历史的经典案例。晚年时，德萧维奇将自己亲身经历的大案撰写成书，著有《厚颜无耻》《颠覆命运》《合理的怀疑》等多部畅销不衰的作品。其中《最好的辩护》堪称解剖美国司法体制的经典著作，每个曲折的案子几乎都是一部惊悚小说。他在法庭中力挽狂澜，既为弱者伸张正义，也为受争议的人辩护，在精彩动人的情节中反映出真正独立的司法精神和对美国司法体制的批斗。

本书共三部，分为 10 个小节。第一部第 1 章波洛公园区的关系网案描写了作者的童年生活，第 2 章提出了著名观点“不管怎么说，反正枪击一具尸体不是谋杀。人只能死一次”。然后第 3 章通过伯纳德·博格曼案提出了一个所有刑事辩护律师都会遇到的问题，“你愿意为纽约最卑鄙的人辩护吗?”通过 3 个章节阐明了英美法律中与我国无罪推定不一样的观点，被证明无辜之前是有罪的——有罪推定。而第二部通过几个略微极端并且有争议的案件，介绍了在美国自由的环境里是什么样的犯罪分子为了什么目的而破坏和平。包括第 4 章为色情电影辩护及与原教旨主义者和女权主义分子之争——“深喉”案及宪法第一修正案；第 5 章我的暑假生活——科德角海滩的裸体浴者及环境保护纠纷案；第 6 章宪法第一修正案及越南战争以及斯坦福大学布鲁斯·富兰克林教授案及中央情报局内幕揭发者案；第 7 章犹太人劫机未遂案与夏兰斯基案；第 8 章以对簿公堂相威胁是精神不正常或犯罪吗？——变化多端的法官案及范威公园警察案；第 9 章因父亲的罪孽而被判死刑案。这些案例无一例外都是富有争议并且影响面颇大，而且每个案例其实都阐述着作者自己对正义的理解。最后作者通过第三部的埃德蒙·罗斯纳诉美国司法部纽约南区检察官办公室案以及最后一章为辩护人辩护阐明了自己的观点——为正义抵制非正义，即根据证据为当事人谋取最好的利益，但是不能为了胜诉而做违法的勾当，同时，也不能容忍公诉机关为了定罪而做的不合法的勾当。

二、正义非正义

看到第二部时，我就一直在想对我来说，什么是正义？以后我能不能做到不管当事人是什么样的人只根据客观事实甚至不问客观事实而为当事人争取最大利益？虽然现在的我也还是很迷茫，并没能得出自己的结论，不过从书中我也有了一个初步的答案。

正义对于律师就是委托人的立场。英国律师亨利·布劳姆说“辩护是出于对委托人的神圣职责，只要受理该案就只对他一个人负责，他须用一切有力手段去保护委托人，使他免遭伤害，减少损失，尽可能地得到安全。这是他的最高使命，不容有任何疑虑；他无须顾忌这样做会给别人带来的惊慌与痛苦；这样做会招致的苛责以及它是否会使别人毁灭。他不仅不必顾忌这些，甚至还要区分爱国之心与律师的职责，必要时就把赤子之心抛到九霄云外，他必须坚持到底不管后果如何，为了保护他的委托人，如果上天注定必要时把国家搅乱也在所不惜”。

也许这就是百姓对律师的非议点。百姓被媒体宣传着，舆论导向着，当他们认为被告是穷凶极恶之人时，就会先入为主地认为其辩护律师也不是一个好东西。但在法律审判之前，由谁判定他就是穷凶极恶之人呢？是否媒体报道大众舆论能直接定一个人的罪，剥夺其辩护的权利？甚至因为他是一个穷凶极恶之人，定罪量刑之后就不配享有上诉的权利，只能等待执行不能反抗？难道法院不会因为大众的舆论影响量刑过重，让被告承担过重的刑罚？要求得到满足的百姓拍手称快，但如果你就是那个被定罪量刑之人，你所能体会到的只是深深的不公正与无法伸张的冤屈。因此，对于我们辩护人来说，正义就是对委托人负责。无论他是受冤之人还是罪行累累的惯犯，他们都应该拥有相同的辩护权利，得到法律公正的对待。并且委托人将案件委托给我们，就说明他们信任我们，即我们是他们唯一可以依赖的对象，所以我们辩护人追求正义的行动就是全力以赴地为其委托人辩护。

正义对于检察官就是政府的胜诉。尽管检察官立誓维护法律，但现实中，他们仍然用非法的手段获取证据将被告定罪，他们并没有追求正义，他们和想要被释放的被告一样，只追求一件事，就是打赢官司。在检察官诉律师罗斯纳的案件中，检察官为了将罗斯纳定罪量刑，不惜引诱其贿赂；为了让贪腐深入骨髓、犯案达数十起的警探路奇成功作证，不惜替路奇隐瞒罪行，千方百计阻止他们发现路奇的罪行，利用职权让路奇只作证不必进行交叉询问；为了让陪审团相信路奇的谎言并质疑罗斯纳的实话，在审前动用媒体的力量，对二者进行极端化的报道。

检察官知道什么是正义吗？知道。他们知道他们是违法的吗？知道。他们为何要违法？因为要胜诉。检察官追求的正义就是打赢官司，政府胜诉。

正义对于法官就是维护有罪判决，即使当推翻原判是达成司法正义的必要手段，他们仍然将推翻判决看成是一种对其个人及其专业的侮辱。罗斯纳案件是一个可笑的判决。最初由于检察官的操作，使得陪审团相信路奇的证言对罗斯纳定罪量刑。然而在上诉和复审之中，德萧维奇层层深入地揭穿检察官滥用权力干涉司法公正的事实，质疑犯下数十起犯罪贪腐的路奇的证言真实性。法官判决的理由被一次次推翻，然而包尔曼法官仍然坚持原判，子虚乌有地判决：即使没有上诉理由，罗斯纳也仍然构成犯罪。上诉法官为了向仅剩 15 天就退休的包尔曼法官致敬，甚至将刑期延长了一年。

在法官看来，有罪判决一旦做出就是最终判决，推翻有罪判决就是专业上的耻辱。甚至为了向即将退休的法官致敬，不愿撤销原判，反而肆意地增加一年刑期。

在养老院一案中，被媒体报道为纽约最卑劣的人的伯格曼没有犯下任何罪行，法官在最初明知伯格曼没有犯罪仍迫于舆论压力让其签订认罪协定，但由于舆论的不满足和检察院顺应民意的控诉，法官直接重判赢取百姓经久不息的掌声。

判决代表的不再是公正，而是职业荣誉。法官追求的正义就是维持原判。

什么是正义？法庭上控辩审三方持不同的立场，事实上，没有任何一方真正想要正义，他们坚持的只是各自的立场。在坚持的过程中忘了司法的本心是什么，忘了司法的追求是什么，造成得到的正义并不正义。

当然美国法律体系并不是完全像书中的描述，更多的是老师课上赞扬的公正的体系，是能做出辛普森案件的判决的公正。而正是因为全社会的无条件信任，以及可能带来的滥用权力的后果，德萧维奇觉得有必要揭露另一面，让公众了解法律体系不堪的一面，鞭策检察机关、司法机关和执法机关，使其不能肆意妄为。同时我们也需要清楚地认识到，美国的司法系统尽管先进完善，但并不完美，我们可以推崇可以赞扬，但希望能持有辩证的头脑去对待。

三、诉辩交易与李庄案

法律文书课上老师给我们详细介绍了李庄案的经过与结果，我一直有个疑问，中国大陆的刑法为什么不正式引入“认罪协商”制度，直到某天整理电子书的书签笔记，看到《最好的辩护》中对“认罪协商”条款的论述，我才明白李庄所爆料的“诉辩交易”条款根本不可能在我们现有的宪政体制下运行。

首先，我们来看看诉辩交易的定义：“诉辩交易”，又称为诉辩谈判或者诉辩协议，是指在刑事诉讼中法院开庭审理之前，提起控诉的检察官为了换取被告做有罪答辩，提供比原来指控更轻的罪名指控或者减少控诉罪行，或者允诺向法院提出有利于被告人的量刑建议为条件，与被告方（一般通过律师）在法庭外进行协商谈判而形成的一种司法制度。在美国的刑法中，也称之为“认罪协商”。

其次，来看看本书中是怎么论述“认罪协商”条款的。本书认为，认罪协商只不过是诉辩双方交换承诺的契约。在认罪协商中，被告放弃他/她宪法保护的权利，以换取比较短的刑期。认罪协商让人联想到浮士德和魔鬼的交易，只是它具有法律效力，而且法院对此有约束力。

根据书中的数据，认罪协商已经成为美国解决诉讼案件的主要模式，现在大约有3/4的刑事案件都以认罪协商方式结案，而非审判。

那么为什么，美国刑法里存在“认罪协商”制度呢？根据刑事诉讼涉及的各方当事人，主要可以归结为以下三方面的原因。

第一，对检察官而言，检察官允许被告承认部分起诉罪名，而可能只判决部分的刑罚，是因为在这样的安排中，他们看到自己的利益：在认罪协商中基本的好处是对案件的保障——受认罪协商的拘束，被告承认犯下某些罪名，检察官得到判决有罪的保证。如果没有认罪协商，他就必须担负着陪审团、法官、上诉法院种种不确定和反复无常的风险。

对于一个检察官，认罪协商可以使检察官免于因败诉而受到公众的指责。任何检察官，如果输掉了一个公众瞩目的案件，那么他将会被媒体批评为无能。如果那样的话，他的事业就算不会毁于一旦，他的前程也是岌岌可危的。

当然，还有一个比较单纯的动机解读，就是对工作过度的检察官而言，认罪协商代表较少的工作量，不需要牺牲漫漫长夜和周末假期与家人相处的时间。在美国，检察官不是支付时薪，而是年薪制。

第二，被告接受诉辩交易的好处是：经由认罪协商解决的争议，要比交由陪审团审判，风险要低很多。也就是说，在双方都得不到他们想要的全部的情况下，双方都得到了一样彼此最渴望得到的东西——确定性。

也许你会争辩，那有些无辜的被告根本就没有犯下所指控的罪，为什么也同意接受认罪协商。这是因为，他/她跟检方一样，也喜欢确定的感觉，更何况这种情况少之又少。

同样，也还有一个比较现实的解读，就是在美国，诉讼是非常昂贵的。对一个中产阶级的被告，他们不适用免费的诉讼协助，但是他们也负担不了长时间的诉讼和上诉费用。

第三，被告的辩护律师鼓励被告接受认罪协商，就更好理解了。因为，在美国就每个刑事诉讼而言，刑事律师通常会收到统一规定的费用，大概是2500美金，这是规定价额。所以，你想：如果协商某个案件要花去10小时，那么他的时薪是250美元；如果审判这个案件要花100小时，那么他的时薪就只有25美元，连日常开支都不够。显而易见，对于美国刑辩律师而言，协商的案件越多，赚的也就越多。

针对作者的解释，也就很容易看出“诉辩交易在现行的制度中是不可能得到有效适用的”，所以我们也没有这种东西，活该你李庄去监狱里待上一年零六个月，一个现行制度都不存在的东西，你凭什么相信它？

第一，对检方而言，由于重庆打黑是敏感的政治性案件，处理此类案件的做法是公检法联合办案（当然这种做法是违宪的，但是实际操作就是如此）。公诉方检察院，这种案件办起来，那绝对是所有国家机器都全速运转，顺畅得不得了，而且是大快人心。要知道，在敏感时期，高压线是绝对不能碰的，不死怎么办，不死法办呗，这种常识连周立波都知道，你一个律师还不知道？

所以，我们的检方不存在败诉这种可能，即使有，那也是微乎其微。它根本没有败诉后被公众指责这种担心，相反，在这种关键时期，舆论是一边倒的，中国公众也会大力支持，但此处公众不包括刑辩律师这一类人。

第二，被告李庄的政治素养还是差了点，怎么就信了诉辩交易这种东西呢？当然，也要原谅这家伙，因为中国的刑辩律师一直就是以“打捞队”而著称，靠着人脉和关系游走在法律和潜规则的边缘。他自个儿一直就是靠走后门吃饭的，难免是真信了有“认罪协商”这种东西。

第三，法院方面来讲的话，它的领导体制是上下级之间是监督与被监督的关系，同时也受人大监督。相对于美国那种选民政治，舆论对它的压力没有太大的影响，对法官个人生活而言，也不会受到不满民众的侵扰。

当然，也不是说中国的司法实践中完全找不到“认罪协商”制度的影子。不可否认，我国现行立法中存在着认罪协商的部分内容。例如，认罪态度好或积极赔偿受害人损失、投案自首制度、立功制度等，常常成为减轻刑事处罚的意定或法定理由，特别是“坦白从宽，抗拒从严”刑事政策的贯彻执行，使得司法实践中一些犯罪甚至是严重的犯罪被“从宽”处理。

从司法实践看，认罪协商制度在我国司法实践中早已实行并客观存在着。例如，交通肇事罪，如果被告人能充分或很快赔偿受害人，当事人就民事赔偿达成协议，法院就会以“法定的”理由判缓刑或免予刑事处罚，检察院也会以一些自认为是“恰当的”理由不予起诉，公安局也会找出“充足的”理由撤销案件。其他还有盗窃案、伤害案、贪污案、挪用公款案、强奸案等案件，在司法实践中也有认罪协商处理的情形。这些不是“认罪协商”制度下的“认罪协商”案件，只要当事人不申诉，案件就会“弹出”司法程序，作为法律监督机关的检察院自然也不会“没事找事”提出抗诉或进行立案监督。所以，认罪协商制度在我国是有其存在的市场的，司法实践也需要认罪协商制度。

但是，对于一个还没有完全得到现行体制完全承认的制度，按照老师上课时的原话，李庄你只能进局子里蹲着了，谁让你跑在制度的前面。我国《刑事诉讼法》的修改已经提上了日程，认罪协商制度也被一些学者写入了《刑事诉讼法》专家建议稿。制度的建设只能是在小碎步中不断前进，即使以后“认罪协商”制度引入后，有可能滋生司法的腐败，但是只有靠一步一步不断完善的法治进程来弥补制度上的漏洞。

四、迷惑

看完《最好的辩护》之后，我明白了很多，但也产生了新的问题，比如说：精神病人有没有自由的权利？要不要废除死刑？政府可以随便捏造一个罪，把不喜欢的人关起来，为他没犯的罪处罚他，因为他是个讨厌鬼，是个恶棍，是个坏人？

我们可以为了更高的正义违法吗？比如，警察可以在执行公务时犯法吗？可以为了“正当”目的不择手段吗？可以欺瞒吗？可以两眼一抹，砌一堵墙，当作什么都没发生吗？最重要的是，我们该如何平衡自由与安全？

“如果政府变成了法律的破坏者，法律将会受到蔑视，因为这会鼓励每个人都只遵守自己的法律”。书中的这句话让我印象深刻，再联想到电影《V字仇杀队》中对于政府的描写，希望我们国家永远都不会有这一天的到来。

希望以后我能践行自己的正义。

历史与法律

——《历史在你我身边》读后感

李宛鸿

摘　要：《历史在你我身边》是作者林达对中国及其他世界各个地方的事情进行描述的故事，作者开阔的视野和思考内容的多样性让我了解到了更多地方的故事以及从中领悟到了一些道理。林达从各种方面、各个历史阶段去描述各种故事，给予现代人民以教训和警示，希望以此推动法治社会的建设与发展也是我选择阅读此书的重要原因。本书涉及中国及世界其他地方，如美国、欧洲、中东、印度。书中并没有许多华丽的词语，没有惊天动地的评论，可是，就是这样一个个将身边的细微小事描述出来的故事，足以让我们从中看到以往事件的对与错，足以让我们从中获得教训和警示。全书分为四个部分：第一部分是有关中国近一百年中发生的故事。第二部分是关于欧洲、中东和印度的故事。第三部分是美国的故事。第四部分是几个产生在画布、图像上的事件。虽然文章分别为书评、影评、时评，讲述的故事也因地域、时间、背景而各异，但作者林达的意图仍是清晰的，那就是力求对产生于不同社会、不同文化、不同历史阶段中的各种观念、现象做出自己的解析，希望读者从这些故事中汲取前人的智慧和教训，以理性思维和法治精神推动社会的健康发展。这本书通过描述历史事件而给予读者警示，致力于推动社会健康发展。

关键词：本质；法制社会；铭记历史；不盲目

一、引言

了解作者的生活经历或背景，或许在读到某一个篇章时就会更加明白作者为什么会有这样的观点和想法。林达，原来是一对美籍华人作家夫妇合用的笔名，夫为丁鸿富，妻为李晓琳。他们于1952年出生在上海，1978年进入大学，曾在黑龙江省插队，1991年移居美国。在网上一搜“林达”便可以发现，林达被誉为介绍美国最好的作者之一，在《南方都市报》《新京报》《南方周末》等报刊开设专栏，不仅有时事评论，还有散文和特稿。林达的文字朴实自然，富有洞见，写作领域涉及宪政、法治、历史、国际关系，是少有的全能型作家。可想而知，林达写出来的书籍是多么值得一看，虽然语言朴实，但是却代表了中文世界里一种极难得的理性、温和、从容不迫的态度。阅读林达的书籍能使我们反观自己，寻求我们未来的道路。

林达有着一系列“近距离看美国”的书籍，例如《历史深处的忧虑》，以信件的形式讲述美国现实生活中的故事，生动地介绍了美国法律、政治制度的思想原则、建立与发展过程、操作方式、历史价值以及为实行这套制度付出的和将要付出的代价。还有《总统是靠不住的》《我也有一个梦想》《如彗星划过夜空》等，这些书籍都可以让读者更加地了解美国，不是表面上的美国，而是从一些事件上了解到美国的深层次制度，是一种深入的了解。

这本书是作者在不同的时期对自己遇到的各种故事的感受，并不是一个完整的连续的故事，因此我会对书中几个点谈谈我的想法。

二、注重本质，拒绝取其表而弃其本

此书的第一章便是“巴金与伏尔泰”，看到巴金这个熟悉的名字，我的第一反应是他在文学上的成就，想起小学时学习的《鸟的天堂》。可是会有一种奇怪的现象，正如林达所说，许多人悼念巴金，几乎都会忽略巴金“文学大师”的身份，而极度推崇他“提倡讲真话”的“社会良心”形象。是啊，为什么一个文学大师被更多人记住的却是“提倡讲真话”的“社会良心”形象呢？虽说一个好的文学家，也会有许多成熟的思想，会在社会变革的进步中起到启蒙作用，但身为一个文学家更被注重的应当是他在文学方面的成就吧？正如作者所言：“文学家依据自己的感觉写出作品影响读者；教师敬业地传授知识教育学生；律师认真为客户打官司维护普通人的权益，都不足以被称为‘社会良心’，我们需要的是以特殊的呐喊方式影响社会的人。而巴金应我们社会的特殊需要，成为这样一个‘社会良心’。他说：我们要‘讲真话’。在那样一个社会背景之下，这是多么重要的‘社会良心’。直到今天，人们还认为，他对社会的一句教导是如此重要，分量重到今天我们在悼念巴金的时候，可以一笔带过他成为大师的文学成就而再三强调他的这句话。”林达评论说：

“我们高度赞扬这样一种社会角色的错位，它的前提是什么？也许并不是晚年巴金比青年巴金更为伟大，而是社会本身的低层次错乱，基本人伦常识被淹没在高调之中。按照常识，在一个正常社会，我们是不是应该让文学家努力于他的文学创作，把‘讲真话’的教育工作，留给托儿所和幼儿园的老师。在巴金去世的时候，我们是不是应该深感惋惜：《家》《春》《秋》没有续集！《随想录》是历史的特定产物，与前面的文学巨著相比，无法等量齐观。”没错，巴金提倡的讲真话是非常有道理，但对于一个文学家我们是否应该更加专注于他的文学成就呢？不仅是巴金这一件事情上，许多事情都要专注于它的本质，而不能取其表而弃其本。正如法律方面也是一样的，我们要注重从本质方面发展，只有注重其本质才能更好地发展法律，才能经得起时间的考验，才能更好地服务于人民群众，更好地发展法制社会。那么什么才是法的本质呢？关于法的本质，资产阶级法学家有过各种各样的描述，例如意志说、命令说、规则说、行为说、社会控制说、事业说等等，这些都是比较有代表性的。这些资产阶级学说家主要是在唯心主义的基础上形成的理论，但是在马克思主义经典作家看来，他们认为：法是统治阶级意志的体现，是以统治阶级利益为出发点和落脚点的；他们揭示了法与国家的必然联系，揭示了法与社会生产方式的因果联系。我国法学界一般以“法是统治阶级意志的体现”来表述法的本质，所以我们要依据中华人民共和国的基本国情来制定发展的大体方向，要体恤民情，从广大人民的角度来分析，确定好发展方向，制定相对应水平的法律法规。只有这样我们才能从基层考虑，才能注重其本质，从而更好地发展与创新。

三、法治社会的最基本要求：以法律划出罪与非罪的明确界限

《划定“罪与非罪”的界限》是令我印象深刻的一篇书评。此篇书评是由于林达看到一篇关于聂绀弩先生的文章，文章作者感慨聂绀弩当年是由于朋友的告密才被送进监狱。在那样一个社会革命的时代被点名的是一些文化名人，他们本身也长期受到政治迫害。聂绀弩的罪名部分来自朋友的揭发。朋友，生活中亲密的伙伴，怎么可以告发自己的朋友呢？在那个时期，暂时先不去评论告发是不是正确的，我觉得重点反而是被告发的人是否有罪，是否应该受到惩罚？书本中说道：“这里所说的‘告密’，并不是说某人犯下刑事重罪，被亲近的人正当举报；而是指某人并没有触犯任何法律，却被告发而导致灾祸。这就是说，关键不在于告发，而是‘无罪惩

罚’。换句话说，如果在法制健全的社会，哪怕被告发，也不会带来惩罚和灾祸，因为这些言论或行为本来就是‘不违法的’。于是告密也就失去意义。”理所当然地，无罪还要受到惩罚的荒唐事，我们当然应该避而远之了，不过，在共同致力于构建法治社会的主流之下，这种事情还是比较少的，大家都在为构建法治社会而努力，时代也在进步着。“在我们曾经经历的多次政治运动中，有层出不穷的‘聂绀弩事件’发生，说明社会在那个阶段，‘罪与非罪’严重不分。这种不分是两方面的，一方面是无罪公民受到严酷惩罚；另一方面是社会假借法律名义伤害无辜者。告密者只是病态制度运作中必然会发生的一环。”是啊，对于那个时代的告密，我们可能需要用另一种观点去看待，在区分“罪与非罪”如此不清楚的时代，冤假错案似乎有了一点“正常”的理由。但在我们现在所处的时代就不一样了，正如书本所说的：“在一个法制健全的社会，真正的刑事犯罪，对正当举报也有种种法律规定，以避免诬陷。也尽可能对人之常情予以照顾。”就像现实生活中，如果你的亲人犯了罪，在私，大多数人都会选择包庇，又或者有着非同常人的坚定的信念，不为其隐瞒。但在法治时代，最好的状态当然是可以大公无私地去提供相关的资料，协助破案，又或者说，警方、检察方有足够强大的力量和能力，破解案件，但实际上又有多少人可以做到呢？书中有一个例子，但实际生活中应该很少遇见。“在美国也有亲属举报犯罪的，最出名的是一个校园炸弹手，专给人寄炸弹邮包，寄了好多个了，高额悬赏好多年也没有破案，最终是他弟弟从他的‘宣言’里识破真相，告诉自己的母亲。两人商量下来，决定阻止亲人的犯罪行为，举报并谢绝了奖金。美国社会的大多数人体谅这对母子的内心煎熬，对他们还是很敬重。至于对犯罪集团布下‘线民’，更是社会普遍接受的必要措施。因为这里讨论的是严重的刑事罪行。”在我个人的观点里，现实生活中，特别是在中国这样一个极其注重亲情的国家里，又有多少人能够做出这样的事情来呢？需要经过内心多久的煎熬，要多大的勇气？从另外一个角度来说，如果一个社会法制足够健全，公安机关与司法机关的配合足够好的话，或许就并不太需要犯罪者的亲朋好友举报，而能够绝大多数依靠公检法的力量惩治不法分子了。这不仅仅需要法律的高度完善，更需要有大量的人才，公安机关、检察机关以及司法机关等机构的人才。书本中提及一个观点：“法治社会的最基本要求，是以法律划出罪与非罪的明确界限。对罪行依法处置，鼓励正当举报。而对非罪的言论行为则依法保护。”以法律划出罪与非罪的明确界限，才不会重现历史上如同“文革”时期之类的荒唐事件。这就是法律法规所能起到的作用，法律规范以书面形式确切地告诉人民群众，什么有所为，什么有所不为，这样划定“罪与非罪”，才能尽最大的可能惩治危害社会公共利益或他人利益的犯罪分子，保护那些受伤害的弱者。区分罪与非罪，绝大多数人就会因为害怕强制力的惩罚而自动趋利避害，避免犯罪。当然，也不是完全排除没有冤案的情况，就比如2010年5月9日因“被害人”赵振裳的突然回家，已经服刑多年的赵作海被宣告无罪释放。因被认定为“杀害”同村人，大好的青春年华在监狱里度过了，在被判刑时村里人怎么看待赵作海、怎么议论他的呢？这类大型的冤案也不可以说非常多，但是出现在我们的生活中，就有一种我们国家的法制发展并不健全的感觉。而事实上，虽然基本上划分了“罪与非罪”，即有了基本的法律法规来限制人民群众，但从其他方面来看，我国的法制发展也的确不够发达，仍然需要付出更大的努力。

四、铭记历史，更好地发展

新闻牵出的历史讲述了有关“文革”时期的历史，“文革”，在以前第一时间想到的会是政治斗争与压迫，全面夺权，使派性斗争激化，各造反派组织为争权夺利，拉帮结派，争斗激烈，发生无数的纠纷和冲突，以至酿成残酷的武斗。而在学习了法学之后，在看到这本书时，我想到的是其中的一方面，“文革”中的1968年取消检察机关，到1978年宪法规定重新设置人民检察院。这是共和国法治历史的大倒退。据许多材料可知，在十年“文革”期间，法律虚无主义更甚，基本上不按规定办事，判决也极少是由司法机关做出，几乎都是由所谓的革命委员会召开公审大会甚至直接判决，而且所依据的全是阶级立场和个人判断而对许多公民的正常的行为进行惩罚，而且这些惩罚随意性极大，有期徒刑、无期徒刑、死刑都是随意判定的。在这十年里，中国的法治发展道路可以说完全停止了，由于错误的思想指导，不正确的阶级斗争，不依照法律进行管理，无视法律的存在，可以说这是对法律无情的践踏，这是极其错误的。这是历史对我们的警示，不可再次出现类似于十年“文革”对法律践踏的情形。正如许多学者所认为，法律在建设国家的过程中是必不可少的，起着重要作用的。孟德斯鸠在《论法的精神》中说：“我们希望着一个未来的国家：这个国家是我们所信仰的。”我们希望未来的中国，法治也是我们所信仰的。建设一个法治的中国，才会拥有更加宽广的道路，才是强国之本、希望所在。

五、不盲目跟随，找到适合之路更好地发展

大陆法系和英美法系有着许多不同的特点。就比如书中所说到的有关律师方面的各种事宜吧。“英国这个律师考照制度的特点是：取得执照容易，而要在法庭站得住脚、赢得顾客却很难。它的淘汰环节是在后面的开业执业阶段。甘地取得执照归心如箭，马上启程回国。三年过去了，他拿着执照却发现自己读书不多，实际并不具备在律师界执业的知识和能力，再加上个性羞怯更是困难重重。一开始他试着在孟买作为律师开业，遇到并不难的小案子，却在法庭上落荒而逃。最后他在孟买的律师生涯彻底失败被迫回到故乡。此后，又发生了被甘地认为是带来他人生转折的事件，使他感到羞辱难当。”在英美法系等国家，是很注重对于法律人才的培养的，这并不是就等同于大陆法系的国家又或者说中国就不注重，但是两者付诸的行动是很不一样的，或许应该说培养的体制与模式有着很大的区别。想要成为一个律师，很难，并不是过了像“司法考试”那样的资格考试就能做得很好，需要的是你更多的经验与磨炼，就像作者所说的要真真正正具备在律师界执业的知识和能力，否则想要在律师这个行业继续做下去，可以说根本就不可能。在美国、英国等国家，想要成为一个法学生，是需要经过许多努力的，而不像我国，门槛相对较低，如今在中国，法学生似乎到处都是，要想真正提高法学生的素质与能力，我认为应该进一步地完善教育系统，适当地提高门槛，而且最重要的事情应该是切切实实地提高法学生的能力，而不是似懂非懂，在摸索中慢慢改革，才能够更好地发展。“甘地拿着英国律师执照，却不是一个具备西方法律人士气质的人。他更像个僧侣或者说信徒。他没有皈依某个宗教，却显然有印度教的基础。甘地的讲话、文章常有长篇大论的感性表达，而理性推理、逻辑叙述的部分却弱得多。”记得曾经有老师介绍过，像美国、英国等国家，他们的法官都是从律师中挑选的，而且能够成为法官的都是经验丰富而且很出色的，当然也有一定的年纪，而在我们国家，法官中比较年轻的并不是没有，而且也可以说比较多，他们过了司法考试，过了公务员考试，可是如此年轻的他们是否真的有足够的能力呢？是否真的符合了一个法官该有的品质与要求呢？并不是说所有的年轻法官都不好，但是经验丰富的人是否能够更好地判案，更好地担当法官的角色呢？中国致力于建设社会主义法治社会，我们就更加应该取长补短，结合自己的国情做出适当的变化。

《历史在你我身边》这本书讲述了许许多多的故事，看似普通的描写叙说，饱含着作者对某些事情独特的见解，在这些故事里，我们都能够从中看到一些正确或错误，而更有领悟力的读者们或许就能达到作者的意图，从这些故事中汲取前人的智慧和教训，以理性思维和法治精神推动社会的健康发展。在阅读此书的过程中，某几句话，某一篇章，总是会让我想到某些过去未曾思考过的，我想这就是林达写作的成功之处吧！

参考文献

[1] 林达．历史在你我身边［M］．北京：生活·读书·新知三联书店，2014.

[2] 张文显．法理学（第四版）［M］．北京：高等教育出版社，北京大学出版社，2012.

浅析《政府论》

邓兴银

摘　要：《政府论》汇集了洛克的主要政治哲学思想，不仅使洛克成为古典自由主义思想的集大成者，而且对于后世的现实政治产生了深远的影响。该书分为上下两篇，上篇集中驳斥了当时占统治地位的君权神授说和王位世袭论，下篇系统地阐述了公民政府的真正起源、范围、目的。全书出色完成了为英国资产阶级革命辩护的任务，对英国政治、经济的发展起到了巨大的推动作用。

关键词：自然状态；政府；自由

一、引言

在21世纪的当今世界，或许连刚刚上幼稚园的小朋友都知道我们人生来就是自由、平等的。我们的权利是从一出生就被法律赋予的，然而在几百年之前的人们可并没有认识到这一点。在中国，君主集权制盛行。君主拥有凌驾于他人之上的权利，他们推崇君权神授。他们一出生就凌驾于他人之上，他们是天之骄子。而在当时的西方，大多数人则信奉基督教。基督教传播的教义则是上帝创造了第一个人亚当，同时授予他统治妻子、儿女以及世上万物的权力，因此亚当不仅是第一个家长，而且是第一个国王。亚当这种父权和王权是代代相传，永远世袭的。当时全世界的人们并不知道何为真正的自由、民主与平等。

匈牙利诗人裴多菲曾说："生命诚可贵，爱情价更高。若为自由故，两者皆可抛。"从这句在全世界广为流传的话语中，我们可以得知，与自由相比，爱情、生命将显得不再那么重要。生活在缺乏民主、自由时期的人们是多么的可悲。然而，世间的一切黑暗与荒谬终将会被光明驱散、打败。

约翰·洛克就是这样一位打破荒谬与无知，给世间带来光明之人。他是英国一名伟大的哲学家。在知识论上，洛克与乔治·贝克莱、大卫·休谟三人被列为英国经验主义（British Empiricism）的代表人物。洛克的思想对于后代政治哲学的发展产生巨大影响，并且被广泛视为是启蒙时代最具影响力的思想家和自由主义者。洛克的精神哲学理论通常被视为是现代主义中“本体”以及自我理论的奠基者，是第一个以连续的“意识”来定义自我概念的哲学家。他的代表作《政府论》开启了人类政治思想的一个新时代，成为政治自由主义最经典的作品之一。

二、历史背景

17世纪英国爆发了第一次具有世界历史意义的资产阶级反对封建制度的革命。在长达46年的时间里，英国经历了内战、共和、克伦威尔军事独裁，最终通过1688年的光荣革命，通过资产阶级和新贵族的妥协，建立了英国现行的君主立宪制，一个代表资产阶级利益，一个代表自由与平等，一个代表人权的新的国家体制。17世纪的英国资产阶级革命时代，各阶级和各阶层为了争取自己的权力和利益形成了多种有关国家组织形式的要求和主张。《政府论》两篇分别在1688年和1689年发表，旨在打击封建王权，并为新建立起来的君主立宪制、议会制度辩护，同时对英国政治、经济的发展起到了巨大的推动作用。可以说《政府论》是跨时代的作品，因为它推动了一个新的国家政体的出现。

三、《政府论》上篇

《政府论》一书开篇就对王位世袭论说和君权神授进行了抨击，反复地提起罗伯特爵士和他的《先祖论》，并给予了他们丝毫不留情面的抨击。罗伯特爵士在他的《先祖论》中以《圣经》为依据，论证了他所认为的父权和王权，其认为父权和王权都是上帝赐予亚当的，从亚当开始一代一代承袭下去。当然，因为我没有读过《先祖论》，所以不敢妄下断言，对《先祖论》的评价都是从洛克的《政府论》中所获得的。当我百度《先祖论》时，搜索到的都是《政府论》的链接，根本找不到有关《先祖论》的材料，由此可见《政府论》对于《先祖论》的反复批判之深，其影响之深远。当然，从另一个侧面看，也多亏了洛克的《政府论》，让罗伯特的《先祖轮》实实在在“名留青史”了。罗伯特爵士认为“一切政府都是绝对君主制”；他所根据的理由是："没有人是生而自由的"。洛克一开篇就提出了一个与每个人都息息相关的命题，人是生而自由的，说罗伯特爵士否认自由，认为人人天生都是奴隶，说"因为根据这些人的学说，君主们，除了仅仅一个以外，也全都是天生的奴隶，而且根据神权，他们也都是亚当的嫡嗣的臣民"。两人的观点在一对比之下让人们对罗伯特爵士产生一个先入为主的坏印象。就比如一个人对你说，你天生就是奴隶，你来到这个世界的作用就是伺候别人的，难道你会对那个人有什么好印象，内心深处就会认为他是个"神经病"，排斥他。诚然，当时自由平等的观念可能并不如当今社会这般深入人心，但当时欧洲已经经历了文艺复兴的洗礼，在我看来，长期处于压迫下的人们对于自由平等还是向往的。这就是洛克的机智之处，虽然第一章并未用一种理性的方式证明奴隶和自由谁是谁非，但是通过这样一比较就已经将罗伯特爵士的观点置于一个劣势位置。这使读者一开始就倾向于洛克的观点，至少我是这样的。这也可见洛克的机智与他写书的准确性和理性——并不无中生有，但以自己的一个合理的主观推测来得到读者认同的目的。

接下来，洛克便以《圣经》为依据，层层反驳罗伯特爵士的观点。罗伯特爵士以《圣经》的故事以及《圣经》中上帝的话为依据，洛克也以其人之道还治其人之身，也以《圣经》的故事以及《圣经》中上帝的话为依据，先后批判了罗伯特公爵的父权、王权、财产权、王位世袭等观点，可以说把罗伯特爵士抨击得体无完肤。当然，洛克使用比较温和的语气去批判，所有的称谓都是"罗伯特爵士"，在客观论述之下处处充斥着对罗伯特爵士的讽刺。从上帝的方面，论述了父权和王权并非出于上帝的本意，并指出了两点：

第一，根据这个赐予（《创世记》第一章第二十八节），上帝并没有给予亚当以对人类和对他的儿女、对他自己同类任何直接的权力，因此他并没有基于这种特许而成为统治者或"君主"。

第二，基于这个赐予，上帝给予他的不是他对低级生物的"个人统治权"，而是与一切人类相同的权利，所以他也不能由于这里给予他的所有权而成为"君主"。

从根本上否定了所谓的君权神授说，没有了王权神授，王位世袭更加无从谈起。

之后，洛克从夏娃——母亲的角度论证父权和王权的不合理性，又从王权的继承方面否定罗伯特爵士的观点。由此，《政府论》的上篇结束，下篇开始。

四、《政府论》下篇

下篇一开始，洛克就开始论述自然状态。人类最初是处于一种自然状态，那是一种完备无缺的自由状态。自然状态是一种自由、平等的状态。自然法在自然状态中起支配作用。自然状态下，人们“按照他们自己认为合适的方法，决定自己的行动和处理自己的财产和人身”。但同时指出，虽然自由，但绝对不放任，不能任意地处置或毁灭人身和财产，要想处置，必须遵循自然法。理性，也就是自然法，教导着有意遵从理性的全人类：人们既然都是平等和独立的，任何人就不得侵害他人的生命、健康、自由和财产。在自然状态中，每一个人都拥有执行权，也就是说，人人都有权惩罚违反自然法的人。最后指出，“独立社会的所有统治者都生活在自然状态中，无论他们是否同他人联合。因为，并不是所有契约都可以终止人们之间的自然状态，只有大家一起同意加入同一社会从而构成一个国家契约，才会结束自然状态”。这与上篇的开头关于奴隶与自由的论述契合，至此才算是真正论证了自由的观点。

论述了自然状态之后，接下来就是战争状态。而战争状态则是“一种敌对的和毁灭的状态”。洛克提出：“谁企图将另一个人置于自己的绝对权力之下，谁就同那人处于敌对状态。”这其实是变相对专制与强权的反对，对个体自由的呼唤，也是洛克对早期民主的阐述初露端倪。同时，洛克认为在一个没有公正法律约束及有效执行裁判下，必然导致随性战争状态。也正是因为有了战争状态，才应运而生了一种权力，“可以向其诉请必然救济，那么战争状态就不会再继续存在，纠纷就可以由那个权力来裁决”。这即是政府权力产生的原因，也强调了立法权的重要性。

洛克在定义财产权的同时，也极高地评价了劳动的重要性。“假如每个人都有能使用多少就拥有多少的权利，那么对于他能以他的劳动予以影响的一切东西，他都享有财产权；凡是他的劳动所及，以改变其所处的原来状态的一切东西，都将是属于他的”。正是因为劳动，所以有了公共资源和私有财产的区分。

然后，洛克讨论了父权和王权的区别。父权并不是一种真正的政治权力，“只不过是上帝和自然加诸人类以及其他生物的一种责任，以保护他们的后代，直到他们有能力自立为止”。而真正的和唯一的政治社会是“在这个社会中，每一成员都放弃了这一自然权力，把所有不排斥他可以向社会所建立的法律请求保护的事项都交给社会处理”。

政治的起源。既然洛克认为自然状态是完美的，那为什么还会有政治社会呢？那是因为自然状态也存在缺陷。缺陷就是在自然状态中缺乏有权依照既定法律来裁判一切纠纷的知名的和公正的裁判者。而且就算有了公正的裁判者，也缺少一种稳定的，人们共同认可的是非标准和裁判他们之间一切纠纷的共同尺度。最后，在自然状态下缺乏一种强制力去支持正确的裁判，使之可以实行。所以人们愿意放弃这种权力交给他们当中的某些人按照一定的规则去行使。这就是立法和行政权力的起源，政府和政治社会本身之所以产生的缘由，也在于此。

政府的目的是保护私有财产。一个人在社会中通过付出自己的努力和汗水换来的物品，就是他个人的私有财产。换言之，劳动在自然之物上面加上一些东西，使它们成为劳动者的私有财产。人们在自然状态下就有财产权，政府成立后的目的就是保护私有财产，而绝对不能侵犯它。因此，未经人民自己或其代表同意，政府绝不应该对人民的财产课税。

最后，洛克深入探讨了征服、篡夺与政府的解体。他始终认为人们的自由是至高无上的，无论是征服或是篡夺，对人们的统辖权依旧是有限的。一旦人们的自由被剥夺，财产权被侵犯，那么人们可以用暴力来推翻政府。

纵观《政府论》下篇，洛克最为注重的便是个人的财产权，人们之所以成立政府，便是为了保卫自己的财产权不被侵犯。因此，政府的唯一目的就是保护公民的财产权。但正是如此，便产生了一个悖论：政府需要极大的政治权力来保卫公共利益，但过大的政治权力反而会侵蚀公共利益。为此，洛克提出了分权的概念，并强调自由的重要性，人们有权选择符合自己利益的政府。

五、结论

《政府论》第一次系统地完成了“人人平等享有自然权利”为内容的自由主义政治学说，建立了古典自由主义的基本理念，奠定了现代政治理论的基本精神，为后来的理性主义、自由主义、法治主义和怀疑主义的确立打下基础。此书不仅深刻影响和指导了英国革命，更为美国独立和法国大革命提供了理论基础。美国的《独立宣言》中的思想皆来自洛克，他的自然权利学说和权力分立观念使他成为美国宪政之父。《政府论》也深刻影响着法国的启蒙思想家和法国大革命，《人权宣言》也借鉴了许多洛克的理论。此外，《政府论》中“人人生而平等自由”的理论也影响了联合国的《世界人权宣言》，其中的“劳动价值论”学说也为马克思主义经济学的劳动价值论奠定了基础。

参考文献

[1] 瞿菊农．政府论［M］．叶启芳，译．北京：商务印书馆，1964.

柏拉图《法律篇》解读

张帅帅

摘　要： 柏拉图生于公元前427年，死于公元前347年，是古希腊唯心主义哲学的代表人物。《法律篇》是柏拉图晚年创作的一部重要作品。本文通过论述《法律篇》中包罗万象的思想、源远流长的思想、与中国儒家有何不同的思想这三个方面，进行论证《法律篇》中伟大的思想，从而推出柏拉图心中的法治、理性、美德以及对权力的限制等影响后世的思想。

关键词： 法治；理性；社会；美德

谈起柏拉图，人们无形当中就会想起"理想国"，但是我可以很负责地说柏拉图在法律方面的造诣也很高，在此我只不过是浅浅谈谈罢了。

一、论柏拉图《法律篇》包罗万象的思想

（一）立法需要理性的思想

人们常说"胜者为王败者为寇"，也就是话语权是掌握在胜利一方的，我也这么认为，可以说大多数中国人都是这样认为的。但是柏拉图说，通过战争获胜的一方也要追求理性，立法理性，政治理性，生活的各个方面都要理性。并不是说胜利一方只要胜利，就可以在其他方面胡乱作为，肆意地修改法律，而要更加理性立法，更加理性地追求大善，追求人间的正义，追求未知的真理。所以战争只是一个小小的手段罢了，真正使政治稳定、经济繁荣的是理性立法，通过法律来规范人们的行为，规范社会的秩序。法律篇，包罗万象。法律篇不仅仅是讲法律，它涉及方方面面，除法律外还有宗教、教育、历史、艺术、伦理、外交、贸易、家庭、婚姻、技艺、公民生活等。所以说，只是通过此书的名字真的很难了解到它的内容。因此，我不禁产生怀疑，到底是否把它定义为一本法律专著呢？我想，如果仅仅是把它定义为一

本法律专著的话，那真的是有点淡化此书的价值了。大家都知道《理想国》这本书，此书可谓是声名贯耳，那么把《法律篇》与《理想国》对比一下，它们之间或多或少有那么点的相似之处，所以把《法律篇》归于政治专著之中，也并不为过，甚至意义更加丰富，其中讲述的正义、立法、司法、审判、惩罚等具有更多的哲学意味。

（二）美德即知识的思想

一个人的思想在不断地变化，《法律篇》虽创作于柏拉图晚年时期，但仍留有《理想国》中的思想。专家治国，政治家从事政治，技艺之人从事技艺，各司其职，姑且不论其有无弊端，单从其想法来看，已经发现出了雅典普遍民主政治的弊端，不需要泛滥的民主，需要各司其职。柏拉图说："我们始终在寻找哪些立法有助于美德，哪些立法无助于美德。"柏拉图的老师是苏格拉底，一个学生或多或少会受其师的影响，美德很重要，一个军官不仅要能征善战，还需要拥有不惧危险舍生取义的美德。立法也是这样，而且他也希望立法与美德互相统一。就像柏拉图所说："我希望公民们非常乐于遵循美德的指引，显然这是立法者试图通过立法来取得的效果。"但是并非去坚持不该坚持的，就像柏拉图所说："固执地，坚持了不该坚持的。"

（三）法律社会性的思想

当今社会有"法定节日"，在我们看来是很正常不过的一件事情。但是柏拉图生活的时代，"法定节日"并不是一件很容易的事情，人们工作劳累，却很少休息，柏拉图《法律篇》就一贯倡导用立法来规范社会，因为柏拉图认为法律与社会是分不开的，法律应该倾向于社会生活，例如：规范节假日、规范饮酒等，这些法规极其正当，不仅是其使社会更加规范，更重要的是这样的规定包含了所有的人自然会青睐的幸福，这样的规定使法律更加使人接受，更加联系社会，并不是使法律变得没有威严，而是使法律变得更加的神圣。法律是不断变化、不断发展的，法律也应该顺应这个社会，顺应这个时代，不同的社会环境会呈现出不同的法律。总而言之，不可以脱离社会来看待法律，也不可以脱离社会来制定法律，同样的，法律应该与社会相适应，法律要跟上时代的发展，与时俱进。法律属于社会的产物，法律要与社会相互统一。因为立法者不可以忽略社会的其他方面对法律的促进，比如教育，一个社会只有人的素质不断地提高，这样，法律才会被遵守。相反，法律制定再完善，教育跟不上，素质提高不了，那么法律形同一纸空文，也就印证了那句话"法不责众"。所以柏拉图说"教育和训练在维护法律方面是很有用的，那种忽略自己或下属的人会在巨大的混乱中完蛋”。人的社会印象也同样重要，类似于演讲者以滔滔不绝的演讲能力而闻名于世，那么他随便哪个时候试图赞扬描述一样优秀的东西，人们都会怀疑，那件东西不像他说得那么优秀，他的描述最终不过是吹嘘出来的而已。所以这样的社会现象经常会困扰知识渊博的人，因此人们需要运用自己的智力来判别事物的本质，从而推出人们所描述的是出于本人的爱好还是其真的有所描述的那么优秀。法律就是如此，我们会想当然地认为法律是由懂法律的人制定的，那么法律一定会适合这个社会，一定是正确的，这就是我们没有通过理性分析，不管制定的法律是出自于谁，我们都应该通过理性去分析法律是否适应社会发展、法律是否脱离社会等。此类问题，都值得我们去深思，从而使法更加令人尊敬，使其比任何言说它优秀的东西都更加优秀。就像柏拉图所说：“除了理性和推理的练习而外，人们无从了解法的真理、法的优秀，一切事物的真理。人们必须在理性中练习和锻炼。尽管他们的目的起初也许不是要去理解法的真理。但法却在理性中伴随着社会不断地进步，不断地丰富发展。”

二、论柏拉图《法律篇》源远流长的思想

（一）分权的思想

用沉博艳丽来形容《法律篇》确实不为过，因为其含义深远，内容渊博，并且对后世影响深远。法律限制王权。想必大家都听过，绝对的权利导致绝对的腐败，那么在帝王统治的时代，就很容易产生王权滥用。古希腊时候很多城邦国家，大大小小数百个，各个城邦的政治体制不同，像雅典那样的民主国家很少，大多数也是王权至上的奴隶制国家。柏拉图主张把王权一分为二，把王权限制在更加合理的比例上。后世的《权利法案》《平等法案》等均受到此思想的影响。

权力分立、限制权力和分权的观念，限制统治者的权力，否则会导致国家的覆灭，要借鉴斯巴达“五长官”约束王权的经验，孟德斯鸠的《三权分立》、美国的《1787 年宪法》、孙中山的五权分立等都或多或少受到柏拉图的影响。所以权力要关在笼子里，要行使有限制的权力。所以统治者要做人民的公仆，就像共产党倡导的“全心全意为人民服务，做人民的公仆”。

（二）诚实信用的思想

诚者百善之首。柏拉图也这么认为，他说“诚实为百善之首，对神和人都一样”。任何人要成为愉快的人和幸福的人，一开始就得诚实，这样他可以

作为一个诚实的人来度过他一生中尽可能多的时间，因为一句谎话要用十多句谎话来支撑它，谎话说得多了也会使得一个人的品格下降。诚实是每个人灵魂中最宝贵的东西，也没有任何一个人会永远自愿地把最严重的邪恶放进他自己最有价值的东西里，并同它终身相处。柏拉图所倡导的诚实同样影响着我们的现实生活，我们的社会太需要诚实，我们的食品、药品，我们人与人之间的交流，都真的太需要保持相互诚信，用诚信知心待人，才会得到对方同等的对待。

（三）任用经国之才的思想

经国之才，柏拉图在那个时代便认识到了选才入职的道理。选择官员入职以才选之，类似中国的科举，科举制度即使有其不妥之处，但是开辟了一条寒门的入职之路。柏拉图的思想也是这样，做官要有法律方面的素养，选择懂政治的人从政，懂法律的人立法，便是这个道理。并非是靠世袭、靠出身来授官授爵。

《法律篇》里出现关于选择才能之人任职的对话，我实在感到吃惊，因为他的时代是奴隶社会，所以每个人的思想与时代并不是很有关系，只是会受时代背景的影响，不起决定作用。选择懂法律的人入职，不管他是从事什么工作，因为法律是一种规范，在任何情况下都要依法治国，在什么岗位上都要遵守法律，遵守心中的良知。对比现在社会，我们都在喊着“依法治国”“司法改革”的口号，但是现实社会呢？法官不断地离职，懂法的人在慢慢地脱离这个系统，他们的待遇在逐渐减少，但他们是这个社会进步的中坚力量，他们支撑着社会的法律系统，维护着国家的规范。

术业有专攻，不同的岗位适合不同专业的人，法律界需要有系统学习法律的人，一个国家的建立大多数是通过战争来解决的，但是胜利后国家政权的维系就得需要法律来维护，俗话讲开国容易治国难，便是这个道理。因此，柏拉图讲的便是要用有识之士治理国家，用懂法律的人来制定法律、施行法律，从而使社会稳定。

三、论柏拉图《法律篇》中与中国儒家有何不同的思想

（一）不同的思想源头

我问法律由谁制定，因为我很迷茫，它总会有个源头吧。你说法律是由宙斯制定的，我不禁想起卢梭的“天赋人权”，可知他是站在了巨人的肩膀上。你又说“法律至高无上”，我惭愧，因为在遥远的中国是“皇权至高无

上”，皇帝的话就是最高的法律。中国的儒学家董仲舒也像你一样提出了神的观点，不过他所说的却是“君权神授”，用儒家思想治理国家，至今在中国影响深远，自认为中国的“奴性”与西方的自由是从你们那时开始的。你在《法律篇》说“人要学会谦逊，但是过度的谦逊就是软弱”。我很震惊，因为我从未想过谦逊还会有错，所以在尊长面前无时无刻不在表现着谦逊，在同龄人面前却表现得“强势”，我想我是软弱的，因为应该掌握谦逊的度，把谦逊用到不同地位的人身上，虽然我读完《法律篇》有了这样的言语，但在现实生活中也很难做到，可见，我被儒家文化中的糟粕毒害不少。

（二）不同国情不同法律的区别

你说法律要适合国情。在希腊，克里特文明流传甚广，你也生活在那个时代，你对克里特的法律很有建树，例如，你解释克里特规定携带轻便的甲胄，因为它适合社会生活，立法让生活更加便利，在小国寡民的社会是相当适合的，基本全民皆兵，他要防御更要生活，所以军装要轻便。想必在地大物博的中国，军装越坚固越好，因为不管是唐朝的府兵制还是宋朝王安石的裁兵法皆不是全民皆兵。当我说完这句话后足以证明我真的改变不了身上天朝上国的光环，因为我用了“地大物博”这个词语。

你说立法者首先要对自己制定的法律身体力行。例如，如果一个将军不是能征善战的英雄，那么怎么要求士兵能征善战呢？一个酒宴的操控者不是头脑清楚、酒量颇深，怎么能够使酒宴顺利流畅呢？我想这个思想与你理想国的思想具有一致性，各自分工、各司其职，最高执政官为十将军委员会成员，并且任期一年；但在中国古代则不然，不管你是否有才能，只要你有好的血缘就可以带领这个国家，因为在中国古代最高领导人即是世袭，俗话讲立长不立贤，最高领导人都这样，怎么可以要求下面各个层面的领导者是完全靠科举呢？就算有科举考出来的人，学的是四书五经，儒家思想，又怎么有才能进行司法审判呢？

用教育来维护法律。教育人们懂法、遵守法律，教育人们不能忽视自己，那时候的你就强调个人的重要性，我想“人文主义”的思想渊源同样是站在了巨人的肩膀上，尊重个人权利。中国自古到今则是强调集体利益，我知道这两种观点没有什么优劣之分，只是从中可以了解到一个民族的思想可以影响一个民族的法律。那么，你应该是一个唯心主义者，说到这里，个人感觉人的思想并不是那么明确的，中国人强调唯物，那么又怎么避免得了唯心呢？至少跟柏拉图同时代的中国春秋战国的思想至今影响着我们，西方亦是如此。

那么可知，纯粹的唯物者甚少，纯粹的唯心者也甚少，好比你是唯物，但同样夜深人静路过墓地也会害怕，突然有人叫了一声，你也有可能感觉精神错乱，我亦是如此。所以教育尤其重要，因为人们的思想并不是完全纯粹的。

柏拉图《法律篇》中法治、理性、正义等思想在无形之中影响着我们，《法律篇》中的思想博大精深，并非短短几千字可以论述完，所以需要我们不断进行研究，不断走进柏拉图《法律篇》的世界。

参考文献

[1]［古希腊］柏拉图．法律篇［M］．张智仁，何勤华，译．上海：上海人民出版社，2001.

[2]［古希腊］柏拉图．理想国［M］．郭斌和，张竹明，译．北京：商务印书馆，1986.

《法的门前》随想

郑凯浩

摘　要：本文开篇引用卢埃林的摇篮曲阐述学习法律的必要过程。接下来文章分为三个观点展开论述：一、就算为部分群体的正义，也不应在牺牲他人利益的基础上实现，法律程序与法律结果同等重要；二、死刑作为一种惩罚手段是“残酷而非常的”，于国家、罪犯和被害人来说，实施这种惩罚所能得到的“预期收益”不如终身监禁大，从经济人的角度来说，为追求收益最大化，我们对于实行死刑的观点也要有所改变才行；三、在面临生命危险的时候，人一般是盲目的、没有理智的，时常会发生触犯法律的情况，这一观点就是讨论无论在什么情况下，人生命的尊严都是不可侵犯的。

关键词：程序；死刑；惩罚利润；紧急；生命尊严

我们镇上有个绝顶聪明的人
他跳进了一片荆棘丛林时弄瞎了眼睛
当他发现自己失去视力
拼命跳入另一片荆棘丛林重获光明

《法的门前》第十一章第四节卡尔·卢埃林将此摇篮曲作为一个引子给哥伦比亚大学法学院的学生做了演讲。初看，感觉晦涩难懂，不易理解是什么意思，但细看之下，卢埃林其实将法学比作“快乐的迷雾”，在初学法律的时候，就要理解法律是没有激情的理性，应该看该学科应该看的东西，别无他顾，才能尽快地进入法律的殿堂，培养独立的理性思考批判方式，然后再通过与外界的交流，从而得到提炼与升华。书中有一句话说道：“广泛研究法律之后，也许更加迷惑，也许决心选择一种最佳的行动路线，而不是挣扎在拥护和反对之间。”其实学得多未必懂得多，当你还没有足够的知识去思考分辨的时候，所有的东西都会令你感到迷茫，犹如挡在你面前的“快乐的迷雾”。当几乎所有人认为现存的社会就是一个两元的社会时，其实社会上不存在绝对的对与错，也许是我们受中国几千年传统的一元思想的限制，看待事情都像做判断题一样，只有两个答案，不是对就是错。但是社会不是这样的，它是多元而精彩纷呈的。对于我们自己来讲，追求的就是适合自己的这个多元之间的一个度。所以老师教导我们一定要培养自己的一套思想体系，即使是不成熟的，也不能放弃。带你走到“法的门前”，你所想，就是你所得。作为一名法学院的学生，我深有体会，学习了法律，用批判的眼光去看待所有的事物会让你有不同的收获。

循规蹈矩在现在来说无疑是一个贬义词，用来说明这个人不知变通，只懂得因循旧制，毫无创新可言。但是在英美法国家来说，这是一种美德。英美法的精髓在于先例，是从迷信、封建、狂乱中渐渐建立起来的秩序，对于一个司法体系如此成熟的国家，判例经过无数次的考验依然保存下来，宛如一个庞大社会群体中的德高望重者，每句话都带着千百年来的哲理，这是时间沉淀下来的沙金。从前人的智慧中获益是人生而习得的习性，不过，当时代发生了变化、法律或者先例不适用于现在了呢？在20世纪90年代说同性恋结婚合法那还是骇人听闻，如果在中国的古代那是要浸猪笼的，但是在当下提倡恋爱自由，平等至上的时代没有什么不可能。既然时代变迁，那法律也要随之改变。促进法律改变有很多种方式，暴力明显不是最好的一种。1963年，马丁·路德·金等人计划通过示威游行抗议法律上的种族歧视，伯明翰市试图阻止示威游行，但牧师们坚持游行，最后最高法院判其违法。但并不是否定其抗议之因，而是抗议的方法违法。国家的智者从纷繁复杂且混乱不堪的习惯、宗教、道德中抽丝剥茧，将其整合成法典，使之最合乎当前的社会状况，获得社会共同体的绝大多数人认可之后，一旦确定下来，它就要在司法强制力的支撑下维持自身的尊严，不允许他人的践踏。卢埃林说：“知法有益，即使法为恶法。”如果一部法典建立起来，所有人都可以忽视法典所禁止的行为自由行事，那这部法典就没有存在的必要了。法典的延续在于每位公民的遵守和司法系统的维护。书中说道：应就禁止令上诉，而不应先违反禁止令，再针对定罪上诉。在书开篇所写的寓言，有人认为乡下人直到死也没有见到法，为了伸张自己的正义就应该用暴力，所以其方法就是，用拳头去实现自己的正义，如同美国的超级英雄，用正义的拳头去惩戒恶，最终实现自己的正义。同样乡下人也可以直接打倒守门人，然后直接去觐见法，在诉说自己的冤情的同时说自己也是被迫无奈。乍一听感觉很有道理，既然依照法律我不能直接去惩罚恶人，那我也是通过法的途径去为自己申冤啊，都是因为你不让我进去，我才使用这种方式。这样把自己所犯的恶撇得一干二净。但事实并不是这样。书中说道：应就禁止令上诉，而不应先违反禁止令，再针对定罪上诉。一项法律，在法院推翻它以前，即使是一项违宪的禁令，也必须遵守。人们创制法律是为了政治、经济、道德和其他社会目的，而不是为了脱离社会。暴力的手法明显不可取，如果法律规则以其他人的利益作为代价去实现一部分人的利益，那么法律又有何公正可言。但从另外一方面来说，等待法律赋予我们公正的时间成本不是我们能够承受得起的。在美国各州的战争结束之后的一百多年里，种族或者其他形式的歧视仍然是一个生活事实。“拜特森诉肯塔基州案”中监察官强制剔除了 4 个黑人，从而组成一个只有白人组成的陪审团，在没有理由解释的情况下，很难让人不怀疑是种族歧视。如同拉尔夫·达伦多夫（Ralf Dahrendorf）所说：“在法律的‘前面’人人平等，但在法律的‘后面’不再平等。”在社会开明、人们道德观念水平如此高的今天，受过高等教育的检察官尚且如此，就很难去说服所有人一百多年的时间成本并不高了。但是无论怎样，我们还是要去遵守程序的。我们想要一个公平正义的结果，必定需要一个公平正义的程序。

当我在读这本书的时候，总有些篇章的观点过于精彩，让我陷入沉思。

一、死刑是否是最好的威慑手段

从建立未来的法律威慑手段上，自由、尊严作为社会所提倡的凌驾于生命之上的精神层面，终身监禁是一种比死刑更有威慑力的惩罚。如果终身监禁将替代死刑，从国家层面上说它将带来更大的威慑作用；从受害者层面，他也能得到更大的惩罚利润（用经济上的数量去衡量惩罚的损益）；从罪犯的层面，他将得到一个迁善的机会。理由如下：首先，从“特罗普诉杜勒斯案”中得出结论：非自愿地失去公民权是严厉的。我们能够想象到一个罪犯触犯死刑的时候所受到惩罚的严重性，例如：“弗曼案”中，被告开枪杀死一位有 5 名孩子的父亲，从处以刑罚所达到的条件来说，足以判处以死刑。死刑被认为具有六个目的：报应、威慑、防止再犯、鼓励认罪、优生和节约。其中威慑，就是国家实行死刑的最主要原因。我们要思考的问题是：死刑是不是一种比终身监禁更好的威慑？并且对于现代社会来看，死刑是否是一种“残酷而非常”的刑罚，不符合时代的要求？书中用了一个死刑执行过程来向我们展示死刑的可怕，那血淋淋的场面如此真实，所以他们说当“我们用‘温暾的言辞’修饰一种刑罚，而如果不在现实情况下对这种刑罚做认真的检视，就不可能肯定其合法性”。书中通过很多有力的数据表明死刑并不能威慑潜在的谋杀犯，原因在于几乎所有的谋杀犯都是出于一时冲动而杀人，对于正常有理智的人来说是没有理由去杀一个人的，当多巴胺的分泌抑制了恐惧，法律并不是他们的障碍。另一个角度，死刑对于现在乃至将来来说，并不是一个最好的威慑。就我看来，受过高等教育、获得过较高成就的人相比于死刑来说更让他们恐惧的是终身监禁。对于一个终身监禁的人来说，它会让自己丧失自由、尊严、地位、荣誉、爱情、家人，备受质疑的目光也将慢慢啃食他的心智，有可能会让他一生都活在犯罪的阴影下无法自拔。所以描述相对温和的终身监禁其实有着比死刑更特别的惩罚手段。其次，终身监禁能有一个死刑所不具备的优点就是有机会使人迁善。当我们从整个案件来看，被害人被杀害是没有道理的，但是如果我们是从一个生命神圣必有其价值的社会来说，死刑就是对一个人从精神到肉体彻底地抹杀。当罪犯死去，完成在我们眼中的复仇，我们因失去亲人而悲痛的心情是否会有好转，我们是否可以拂掉悲伤，平复情绪继续快乐地生活呢？似乎不行，造成的伤痕并不会因死亡而结痂，所以从威慑的层面，我们会更希望让他肉体和精神上永世遭受地狱般的苦痛和不安。但是对于现代社会来说这行不通，所以权衡之下，何不以另外一种相对更合适的方法去替代死刑。如果让他们能够亲眼看到自己的一切慢慢失去，似乎让被害人能得到的惩罚利润更大。所以，死刑对于罪犯来说可能只是给予他一个解脱。以上都是从未来的一个社会倾向来说的，当社会绝大多数人的价值观逐渐迈向更理智，对待死刑的态度是否可以很轻易地转变，我们不得而知。但是，书中说“‘残酷而非常’条款不是一个静止的概念，而是应以‘当代人类知识’不断检视的概念”，在几百年前的世界，给予杀人者最直接的惩罚就是死刑。随着时代的发展，在尊严、自由比生命更重要的时代，我们报复的观念是否也会有一丝变化呢？

二、紧急时有无法律

本节以一个英国恐怖的食人案开篇。三位被告和一名被害人在船舶失事后被迫困在一艘小船上。在消耗完所有的食物和淡水之后，三名被告为了生存下去，将最瘦弱的被害人杀死吃掉，本案发生后的第四天，被告获救，因此受到起诉。我们要探讨的是在此种情况下是否能为了其他人的生存杀害一个人？首先，法律的适用问题，法律的制定并不能预设到所有的案件处理办法和涵盖所有违法行为的情况，它只是一般性地规定有代表性的情况。通常情况下，在颁布一项法律之前，编撰人士都要预设法律实施的效果和可能发生的情况，在预设最坏的情况下探索法律和道德的底线在哪里。所以，在这种情况下，法官的判断尤为重要。在判例法国家，最高人民法院的审判结果将作为一个判例对接下来相似的案件做一个法律审判的规范，所以每一个案件的审判都要在法官广博的见识和雄厚的学术功底的前提下，才能做出判决。有趣的是，书中说，法官的判断始于一个粗略形成的结论，而影响结论形成的是“政治的、经济的和道德的偏见”。在很多人看来，法官应该尽力规避这种情况的出现，因为如果法官的判断只是经过自己主观意识粗略形成的，那么他就会有一个先入为主的观念，为了论证自己结论的正确性，会潜意识地支持自己所认定的判断，这样不利于判决的公正性。事实上恰恰相反，如果法官努力寻找的证据不足以支持自己的判断，除非法官是偏执的变态，否则不可能仍旧坚持自己的判断。其次，犯罪诱因的道德底线在哪里？在英国的判例法里面，如果一个人即将饿死，偷盗不能成为定罪的理由。同样，如果被告三人面临生命危险时能不能没经过被害人的同意杀死他。我们尚且讨论成立，因为反推是最好的验证手法。假如在类似此种情况下，我们可以为了生存下去使用任何手段，你能想象在一个密闭的空间里人性的邪恶吗？如同身处在远古的动物世界，人类觉醒般恢复了兽性，接下来看到的将是一场弱肉强食的厮杀，没有了人类千百年来积淀的文明。当生命的威胁存在，那是伦理道德所不能涉足的区域，那将是人类可悲的地方。在案例中所附带的条件是：那个最瘦弱的人已经奄奄一息了，就算不杀他，他也不能撑到获救，不如牺牲他救活其他人。这个就是我们所熟知的丛林法则，像古代帝王的说辞，我把他杀死，为的是救能够存活下来的更多人。就像以物易物一样，用一个苹果去换更多的苹果，但是在那种情况下他们好像忘了人并不等同于物，不能以数量来衡量。在《蝙蝠侠》这部影片里，有一场戏是小丑通过计谋将两艘安装有炸弹的船上分别装上富人和囚犯，只有其中一艘船被引爆了，另外一艘船的人才能幸存下来，而两艘船的遥控器分别在对方的船上。经历了一系列的惊心动魄之后，两艘船都没有按下引爆对方船只的按钮。最后两艘船都幸存了下来，这只是小丑设计的一场闹剧。这一幕让我们觉得惊险就在于这是一场罪恶的囚犯与受过教育的富人之间的道德较量。但结果却引发我们深思，按照猜想的情况，肯定是囚犯会把对方的船引爆让自己活下来，而且他们是囚犯，都是坏人，其实不然，恰恰是坏人最先肯定了自己不会按下那个按钮。柴静在《看见》中写道："实际上这个世界上没有好人和坏人，只有做了好事的人，和做了坏事的人。"每个人都是独立的个体，人在人性上是没有区别的，我们都不应以做过的事情去评价一个人的人性，同样不能把人当作物去替换。我完全赞成首席法官科尔里奇勋爵的结论：人没有权利宣称诱因是一种犯罪的借口。所以最后法官判处被告死刑，因为不能为了"同情犯罪人，而以任何方式改变或削弱犯罪的定义"。虽然女王赦免了刑罚，改为6个月监禁，但是程序是法律的核心，法的实施有赖于强制，所以法律也是维护道德的最终保障了。

这本书还有很多问题我从来没有想过，如身份、利益、公意，遵从法的权威。书中还有一些很有意思的观点，比如美国著名律师克拉伦斯·达伦对监狱囚犯的演讲：你们无罪，有罪的是剥削、压迫他们，而致使他们犯罪的社会；犯罪是社会分化的产物，而不是人性的现象。当看到一个新颖的观点的时候，我就如同发现新大陆，所有的事物都是新奇有趣、闻所未闻的，虽然我现在尚且没有接受，但是不妨碍我去了解，毕竟新事物的接受总是从排斥开始。康德说：要有勇气去运用你自己的理智。有趣的东西谈论一下又何妨，毕竟兴趣是最好的老师。

参考文献

[1] 卡尔·卢埃林．荆棘丛［J］．清华法学，2004（01）：17.

[2]［美］彼得·德恩里科．法的门前［M］．邓子滨，编著．北京：北京大学出版社，2012.

[3] 柴静．看见［M］．桂林：广西师范大学出版社，2013.

[4] 康德．历史理性批判［M］．何兆武，译．北京：商务印书馆，2013.

论皮埃尔·勒鲁的两性平等观

——读《论平等》后有感

袁善仪

摘　要：2012年11月中国共产党第十八次全国代表大会中，首次将男女平等作为基本国策写入报告。我国宪法在第48条规定“中华人民共和国妇女在政治的、经济的、文化的、社会的和家庭的生活等各方面享有同男子平等的权利”。民间对男女平等的问题还是有相当多的争议，这里就皮埃尔·勒鲁的《论平等》中的阐述看看他的两性平等观是什么。皮埃尔受空想主义者和法国启蒙思想家的著作的影响，特别是卢梭的自由、平等思想，他是十九世纪法国著名的哲学家、小资产阶级空想社会主义者，他的平等观念理想而超前。本文通过阐述他的两性平等的来源和观点，认为对两性平等的来源的论证不够有说服力；通过他的平等观念感到他对平等的热切希望和坚信，不过还是理想化。对此，对目前关于两性平等的问题，尝试以他的理念来解释。

关键词：两性平等；产生；婚姻家庭中的平等

一、引言

皮埃尔以三位一体理论论述平等是社会的基础和原则。“平等原则调节公民间的私人关系以及不同程度上涉及友谊和爱情的一系列关系”。他认为，法国大革命突破社会等级，使得平等成为社会的法则，在私人关系中一个显著的表现是爱情平等而自由。他说：“事实上，难道爱情平等不正是社会的现有法则吗?”“革命实现了它的使命”。他把两性平等的原因归于爱情平等，爱情平等的原因归于革命带来的平等观念，但是没有说到革命的原因。我们知道，法国大革命的实质原因是阶级的矛盾激化，资产阶级要推翻封建统治。虽然他在书中的论述让我觉得非常有道理，但是我仍然认为两性平等的原因不在于爱情平等。因为爱情不代表生活。如果女性没有提高劳动力，依旧依附于男性，在实质上她还是附属品。平等只是种观念，即使男性好心给予女性平等，那也是男性施舍的，是作为主导的男性自上而下给予的，既然可以给予，也可以收回。没有拥有能抗衡男性的力量，女性仍未实现真正的平等。

“玛丽·爱德华·沃克是美国历史上第一位女军医，在美国内战时因为穿长裤而数次被捕。最后经过国会的议员们激烈的争论，最终因为她精湛的医术和为国会立下的赫赫战功，决定立法给她特权——美利坚准许军医玛丽·爱德华·沃克女士在工作中穿裤子”。这还是带有条件的允许，如果她只是一个普通人，连穿裤子都不自由。在这么小的方面被限制，其他方面可想而知了。一直到二战，由于需要大量女性生产战资，女性的地位得到提高，女裤可以广泛流行。从这样一个小的例子看到，女性的地位影响着她们的权利。而什么影响地位呢？按科学社会主义的说法，是生产力。“只要妇女仍然被排除于社会的生产之外而只限于从事家庭的私人劳动，那么妇女的解放，妇女同男子的平等，现在和将来都是不可能的。妇女的解放，只有在妇女可以大量地、社会规模地参加生产，而家务劳动只占她们极少的工夫的时候，才有可能”。

所以，两性平等的产生受生产力的影响。当女性的生产力提高，脱离附属地位，成为社会上独立的部分，主导权便渐渐从男性手中转移了。爱情平等是等级制度突破的一个表现，但并非是两性平等产生的原因。再者，如何定义爱情平等？突破等级，恋爱自由谓之平等，可是在爱情里，男女是平等的论据没有被提到。

二、两性平等是作为人的平等

“男人和女人不是两个不同的个体，而是一个个体的两个方面，爱情使其彼此契合和联系……配偶以外，除爱情和婚姻以外，就不存在性的存在”。他将女性作为人类的一方面，就像男性一样，两者是平等的。男女差异比之于年龄，是人类的特殊性不可分割的分别。而且，他还认为，妇女的生命的种种表现总是包含着她们固有的潜在性，并且说妇女的特点就是在她们生命的任何时刻都潜在地注定要和男人组成一对。这一段论述我觉得有些缥缈。我的理解是这样的：在婴幼、童年时，两性的特点并不是很明显，真正的平等也许就是在妇女分娩后，妇女的丈夫和家人不再紧张地询问着婴儿的性别，而是紧张地问是否母子平安。但并不是说他们可以丧失本身的性格和特征，就像女婴长大后会成为特征鲜明的女孩，会有与男孩恋爱、共浴在爱情之河的可能性。在没有爱情之前，她和他都是同本质的，作为一个人而存在。她不是恋人、不是妻子，她对于男子来说，她也和他一样。再说明，妇女的潜在性就如同人生三个时期的潜在性，即使表现出来，也是属于同一种范畴。我认为，就像孩子会长大成为青年，青年会成熟至老年，每个人都会有这种潜在性，当潜在性表现出来，我理解为成长到另一个状态，它还是属于同一个范畴，它的本质是一样的，从根本上来说是没有区别的。

爱情使两性凸显，有了爱情，才有两性的区分。如果是同性恋呢？在同性的爱情、婚姻里，性别的区分如何凸显？我想，事实上当然会，那么似乎与他的理论存在着矛盾。所以，他的男女平等是纯粹的，不分差别的平等，但是属于同一范畴里。我想，这也许是我们现在提到的男女平权吧，因为他主张的是两性是无差别的平等，在发生爱情之前，无论男女，都没有超越另一个性别的特别权利。

再次，针对一些用神话的解释来反驳夏娃是亚当的从属的解释，对于传统宗教将男女区别开，由教士作为联系的这个体系，他并不赞同。他认为妇女具有潜在性，只有当被爱情联系到一起时，男性与女性才作为两性区别开来。没有爱情和婚姻之前，妇女可以说是不存在的，她是作为一个人，而非妇女。因此，妇女不必要求作为妇女的平等，而是要求作为妻子的平等，除此之外，妇女只能要求作为人的平等。在拥有爱情和婚姻之前，妇女没有作为妇女的自由，只有作为人的自由。而且，作为妻子，她拥有妇女的自由，同时，理所当然地有作为人的自由。并且，他不赞成解释女性的特殊身份的学说。因此来说，男女应该是一视同仁的。

不过，他是仍然承认并且十分赞同启示这种体系的真理——两性平等。之后，他提出，事实上女性得到平等主要体现在法律和接受的教育上。他举例，根据罗马法，妇女归入到“妇孺”之列，过着被监护的生活，法典也依此规定，即使再如何宣布男女平等，作为妻子，却是不平等的。所以，法律宣告男女平等，是其得以实现的表现。他认为，社会要为妇女打开参与的大门和接受合理科学的教育。让妇女参与社会事务，成为艺术家、政治家……让社会舞台也有女性在闪光，而非“男人的俱乐部”。这个理论也可反驳现在有些比较激进的女性主义论点，认为女性比男性更伟大，女性更优越。这种理论与男权社会的男性优越论其实质不是一样吗？不断强调某一性别具有主宰的资格，哪边更优越，另一边就要服从。这不是不平等吗？

我认为，按照他的观点来看，两性平等是主张社会给予他们平等的发展机会，社会应该充分保证男性和女性的生育、发展和正常生活。不必说女性从此不生育，像男人一样闯世界，而是两性相互尊重，起码观念上女性不受到束缚。事实上的平等是不实际的，但是给予形式上的平等是一向的追求和目标。比如，女性有参选的机会，女性有专心事业的机会，“每个人，作为一个人应拥有种种权利，每个人都潜在地拥有跟其他人同等的权利；城邦的每个成员，作为一个公民，应拥有种种权利，同样可以说，每个公民都潜在地拥有跟其他公民同等的权利”。所以，我们追求拥有平等的机会是公平的，是实际的。而阶层上产生的不平等，与解决贫富差距问题是同样的问题。也出现这样的现象：有人就人人平等理解为人人相等，否定了两性的差异性。作为人类，男女是不可否认的两个方面，两性平等不是直接抹除两性的差异。在这方面，作者的述说我也理解得不太透彻。生活中也有批驳道男女平等是谎言，是不切实际的幻想和政治口号，在我看来男女平等是对自由的追求，随着社会发展和进步，女性的地位不是有逐步提高的趋势吗？虽然目前依然存在不平等，但我期待着它的发展。

三、目前对两性平等问题的争论

他虽然肯定了男女平等的发展，但对同时出现的问题也提出批判。

（一）滥用平等权利导致虚假的平等

“权利本身和爱情中公认的平等权利都成了腐化堕落的手段”。这是对平等权利的滥用，造成了虚假的平等。那句“恋爱是有钱人家小姐的玩意，平民百姓只要吃饱肚子就好”或是那句“宁愿在宝马上哭也不愿在自行车上笑”，这会造成实质上的不平等，因为在婚姻里，一方受制。女性的不幸从不平等开始。爱情的不平等往往会令婚姻也不平等。他认为真正的爱情和婚姻平等，是灵魂合二为一的神圣，不是一方主导或从属于另一方，而是相互爱护、相互依赖。虽然还没有事实上实现平等而且还出现一些问题，但他依然肯定革命对平等的促进作用并对实现真正的平等表示坚定的期待。其实到现在我也觉得平等还是没有完全真正出现。一家之主的观念和男主外女主内的观念仍没完全突破，家庭里，妻子依附于丈夫的状况其实还是被认为是理所当然的，可是，依附不是依赖。如果从经济的角度看，没有掌握家庭财政的家庭妇女，其生活来源主要依靠丈夫，虽然法律有保障，规定丈夫的财产为夫妻共同财产，但在情感上，其实她还是处于“弱势地位”的。“经济地位”不平等，即使有了爱情，似乎还是不平等的。

我想起了徐志摩的爱情和婚姻。在那个封建思想与西方自由平等的思想相碰撞的时代，徐志摩有自由平等的意识却无法做到，有心而无力。他们的婚姻是不平等的，他们甚至连爱情都没有。再有，杨绛与钱钟书的婚姻，两人互相爱慕，互相依赖，至死不渝，令人感动。这是平等的婚姻，精神上的门当户对。

（二）虽仍未实现但坚信它必然会实现

发展是曲折而缓慢的。他认为虽然男女平等的原则被接受，但事实上还是存在不平等。故他对男女平等的必要性进行论述，并批驳反对妇女解放的意见。

他认为世界是相互联系着的而且平等的实现是与公民平等和政治平等相关联的，所以，随着公民平等和政治平等的实现，男女平等的实现是必然的。妇女与男子应该相守互助，而非将两性割裂开来。因为两性是个体的两个方面，他们的定义是一样的。爱情是使其契合和联系的桥梁。男女差异比之于年龄，是人类的特殊性不可分割的分别。然而，他们也具有同一性，他们有共同的基础，就是作为一个人类存在着。所以男女个体的差异并不能作为区别为两个独立阵营的特点。就像“男主外女主内”，这句话高度概括了传统家庭的分工情况，并且对现在也产生了深刻的影响。这不是固指女性的工作，而是在家庭里的位置。上一辈有的家庭是这样的，辛苦工作回来后，还要忙碌着围着灶头转，为什么不是丈夫和妻子一起忙碌呢？因为妻子就是主内的，这种思想影响深远啊。比较激进的想法有为什么女性不能像男性那样活着？我认为，既然两性有各自的天性，应该是遵循天性，扬长避短，妇女得到平等的表现之一是妇女可以充分发挥，强求像男性那样不也是不平等吗？“社会是由男人和女人，根据他们自己的样子而造就的自然环境，在这里应充分保证男人和女人的生育、发展和正常生活”。平等是让两性都得到发挥，没有被固定化的思想观念束缚。因为同为人类而平等。不必说女性眼光狭浅，就应该躲在男性背后，在家庭里相夫教子；不应该因女性学不好哲学这句话提高女性学哲学的门槛，因为大家同为人类而平等，选择奋斗事业还是经营家庭，选择学哲学还是其他学科都是个体的自由。这里，并非定要打破传统的男女分工观念，只是打破这种观念的固化，使得无论男女都可以自由选择，不被传统束缚。

（三）对于混淆形式平等和实质平等的看法

有些言论说对于女性的保护就是不平等，诸如“产假”“痛经假”“对怀孕女性的刑罚保护”等。我认为这是混淆了形式的两性平等和实质的两性平等。男性和女性出现的性别差异是必然的。一般地，力量上，女性较男性柔弱；思想上，女性较男性感性。所以一些对于女性的保护是平等的。“对于一个富翁的偷窃行为和一个穷人的偷窃行为，你们却科以同样的刑罚。难道看不出来穷人的负担比富翁重一千倍吗?”同理，如果要求女性与男性一样，同样的行为可能导致实质上的不平等。

总结来说，他认为因为爱情平等，所以产生两性平等。而真正的爱情平等和婚姻平等是精神上的平等，相互尊重，理解守护。男女平等是必然的而且是必要的，两性是同一的，是人类同一范畴的两个方面。男女平等是两性同为人类的平等，在爱情、婚姻中，我认为到现在还没有实现真正的两性平等，因为还存在着一些观念，而这些观念阻碍着平等的发展。不过，还是向着平等的方向发展中，期待着也相信着终有一天会实现真正的男女平等。

参考文献

[1]［法］皮埃尔勒鲁．论平等［M］．王允道，译．北京：商务印书馆，1988.

[2]［德］恩格斯．家庭、私有制和国家的起源［M］．北京：人民出版社，2003.

[3] yolandayucha：“几十年前，女人穿裤子是违法的”，载新浪博客，访问地址：http：//blog. sina. com. cn/s/blog_ 77b546dd0100yept. html，发布日期：2012 年 3 月 8 日，访问日期：2016 年 8 月 12 日．

探讨映射在法律进程的人类劣根性

邓晓彦

摘　要：我们这个民族往往表现出“喜新厌旧”之感，遇到新事物就会抛弃固有的以及以往的旧事物，也就是常常表现出的“砸碎旧的、建立新的”思维和举动，是典型的劣根性体现之一。法律出现的目的就是为了限制人类的劣根性，从最简单的一个层面来看，从欲望来说，人的欲望似乎要比动物强烈得多，很多时候它就像被放出笼子的老虎，猛烈而又危险。人是一个欲壑难填的高级动物，是一个本身也很难做到自控的高级动物。关于劣根性，其实人类早已经意识到其危害，但是一旦有机会，每个人都会有释放自己欲望的想法与冲动，前提是要有机会：当他们拥有权力，拥有金钱，拥有能力。因此，我们这个社会需要道德，需要法律，然而仅仅有道德与法律并不能真正限制人类的欲望。甚至即使有很苛刻且严厉的法律来约束人类，照样有渴望不受约束的人。这群人，渴望能够彻底释放自己的欲望，为达目的，甚至破坏社会的法律和道德，影响人类的生存环境。这种劣根性需要有一种相应的法律来处置、来约束，否则一旦扩散出来，受到伤害和影响的面就会难以控制地扩大。

关键词：民族；劣根性；法律历史

一、引言

“人之初，性本善”是一句口耳相传的话，但是我自小更愿意相信的是“人之初，性本恶”。自从亚当和夏娃被赶出伊甸园，那个人类所向往的世外桃源就已经不复存在。上帝既然赐予了人类自由意志，不可避免的，贪婪是不期而遇的存在。这个烈焰的苹果，便是人类罪恶的争端，然而法律，最开始的意义，是保护强者的欲望使之实现以及延续千秋后代，经过时间打磨后，法律的存在相比从前似乎已大相径庭。

二、“性本恶”概述

战国末荀子倡导这种理论，认为人的本性具有恶的道德价值。性恶论以人性本恶，强调道德教育的必要性。战国，从韩赵魏三家分晋开始算起直到秦始皇统一天下为止，战国上承春秋乱世，后启秦朝，中续百家争鸣，是中国的思想、学术、科技、军事以及政治发展的黄金时期，史称“百家争鸣”。与此同时，图强求存的各诸侯国展开了许多诸如吴起商鞅的变法图强等举世闻名的变法和改革，而在兼并战争过程中，如张仪、苏秦的纵横捭阖，廉颇、李牧的战场争锋，信陵君、平原君的政治斡旋，诸如此类，不胜枚举。而在统一中国的过程中，战国时代也塑造了中央集权的君主专制社会的雏形。公元前475年——春秋和战国的分界线，一般认为是中国进入封建社会的确切时间，它是春秋时奴隶制瓦解的时代，也是战国时封建制形成的时代，几乎同时，西方掀开了封建社会的篇章，比中国晚了整整千年。公元476年，西罗马帝国灭亡，标志着西欧奴隶制度的崩溃，标志了西方古代的结束，浓厚而又残酷的中世纪封建制度开始。《韩非子·备内》说：“医善吮人之伤，含人之血，非骨肉之亲也，利所加也。故舆人成舆，则欲人之富贵；匠人成棺，则欲人之夭死也。非舆人仁而匠人贼也，人不贵则舆不售，人不死则棺不买。情非憎人也，利在人之死也。”既然人性本恶，那么就只有接受其恶的本性，唯其如此，才合乎天意。所以，现行政治政策就必须以人的本性为依据，要因循它，而不是对它加以否定。“因”或者说“循名责实”是法家学说中一个重要原则，早于韩非子的慎到曾说：“因也者，因人之情也。人莫不自为也，化而使之为我，则莫可得而用矣。用人之自为，不用人之为我，则莫不可得而用矣。此之谓因。”人是自为的，亦即利己的，因此不可能使人利他，但是恰恰是因为有人的利己，才可以使人由自为转为为公和利他。因为人为了利己，就必须依循国家政策的引导，也必须躲避国家法律的惩罚。于是，利己转而成为利他。法家是最强调国家秩序的，而法家的人性论理论基础则是毫不隐讳地承认利己，承认性恶。韩非子的法家思想，其实是传承了荀子的性恶论。为什么历史上会存在这么一个战火纷乱的年代？正是因为人类欲求不满的劣根性，国君不满意国土的面积，坐在那个至高无上的皇位上，贪婪便抑制不住地膨胀了，为了实现“普天之下莫非王土”的贪婪。

三、充斥着劣根性律法规定

我个人对于法制史只是有着很浅薄的认识，在这里谈谈明初政治。朱元璋，明朝开国皇帝，我对他的评价是，一个农民，不知出于怎样的运气，这位农民世家的小子竟当上开国皇帝，这可能对于现今中国几亿农民是个莫大的鸡汤故事，但是，对于中国往后的发展，我认为并不是件好事。话说在前，我并没有歧视农民。元朝末年，蒙古人对汉人万分压榨，朱元璋还在长身体时期就历经至亲离世，身无分文，每天必做的事情就是逃亡，最青春朝阳那几年便当了个和尚，以流浪化缘为生，这样，便是好几年，也是这几年铸造了他残忍的性格。披上龙袍之日，恐怕也是千疮百孔了，对于性恶论，他深信不疑。第一步便是废宰相，全国事无大小直接向他汇报。明朝疆域东起朝鲜西据吐蕃，南包安南北距大碛，东西一万一千七百五十里，南北一万零九百四里，朱大哥，岂非你一人之力可监管得来？所以，他采用了幼年管理农地的方法管理国家，这个国家在他眼中，只是一个大农村罢了。看不惯的臣民，就像残害稻田上的害虫一般，除去。杀人，不过头点地，他甘之如饴。一个人的性格会影响整个国家的性格，一个人的文化素质会影响整个国家的文化素质，朱元璋给中国重重烙下农民的印记。在那个生性多疑的皇帝管理之下，怎么样的人才能存活，必定是工于心计的聪明人，我么，正正是流着他们的血。我们的劣根，已播种了很久。

四、从现代网络与法律规定看人类劣根性

这段话的开头，删了又写，写了又删，因为还不能接受某人离世的传闻。明星患有抑郁症似乎令人嗤之以鼻，这么光鲜亮丽的职业，又赚这么多钱，怎么可能抑郁？然而，明星，在远处闪闪发光，是靠太阳光的炽热，离太阳越近，所忍受的热感越强，已非温暖，是悄然融化自身的能量。上文提到，猜疑是我们的骨头，善妒是我们的血肉，我们的细胞就处于这样的环境下孜孜不倦地分裂生长。一张精致的脸孔，换一个偏差角度，可以引发数万网民的兴趣。现在，比实体暴力更恐怖的是网络暴力。网络暴力是指网民在网络上的暴力行为，是社会暴力在网络上的延伸。网络暴力不同于现实生活中拳脚相加、血肉相搏的暴力行为，而是借助网络的虚拟空间用语言文字对人进行伤害与诬蔑。要想真正击毙一个人，不是打倒他的身体，而是打沉他的内心。明星，作为众人的焦点，在公众前，是赤裸裸的，一个小小行为经媒体放大，却成为众矢之的。古时候千千万万的人民面对一个暴君都苦不堪言，如今一个明星面对的是千千万万个网络暴君。他们在“分歧”中拒绝讨论，在“审判”中忽略证据，在“惩罚”中无视法律。他们混迹于论坛之中，出没于微博之上，活动于网帖之内，他们无所不在。作为日益强大的媒体力量，网络在快速发展的同时，其暴力行为持续走高。因此，规范网络传播、遏制网络暴力变得越来越重要。但如何有效遏制网络暴力、净化网络环境、维持网络正常秩序，社会上众说纷纭，莫衷一是。要遏制网络暴力关键是要让网络暴力回归到法律上，并在制度层面予以规范。“网络暴力”的最初形态是网络舆论，舆论本身并无好坏之分，但当网络舆论因网民言语过激转而形成攻击性、煽动性和侮辱性的网络暴力后，就会对当事人的隐私、名誉等权利造成严重的侵害。

五、结论

“网络暴力”虽然侵害受害人的多种权利，具有违法性，但当前我国法律对网络侵权的规制主要在侵权责任法以及其他一些法律中有相关规定，而在具体的操作层面上，侵权责任法的规定显得过于原则——适用需要有相应配套司法解释。同时因网络具有开放性、隐蔽性、渗透性和随意性等特点，网络行为人没有被明确制约，其行为就容易被放任甚至肆无忌惮，加之网民盲目跟风、情绪化表达等因素的推波助澜，导致网络意见容易走向偏激，杀伤力也越发增强，继而波及当事人的现实生活，演变成网络暴力。在此，我提出三点建议，一是加强对网民的法治教育，积极引导网民文明上网。网民有言论的自由，但在行使自己的言论自由权利时，不得违反国家法律的规定，不得侵犯他人的合法权益。二是加快个人信息保护立法的步伐，使信息的披露与保护在法律的规范下达到平衡。三是建立合理的网络规则，加强行业自律。针对互联网运行中存在的问题，对互联网网站及相关主体的行为进行有效监管，及时查处互联网网站的不法行为，对互联网的运行和发展进行合理引导。网络是一个虚拟的世界，同时也是一个和真实世界并行、交融的现实世界。网络暴力时隐时现，任何焦点问题都有可能引发一场网络的疾风暴雨，继而侵犯他人的合法权益，因此只有切实将其纳入法制轨道，才可能最终使其烟消云散，才能营造健康有序的网络环境，为社会公众带来更多的生活便利。

参考文献

[1] 艾军．“一个民族若无主流文化引导就像荒野的纸片”，载新浪博客，http：//blog. sina. com. cn/s/blog_ 4060c15e0102dx5u. html，发布日期：2011 年 11 月 2 日，访问日期：2016 年 9 月 17 日．

[2] 灵魂人物．“人类的劣根性之——欲望”，载网易博客，http：//blog. 163. com/wuweiguo12345 @ 126/blog/static/12729141220125211643609/，发布日期，2012 年 6 月 2 日，访问日期，2016 年 9 月 17 日．

环球法旅

刘岳武

摘　要：从古埃及到美利坚，人类先贤们的法律思想，如恒久不灭的灯塔，以公平正义之光，引导我们去寻找法律的印迹。法律是什么？我们循着法律的印迹，开始了一次伟大的精神之旅：通过尼罗河俾格米人对于自己发现的食物香蕉的一种先占观念，证实了人类法律最原始的足迹——“权利”的足迹；通过古希腊神话中雅典娜基于人性的审判，宣示了古希腊人天然的神学情怀和宗教感受；通过手持天平利剑、蒙眼闭目的正义女神，宣示了古罗马人对法律“成熟稳重”“公平正义”的期求；通过让英王约翰低下尊贵头颅的《大宪章》，宣示了公民自由和权利的至高无上；通过轰动全球的纽伦堡纳粹战犯大审判，验证了“恶法非法”、实在法低于自然法所传达的社会正义观念；通过洛杉矶警察殴打黑人事件和人权斗士马丁·路德的“我有一个梦”，宣示了“不分种族的正义和友爱”。娓娓道来的法律故事配合多幅充满传统风情与伟大召唤的历史遗址、原始文件的油画和照片，全书勾画了一幅宏大的历史画卷：正是这些不同身份的人物和不平凡的事件孕育了当代西方法律制度的基本原则、规则。

关键词：法律；权利；公平；人文；情怀；历史

一、引言

室外寒风呼啸，室内炉火熊熊，在这个干冷的冬天，一杯热茶，一本厚书是我惬意的午后生活。当我缓缓地合上了《寻找法律的印迹》，仿佛合住了历史的卷轴，让自己的思绪离开了那个纵贯古今的时间长河，离开了尼罗河畔的法律起源，离开了我曾跟随着作者追寻法律的印迹，从古埃及到美利坚，从地中海沿岸到英格兰原野，在浓厚的历史气息和法律传承下，我对法律多了一份深思、一份了悟。

相比于晦涩难懂的法律巨作，是它语言的生动性和浅显性不由地让我沉醉其中，没有多余的赘述，没有陈词滥调，也没有让人望而生畏的感觉，薄薄的书页是关于捍卫权利，正义公平，法律的人文关怀的探讨。法律究竟是什么？法律究其根源是追求公平正义的坚定，是捍卫自身权利的坚持，更是一种人道主义的关怀。在本书中，作者通过“环球法旅”来追寻法律本质，探究法律的价值和精神，告诉我们法学的智慧和光芒在人类生活中的闪现是通过具体的历史事件和价值选择来完成的。

二、法旅概述

（一）为权利而斗争

法律里最基本的要素被称为“权利”，它是现代法学的奠基石。当我们在社会中确立了每个人的权利，并认定其符合公平时，久而久之这种做法便会演变成人们普遍遵守的行为准则，法律便由此产生。早在人类还处于原始社会时，“权利”的观念便已深深扎根于人类的脑海之间，当尼罗河畔的原始居民高声叫嚷“只有俾格米人才有权利从这里摘香蕉”时起，意味着权利的诞生。不仅如此，无论是那让英王低下尊贵头颅的《大宪章》，还是现代的夏威夷椰子的民告官案，都宣示了公民权利的至高无上。这揭示着公民权利需要并值得我们为其斗争。不难看出，西方公民从古至今一直坚信着“天赋人权”的真理，并将其一直流传下去，让公民权利的意识永不磨灭，并每时每刻为维护自己的权利而斗争。

当德王威廉一世面临一位身份卑微的磨坊主起诉，并最终获得胜诉彰显了西方法治之精华。在作者的眼中，用正当的法律途径去维护个人权利，就像市民们的列队游行，正是用和平的方式，去捍卫这个国家的法律正义，才是我们所要争取权利的有效方式。为权利而斗争不仅仅是对自身权利的捍卫，更是一个国家实现法治的必经之路。

然而，中国的现今社会仍然体现的是“国家利益高于一切”的教育理念，甚至在高中课本里也多有涉猎。的确，有时个别的公民利益也应该服从整体的国家利益，但作者从字里行间中却坚决反对某些部门或个人以国家利益的名义，利用国家权力便可以随便地将公民权利视如尘土，公民权利不应放置在所谓的国家权力下支配、宰割和剥夺；相反，为了促进中国民众权利意识的觉醒，公民更应为了权利而争斗。不管是近年来城管执法案件或钉子户案件，还是悲惨的雷洋案件等事件，都恰恰反映了世界在迈进权利时代之时，人们开始意识到寸步不让地维护自身合法权益的必要性。但是近年来许多学者也提出为权利斗争是正当的，可是当衡量付出成本和收益之时，为微乎其微的权利斗争显然不值得，为此争取权利有时又并非必须，但是对于个人权利的捍卫不仅仅关乎个人利益，更关系着整个国家的法律权威与社会的法治进程，无论在何时对于合法权利的捍卫都值得赞颂和提倡。

诚然，衡量一个国家人权民主的标准是看其治理之路是“法治”抑或是“人治”。如何判断一个国家人权民主状况，就是去考量这个国家的立法思想是权利本位还是义务本位，是人民为国家而生还是为法律而生，抑或是国家、法律为人民的权利而设？这也恰恰反映了为权利斗争的必要性，为权利而斗争，同时也就是为法治而斗争。权利者通过保护自己的权利，确认自身的利益，同时也捍卫了国家的权力与法律的权威，因此每个人都是为主张自己社会权益的生活斗士，当我们在履行对国家的义务的同时更要为自己的权利而奋斗。只有如此，才能真正将以义务为中心、以暴力压迫为主导的暴力之法，转变为保护全体人民利益的、以公民权利为中心的权利之法。从西方敢于为权利斗争的事迹中，我们可以感受到大众为权利而斗争是法的生命，是法律得以发展的重要推动力。中国民众的维权意识日渐觉醒，但是恰恰因为我国对法定权利规范不够，才导致悲情维权事件的屡次发生。中西方之间的维权事迹比较恰恰反映了我们未来之路还很漫长，也许真的会有一天，法治真正地实现，和谐社会也不再是政治口号，而是每个人心中美好的憧憬！

（二）追求公平正义

“法为何物？法，刑也，平之如水，从水。法，所以触不直者去之，从去”。其实，一切法律的故事都应该是关于公平正义的故事，而不是暴力执法、刑法镇压、铁窗镣铐的故事。诚然，无论从英国人的“天赋人权”到法国的“自由、平等、博爱”，还是美国人的“米兰达规则”，人类的法治进程经历了一个又一个世纪漫长而痛苦的摸索，站在无数次失败和毁灭的基础之上，唯有“公平”与“正义”一直是人类以及法学不懈的追求，所以法即为公平正义的习惯，法的本质就是公平正义。

中国公平正义的象征——独角兽，要求瞪大双眼，察言观色，宣示了对法律的明察秋毫。反观手持天平利剑、蒙眼闭目的正义女神身上，宣示了对法律“公平正义的追求”，通过蒙眼闭目彰显了法律意志的强大，用心来审判是非罪恶，在不受外界的影响下追求公平。在两种截然不同的司法观念中，究竟孰是孰非？法律不是一个国家的装裱字画，只是挂出来供大家鉴赏的；

也不是陈列在图书馆里的经典文献，只是摆在那里充斥收藏量的。法律重实用、实行、实效。再好的法律不严格遵守与执行，就不可能起到匡扶正义、震慑犯罪的作用；就不可能维护社会平等，纾缓民怨，促进和谐。不难看出，法官应闭上双眼，不受任何先入为主的偏见左右，方能做到不偏不倚，正义公平。然而，中国的司法机构中，公检法三种职能往往混为一谈，正是由于缺乏一种对法律的深入认识和合理的分工，导致了众多程序上的不完善，造成了司法腐败与冤案错案的频频发生，而中国正处于人治到法治的过渡阶段，正是由于缺乏对公平正义、法治内涵的信仰和追求，才造成了法律真正的公平正义的动摇。然而从法理角度来看，法律是正义之学，它将追求正义和公平作为其终极价值，其实，所谓的正义，主要地不是关于实际规则的对与错。人类的正义，是要求同样的事，按同样的规则来处理，而且这种规则应能适用于一切人，适合于一切人与生俱来的本性。当中国司法能够彻底摒弃法律外的政府干预、权钱交易等诸多关系的平衡时，独角兽的双目闭上真正用心去衡量是非曲直时，法官不再受贿赂，不贪求权力，而是从人民利益出发，符合人类本性，全力保护国家所有人民的权利时，正义公平才真正地存于公民的日常生活中，法治目标才能得以尽快实现。或许有一天，在世界的每一个角落，都能实现阿奎那所说“法律的制定是为人们享受正义的，有公平的生活所必需的”境界，我期待那样的一天！

（三）人文性关怀

“法律的目的不是要废除或限制人民的自由，而是要保护和扩大人民的自由”。诚然，法律在完善公民法定权利和义务、捍卫正义和公平时，更要本着人文性的关怀去服务社会。当勇敢的安提戈涅一声慷慨激昂的千古天问宣示了“法律之内，应有天理人情在”，《汉谟拉比法典》中也写道“我在这块土地上创立了法与公正，在这时光里我使人们幸福”，作者实际上旨在强调人才是法律与法治的核心，是法律与法治的出发点和归宿。法律应当关注、尊重和张扬人性，而不是压抑、束缚甚至扼杀人性，法律究其根本都要满足社会公众的需要，是一种合乎人性的规则，正如伯尔曼所说：“法律不仅是世俗政策的工具，而且还是生活终极目的和意义的一部分。”本着人文性的关怀是法律的正确选择，更是法治的应含之意。

在米兰街头，我看到了贝卡利亚对“罪刑法定”、罪行相适应、惩罚人道化的论述，更看到了这位天才悲天悯人的人道主义光芒。作者在面对《论犯罪与刑罚》这本书时，也否认了刑讯逼供、践踏公民人格尊严等野蛮行为。

实际上刑法上的人文性关怀更折射出了法律应以人为本，正如贝卡利亚所言："刑法的目的既不是要摧残折磨一个感知者，也不是要消除已犯下的罪行，刑法的目的仅仅在于：阻止罪犯再重新侵害公民，并规诫其他人不要重蹈覆辙。"法律亦如此，完全违背公民意志，以暴力限制为中心的法律不具有法律效力，严峻的法律诸如死刑能够带来什么呢？是让贪官不再腐败，还是让毒枭们金盆洗手？在这场战争中，国家赢了，但它消灭了它的公民。在作者的眼中，一种正确的法律，在保障公民权利的同时，其强度只要足以阻止人们犯罪就够了，恶法非法是法治进程中法学界公认的观点，一部令人感到畏惧、背离人性的法律不是完全意义上的法律。在作者眼中，几千年来法律的不断进步和求索恰恰是为了让我们人类活得更长一些、更自由一些，可我们一方面以一种并不高贵的态度悲悯生命，却又在另一方面狠狠地践踏生命，甚至以正义为理由兴高采烈地屠戮了自己的血肉同胞！法律失去其原有的价值和真谛。其实在当一部法律放弃人文性的关怀，仅仅作为统治者的工具时，那么法治的真正实现也将是前途渺茫。

在中西方法律对比之时，回望中国法治进程，一直以来，对于法律人们都是敬而远之，望而生畏，往往在很多时候，人们将法律看作一个严肃的而且难以触及的高峰，在现实的生活中，人民往往会把法律本身当作是正义的化身，如此，法律就成了一个顶礼膜拜的象征性物品，而失去了它应有的价值和作用。在这样的社会形态中，法律不再是"以人的生活"为终极关怀，而恰恰相反，人成为法律的附庸。作者从人出发，关注人的情感，法律之内，应有天理人情在。人文关怀在法律的发展中起到不断完善的重要作用，人性作为法律的终极关怀拥有着重要地位。在作者眼中，法律的人性化是走向法治的基石，法律只有处处以人为本，以人民群众的根本利益为出发点，尊重人、关心人，才能真正发挥其定纷止争的功能，处理好各方利益间的冲突，才能真正实现法律的价值与目的。

三、结论

细读本书，我们可以感受到在那妙趣横生的故事背后隐藏着深刻的法律真理，字里行间不但诉说着法治目标的实现需要什么，也通过西方经典法律故事讲述了法律源于生活。法律作为一种生活实践，法律的生命即是生活经验，真实的法律问题需要用真实的生活素材来说理，而非道听途说的，用空话、套话来说教的法律，是最没有影响力的法律。法律离我们并不遥远，但往往深奥晦涩的语言会赶走潜在的读者，造成法律和民众的隔阂。正如霍金所言，“放在书中的每一个方程都会使书销售量减半”，舍弃深奥难懂的专业术语和精英式的修辞，用通俗易懂的大众语言走进公众，用众多西方法律经典故事来论证法律问题，让更多的人都能参与到现实法学问题的讨论中来，让人深切领悟到大众化后法学的强大亲和力，让法律真正走进公民的日常生活中，存在于公民的举手投足间。诚然，这本书在中西对比时，指出了目前中国法治进程中的不足之处，更通过西方的法律经典为我国提供了可借鉴之处，法治的实现是一个循序渐进的过程，而中国在经历了整整一个世纪漫长而痛苦的摸索之后，终于历史性地站到了一个法治时代的大门口，在前进的过程中，懂得不时地抬起头来，仰望一下星空，便会发现，为权利斗争、公平正义、人文性关怀的法学思想，是怎样恒久地照耀着人类历史的过去，同样，会怎样恒久地照亮——我们这个伟大民族的将来！

参考文献

[1] 郭建．中国法文化漫笔［M］．上海：东方出版中心，1999.

[2] 郭成伟．外国法系精神［M］．北京：中国政法大学出版社，2001.

[3] 王丽英，刘后平．我国弱势群体的社会保障问题探索［J］．山西财经大学学报，2003（08）：56－59.

[4] 余定宇．寻找法律的印迹［M］．北京：法律出版社，2004.

论柏拉图的正义与政体

——《理想国》读后感

李倩芳

摘　要：柏拉图是古希腊时期最重要的思想家之一，也是西方文化中最伟大的思想家和哲学家之一。他一生著述颇丰，其教学思想主要集中在《理想国》和《法律篇》中。他热爱自己的国家，对哲学有一种执拗式的偏爱，并创立了哲学与政治、国家相对应的理论体系。他认为哲学家不应该是躲在象牙塔里的书呆子，而应该学以致用，求诸实践。本文通过分析柏拉图在《理想国》中描绘的他所追求的政体，加上自己生活经验中对社会的了解，浅谈哲学、政治、伦理道德、教育、文艺等各方面的问题在当今社会的含义与作用。本文旨在抒发一些个人在学习生活中和在电视网络影响中对国家政治的一点小的看法，还未好好深入研究，希望我国的政治发展能够越来越好，人民生活能够越来越幸福。

关键词：正义；城邦；灵魂；女权

一、引言

在柏拉图的所有著作中，《理想国》是最成系统的一部。在这部著作对话中，柏拉图借苏格拉底之口详细地讨论了人性、政治、哲学等一系列重大问题，提出了自己的看法，为后来的西方思想奠定了基础，指明了方向。以后的西方哲学，无论是继承柏拉图思想的，还是反对柏拉图思想的，都不可能绕过柏拉图的思想，尤其不能绕过《理想国》所表达的对正义、人性和政治问题的深刻看法。《理想国》以辩论对话体裁写成，书中人物性格鲜明，场景生动有趣，语言流畅明晰，论证严实细致，内容深刻丰富，达到了哲学、文学、政治学和逻辑修辞学的高度统一。

二、正义的定义

文中一开始，柏拉图就借苏格拉底的话推翻了几种关于正义的“定义”：（1）正义就是有话实说、有债照还；（2）正义就是帮助朋友伤害敌人；（3）正义是强者的利益；（4）不正义比正义有利。这四种说法看似很符合生活常理，并且好像每个人就是按照这样来做，但是柏拉图一一剖析，举出不适用这四个所谓正义的例子，找出了其中的缺陷，对于我们人生道路的选择有深刻的启示。针对第一种观点，他用不能将武器还给一位疯子朋友的例子反驳有债照还的正义说法，我们不能简单地按照常理来办事，而应该考虑事情的结果是否会是不正义的，这种说法忽略了正义的真实本质，所以我们应在生活中多学习柏拉图的思想方式，考虑问题不光从本身的立场出发，不能简单照办，还要考虑我们的对象和事情的后果。针对第二种观点，柏拉图指出不能随意猜想朋友和敌人的含义，本质上善良的，才是真正的朋友；相反，敌人也应如此。所以，正义应该是帮助本质上的朋友伤害本质上的敌人。针对第三种观点，有句话叫：人生在世，孰能无过。所以柏拉图指出掌权的统治者有时也会犯错，制定出对自己不利而对被统治者有利的法规要被统治者执行，正义就变成了“弱者的利益”了。在此，柏拉图提出“在任何政府里，一个统治者，当他是统治者的时候，他不能只顾自己的利益而不顾属下老百姓的利益”。所以，作为统治者应该为人民谋福利而不仅仅是考虑自己的利益。针对第四种观点，柏拉图认为正义者与聪明的好人相似，不愿意比和他同样的人获取更多的利益，但是愿意比和他相反的那种人获利多，而非正义者和愚昧的坏蛋相类似，其为获利与正义者的想法相反。正义是灵魂的优秀之处，而非正义则是灵魂的缺点。正义是幸福的，而非正义是悲惨的，所以非正义将永远不会比正义更为有利于人。

三、城邦的正义

柏拉图在文中定义了城邦的正义。格劳孔认为，正义起源在于守法践约，即人们在交往中既尝过干不正义之事的甜头，又尝过遭受不正义的苦头，两种味道都体验到以后，那些不能专尝甜头又不吃苦头的人，觉得大家最好订立契约和法律，既不得不正义之惠，也不吃不正义之亏。因此，正义的本质就是“最好与最坏的折中”，“那些做正义事的人并不是出于心甘情愿，而仅仅是因为没有本领作恶”，“在任何场合之下，一个人只要能干坏事，他总会去干的”。而苏格拉底认为先考察城邦里正义是什么，然后再在个人身上考察它，这叫由大见小。人们之所以要建立一个城邦，是因为我们每一个人不能单靠自己达到自足，我们需要许多东西来实现现实生活的需要。由于需要的不同反映在人的天性上就是各个人适合自己干的事情不同。因此，他将国家对应于统治者、护卫者和生产阶级三个等级，他们若能各尽其职，互不干涉，城邦秩序就会井然，这样的城邦也就是正义的。正义就是“每个人在国家内做他自己分内的事”。如果这三个等级互相代替或互相干涉，这就是不正义，国家将会因此毁灭。正义的城邦应该是一个善的城邦，它具有智慧、勇敢、节制的美德。首先，智慧是治国的知识，是统治者必须具备的品质。假如他们有智慧，整个国家便会有智慧。其次是勇敢。这是军人所必备的品质，勇敢就是对危险的真实估计，在对他们的教育中，这种品质就已经灌输给他们了。最后是节制。节制就是控制自己的欲望，实际上就是高尚的品质控制卑劣的品质，正如在理想国中少数优秀的人物控制着下层等级一样。节制与勇敢、智慧不同，后两者因体现在国家的不同阶层而使国家成为勇敢的和智慧的；节制则贯穿于所有公民之中，把三个等级和谐地联系起来。这就是柏拉图的城邦的正义。不得不说柏拉图的思想非常前卫，他对城邦的理解，跟现代我们所追求的国家的治理大同小异。可悲的是，现在我国还不能真正做到如柏拉图所说的正义的城邦。

四、灵魂与女权

人的灵魂也有三个部分，即理智、激情和欲望。它们各自发挥着独立的作用。理性和激情相当于上面提到的智慧与勇敢，节制则相当于对欲望的控制和对理性的服从。和国家的正义一样，一个人自身内的三种品质各自做它分内的事，那他就是正义的人；反之，三个部分争斗不和，互相干涉，便会产生邪恶，从而使他成为不正义之人。理智会与欲望发生冲突，欲望要激起的行为如果对人产生不利的后果，理智就会制止他。激情与欲望也会发生冲突，激情表现为一些情绪，如愤怒，如果欲望不合乎理智，而且胜过了理智，激情就会愤怒。激情一般是倾向于理智的，是“理智的盟友”，但有时也会抵制理智，虽然并不多见。

柏拉图对于女权和儿童的问题也做出了辩论，他主张有不同天性的人应该从事不同的职业，这一原则也适用于女子。给女子同样的培养和训练，能从事同样的管理城邦、国家以及军事作战的职业。职业的确定根据禀赋，而不取决于性别。其实男女之间除去生理上的区别之外，本质上没有两样，只不过女子比男子弱一些罢了。运用类比手法，苏格拉底以公犬和母犬作比，指出人类对待公警犬和母警犬并无差别，母犬并不只负责生育，公犬也并不只负责守卫，除了人们认为母犬在守卫能力上比公警犬稍差，其他素质与天赋二者是相同的，因而一切工作二者同干。然而，人们通常会认为男子与女子是禀赋各异的，让禀赋各异的人干同样的职业则是不合理的，对此苏格拉底以秃头的男鞋匠和不秃头的女鞋匠作比，指出二者虽禀赋各异，却职业相同这一事实。从而，更进一步地说明禀赋差异与职业差异之间的关系，禀赋的差异不是绝对无限制的，禀赋的差异只有与职业相关时，才会引起职业的差异，而男性与女性的禀赋差异则体现在生理构造上的不同，而与职业相关的品质才能自然地同样分布于女性和男性，因而女性与男性能从事相同的职业也是理所当然的。在理想国中，各种职务应该对男女全部开放。我们欣喜地发现在对待教育和职业上苏格拉底有了一定的男女平等思想，这在当时女性地位极其低下的雅典城邦中是难能可贵的。继男女平等之后，苏格拉底又提出了他独特的有关婚姻哲学的理论。在理想国中，女护卫者应该归男护卫者共有，任何人不得组成一夫一妻的家庭。同样，儿童也都公有，父母不知自己的子女，子女也不认识自己的父母。男人和女人共同受教育，同吃同住，没有任何私产。婚姻由国家安排，最好的男人应该与最好的女人结合在一起，而最坏的男人应该与最坏的女人结合在一起。最好的男女的下一代必须被哺养成人，最坏的男女的下一代则不予养育。结婚人数的多寡，由统治者秘密安排，要保护适当的公民人口，使城邦不至过大或过小。生下来有先天缺陷的孩子，将被秘密地处理掉。这样的理想国能否实现呢？除非哲学家成为我们这些国家的国王，或者我们目前称之为国王和统治者的那些人物，能严肃认真地追求智慧，使政治权力与聪明才智合而为一……

五、城邦统治者

苏格拉底说哲学家热爱完全的真实，追求全部的知识，而人天生会珍惜一切与所爱之物天性相近的东西，而“智”与“真”最近，因而爱知者从小即追求一切真理，而当一个人的欲望被引导流向知识时，他就会参与自身心灵的快乐，不去注意肉体上的快乐，因而哲学家肯定是节制的，不贪财的。依此推论，苏格拉底证得哲学家具有“良好的记性，敏于理解，豁达大度，温文尔雅，爱好和亲近真理、正义、勇敢和节制以及一切优良的品质”。理想的城邦的统治者——哲学家，要使他们成为真正的统治者，必须使他们掌握最真正的知识——善的理念。这种人应当成为城邦的统治者。然而将要成为真正哲学家的极少数人必须走一条曲折漫长的路，完成作为他们特有使命的最大学习。这最大学习就是去学习比正义和智慧还要高的最大知识——善的理念。善的理念相当于太阳。真理起源于善，就像光线起源于太阳一样。知识（正义和美等）相当于事物，它们起源于善，就像万物受太阳哺育生长一样。人的灵魂则相当于眼睛，借助太阳发出的光线而获得各种知识。

苏格拉底提出一个“洞穴理论”，看洞壁上的阴影，看火光下的实物，看夜空中的星光月光，然后看到太阳本身，就等于认识善的理念了。然而，哲学家不应该留恋高处的幸福生活（认识善的理念），他得参加管理国家的工作，不辞辛苦，再回到洞穴中和囚徒们同吃同住。

要成为一个最好的管理人才，他们年轻时必须是战士，受过良好的体操和音乐教育，进一步还要学习算术，这个学科能够将灵魂引向真理。其次是几何学，再次是天文学，接着还有和天文学成对的科学——关于和谐的声音的科学。所有这一切，都只是辩证法的预备课程，唯有辩证法才是最高的科学，它引导理智去达到事物的本质。“当一个人企图靠辩证法通过推理而不管感官的知觉，以求达到每一事物的本质，并且一直坚持到靠思想本身理解到善者的本质时，他就达到了可理知事物的顶峰了”。

有多少种不同类型的政治制度就有多少种不同类型的人格，政治制度产生于城邦公民的习惯，习惯的倾向决定其他一切的方向。四种有缺陷的国家制度分别是：第一种叫作斯巴达和克里特政制，受到广泛赞扬，它主要的特征是好胜和爱荣誉；第二种叫作寡头政制，少数人的统治，在荣誉上居第二位，它以财产为衡量标准，崇拜金钱，有很多害处；第三种叫作民主政制，是接着寡头政制之后产生的，又是与之相对的，它最大的特点在于城邦中的人物性格多样性，做事随心所欲；第四种是僭主政制，它产生于极端的自由，是城邦最后的祸害。

六、正义与不正义谁更幸福

正义者与不正义者究竟谁最幸福？五种类型的人物——王者型、贪图名誉者型、寡头型、民主型、僭主型的幸福次序由高到低。最善者和最正义者（王者型）是最幸福的人，他最有王者气质，最能自制。而最恶者和最不正义者（僭主型）是最不幸的人，因为他最有暴君气质，不仅对自己施行暴政而且对他的国家施行暴政。

正如城邦分成三个等级一样，每个人的心灵也可以分解为三个部分——理性、欲望和激情，它相对应的有三种快乐、三种欲望和三种统治。理性是人们用来学习的，它的欲望是“爱智”；激情是用来发怒的，它的欲望是“爱胜”；欲望是关于人的各种欲望，它需要通过金钱来满足，因此它可以被称为“爱钱”。在每一个人身上，三者之中总有一个占着统治地位。正因为这样，所以我们说人的基本类型有三种：哲学家或爱智者；军人或爱胜者；工匠或爱钱者。相应地，这三种人也有三种快乐，每一种人都说自己的那种生活最快乐。商人们断言知识和荣誉不及金钱，军人鄙视金钱和学识，哲学家则认为别的快乐远比不上真正的快乐——永远研究真理的快乐。从经验、知识和推理判断，哲学家对这三种快乐有最多的体验，因此他是最幸福、快乐的。对于哲学家来说，追求智慧和知识的人所得到的灵魂上的快乐才是真正的快乐。这是一种正义和善所固有的快乐，而肉体的快乐实际上不过是真正快乐的影子和画像而已。

七、结尾

对于柏拉图的《理想国》，我的阐述还是片面而肤浅的，因为还有很多细节之处不明白，需要更加深入地仔细阅读书籍并清晰认识柏拉图的哲学思想，才能对其文章进行解读。柏拉图的理想国无疑是理想化的，对中国而言，我们的政治文明还不够高，我国自古皆专制，偶有民主，却终是“只闻其声不见其人”。我国如今所面对的政治问题，不只是在原有的框架下积极探索，最为主要的还是学习西方的政治文明，找到适合中国自己的政体。同时，我也希望我国政治文明能够生根、发芽、开花和结果。正如智者柏拉图在全书的最后所言：“让我们坚持永远走向上的路，追求正义与智慧！”

参考文献

[1] 柏拉图．理想国［M］．北京：商务印书馆，2012.

论洛克的法律思想

谢伟斌

摘　要：约翰·洛克是资产阶级法治主义的奠基人，为人类的法治道路做出了巨大的贡献。本文以自由主义思想、契约社会的建立、三权分立理论的顺序介绍洛克的法律思想，并从它们之间的相互联系中窥探出时代的变化，倡导自由主义。

关键词：自由；三权分立；契约；约翰·洛克；平等

一、洛克的墓志铭

“停下你的脚步啊，路人！躺在这里的就是约翰·洛克。如果你想问他是怎么样的一个人，他会说他是一个以自己的小财产过着满足生活的人。身为一个学者，他以追求真相为他学习的唯一目标，你可以在他的著作里发现这点，任何有关他的事物都写在他的著作里了，也都比本墓志铭对他的赞美还要真实。确实，他的美德，并不足以让他自己提出来炫耀、也不足以拿来给你作为典范。让他犯下的邪恶随着尘土掩埋吧。如果你要寻求做人的典范，去从圣经里找寻吧；如果你要寻找邪恶的典范，希望你不会找到它；如果你要寻找死人（如果这能够帮助你的话），你在这里就可以找到一个、也可以在任何其他地方找到啊。”

——约翰·洛克

二、洛克与自然

上面这是洛克的墓志铭，虽然没有无字碑那样的高深莫测，但是字里行间也透视着洛克的自由主义色彩，没错，谈到洛克，就不得不谈及他在欧洲法律思想史上的突出地位，而自由主义思想，正是洛克的主要法律思想之一。

洛克的主要著作有《论宽容》《政府论》上下篇和《人类理解论》，其中《政府论》是反映其思想的代表作。洛克认为“人类天生是自由的”，“我们是生而自由的，也是生而理性的”，自由是以理性为基础、受理性指导的，自由是在法律许可范围内的自由。他认为在法律产生之前人类处于一种自然状态下，但他的“自然状态”是有区别的。洛克所指的“自然状态”是一种完全的、单纯的甚至是毫无缺陷的状态，人们在这种状态下能够在自然法的约束下按照自己的意愿去处理自身的人身财产关系，这种处理的方法并不需要自然状态下的任何人、任何事物的许可或命令。这种状态同时是完全公平的社会状态，每个人都毫无差别地享有自然的一切有利条件，不存在从属与受制的关系。在我看来，这种理想的状态是一种自由主义的乌托邦，象征着人类世界平等、自由、享乐的精神向往。由于人性本善，所以相同的动机使人们知道爱人与爱己的同样责任。然而在早期的自然状态，人们虽无法律进行约束，但依然循规蹈矩，安分于山水之间，这是因为在人们的生活中存在一种自然法起着支配作用，这自然法就是维护自然状态的规则，人们根据理性可以发现它。因此，结合理性精神与乌托邦式的精神向往，洛克断定，自然状态下人类每个个体都是平等且独立的，所以任何人都不得侵害他人的生命、健康、自由和财产。由于理性精神的加入，洛克了解到政治组织的存在也是必然的结果，因为政治社会可以使自然法成为具体的现实法。

三、洛克的契约论

在上面的理论基础下，洛克进一步认为需要一个有权的既定法律来裁判一切争端，并且有一个既定的执法机构来保证判决得以执行。因此人们为了克服这种自然状态的缺陷就相互订立契约，契约社会的逐渐完善才有了国家的出现，公共权力的法律才产生。一切机构的成立都是契约的结果，没有契约，政府就没有合法存在的理由。正如社会契约论里的“服从一个国家的法律，在法律下安静地生活和享受权利和保护，并不足以使一个人成为那个社会的成员，这只是对于那些不处在战争状态的人民，在他们来到属于政府的领土之内，来到其法律效力所及的范围之内时，所应该给予的地方保护，以及他们对该政府所应尽的尊礼……除了通过明文约定以及正式的承诺和契约，确实地加入一个国家之外，没有别的方式可以使任何人成为那个国家的臣民或成员”。这一句话表明契约在社会上是一个身份的基础和来源。结合自身的生活来看，比方说村委会选举，选举是订立契约的一种手段，在这个过程中，契约的双方按照自己的意愿来选举与被选举，投票是订立的认可，每一个参与选举的人都与成立的村委会有着独立的契约关系。因此，在洛克看来，只有通过契约来建立的政府才是法治的政府。自然状态下的缺陷就是没有法律的约束，自然状态将被社会状态所代替。因为在自然状态下人人都有惩罚别人侵权的权利，这种权利既不公平也不可靠，这两个致命的原因促使人们通过契约的方式来将自己置于法律的笼罩下，以此来保障自身的权利。虽然甘愿接受法律的约束会导致自身失去单独行使权利的权利，除此之外，还要将权利交给他们指定的中间人来行使，而且要按照社会上一致同意的方式来行使。但是在契约社会中，他们也不得不如此来保障自身的最大权益。这就是立法权和行政权产生的缘由，政府和社会的起源本身也在于此。法治社会是契约社会发展的必然结果。那么，我们来比较一下洛克与霍布斯的契约社会观点。第一，洛克认为，人们订立契约时转让的只是保护自己和别人不受他人侵犯的权利；而霍布斯认为人们订立契约时全部的权利已经转让，国家有权随意处分他们的权利。第二，洛克认为被授予权利的第三方也是契约当事人，应当受到契约的限制；霍布斯认为，君主权利虽然由人民授予，但君主不是契约当事人，其权利不受任何限制。我从这两点来比较两者之间的契约论观点，可以看出洛克的社会契约论的进步之处。按照大陆法系的学说来看，转让保护自己和别人不受他人侵犯的权利的确比转让全部权利在历史上更具有客观性。个人比较赞同洛克的观点，另外，对霍布斯的第二个观点表示有待商榷。

四、洛克与三权分立

下面来谈谈洛克的分权理论，洛克则将权力分成三种：立法权、行政权、对外权。立法权由大多数人直接行使，通过委派官吏来执行法律的，就是民主政体；立法权由少数精选的人来行使，就是寡头政体；立法权交给一个人行使，就是君主政体。这是洛克从传统英国政治经验中得出来的结果。他主张的立法权就是指享有权利来指导如何运用国家的力量以保障这个社会及其成员的权利，也就是制定法律和公布法律的权力；行政权就是指执行法律的权力，所以也称司法权；对外权包括战争与和平、联合与联盟以及同周围的一切人士和社会进行一切事务的权力，如：宣战、媾和与订约等。洛克认为，这三种权力应由一个特殊机关分别掌握，不能由一个机关掌握，否则就会产生很多弊病。如果立法权和行政权交给一个机关行使，既立法又执法，就会发生只顾自己利益，只顾攫取权力的现象，洛克坚决反对这样做。“政府形式取决于谁掌握立法权。”他认为这是法治政府的基础，法权地位是不可侵犯的。另外，洛克在《政府论》中写道，“既然人参加社会的重大目的是和平地和安全地享受他们的各种财产，而达到这个目的的重大工具和手段是那个社会所制定的法律，因此国家的和基本的明文法就是关于立法权的建立；正如甚至可以支配立法权本身最初的和基本的自然法，其目的就是为了保护社会以及在与公众福利相符的限度内中的每一成员。这个立法不仅是国家的最高权力，而且当共同体一旦把它交给某些人时，它便是神圣的和不可变更的，如果没有得到公众所选举的立法机关的批准，任何人的任何命令，无论采取什么形式或以任何权力作为后盾，都不能具有法律效力和强制性，因为如果没有这个最高权力，法律就不能具有其成为法律所绝对必需的条件，即社会的同意。除非基于他们的同意和基于他们所授予的权威，没有人能享有对社会制定法律的权力，并受它所制定的法律的指导”。这句话表明，立法权虽然是至高无上的，却也绝不可能是专断的和无限制的。立法机构的权力必须仅限于行使它的恰当职能。洛克还认为法律的四大界限在于：第一，它们应该以正式公布的既定法律来进行统治，这些法律不论贫富、不论权贵和庄稼人都一视同仁，并不以特殊情况而有出入。第二，这些法律除了为人民谋福利这一最终目的之外，没有其他目的。第三，未经人民许可或代表的同意，绝不应该对人民的财产课税。第四，立法机关不应该也不能够把制定法律的权力转让给任何人，或把它放在不是人民所安排的其他地方。在这四种界限中最重要的是法治原则，他认为立法权是最高的权力，应由民选的议会来行使，在行使的过程中，必须遵循法治原则，即由议会依照自然法，依照建立社会的目的，依照人们的意志制定法律。三权中的行政权由国王来实施，但是实施的前提建立在议会的决定之上。谈到对外权，洛克认为行政权和对外权是联合在一起的，都要有武力作为后盾，而武力的指挥又是不能分的，所以他主张对外权也应由国王来行使。在行使对外权或行政权的过程中必然联系到自由裁量权，洛克在著作中表示，“立法权和执行权分属于不同人的场合，为着社会的福利，有几项事情应当交由握有执行权的人来裁处。因为立法者既然不能预见并以法律规定的一切有利于社会的事情，那么拥有执行权的法律执行者，便根据一般的自然法来为社会谋取福利，直到立法机关加以规定为止。有很多事情不是法律能够规定，这些事情必须由执行者来自由裁量，由他按照公众的需求来处理。其实，在某种场合，法律本身应该让位于执行权，或不如说让位于这一自然与政府的根本，即应当保护社会的一切成员”。这表明洛克赞同执行者拥有一定限度的自由裁量权。那么就涉及一个合法性的问题，在洛克看来，“合法性”是洛克政治学说的最高道义原则。法律应该具有普遍性、持续性、公开性和法不溯及既往的形式特征，自由或个人权利是政治社会的终极原则。他在《政府论》中又说道，“政府和社会的存在就是为了维护个人的权利，而个人的权力的不可取消性构成政府与社会权威的限度”。洛克认为，不论运用专横权利的是一个人还是一群人，都会成为暴政，因为“法律一停止，暴政就开始了”。所以说，法律的存在是保证自然历史向前发展的铁的手腕。以上是由于分权理论所衍生出来的对法治社会的观点。这种分权理论是现代意义上的分权理论的过渡理论，他意识到集中制专制社会的罪恶根源，第一次在资产阶级世界中提出分权理论，为当时的英国立宪制度提供了有力的辩护。

五、洛克与自由主义

洛克一生反对专制统治，提出较为彻底的法治原则。洛克认为国家必须以正式的法律来统治，严格执行已经公布的法律，法律面前人人平等以及法治不排斥个别场所的执法灵活性。洛克的这些法律思想对当今的法治理念具有重要意义。

再来谈谈自由主义，洛克认为自由是一个人权的概念，认为自由是人的基本权利，但自由的内涵不是放纵而是理性的约束。再者，他认为法律和自由相互联结，自由离不开法律，需要受到法律的约束。在此意义上说，洛克的自由思想并不同于上文所说的乌托邦，而是上升到一个与人权利相关的一个概念，这种自由是和自然法联系在一起的，假设没有自然法的调节和约束，人们就会处在放任中，这种是混乱而不是自由。洛克主张人们有权利表达意志，而政府权威的来源就是这些个别意志的集体表现。因此这种政治社会理论既是自由主义式的（因为成立政府的目的在保障人权），也符合民主精神。所以自由和法律的关系就是“没有法律就没有自由”的关系。另外，洛克认为，自由不管是在自然的状态中还是在存在政治的人类社会中都是存在的。也就是说，自由不受时空条件的限定，在每一个时期，都存在着自由这一属性，即使是在存在政治的社会里，自由也显得一目了然，人们必须把一部分自由权让渡给政府，人民依然拥有自由的所有权，仍然可以在任何时候收回这个权利。洛克还从自然状态的人是自由的这个观点出发，提出了人自由是天赋的观点。不过，这种自由虽然是自然就拥有，但并不是随意的自由。他驳斥了菲尔麦认为自由就是各人想怎么生活就怎么生活，高兴怎样就怎样，而不受任何法律束缚的那种错误的自由并提出，在自然状态下，人的自然自由必须以自然法作为标准；处于政府管理下的人民的自由，应服从长期有效的治理而形成的规则。人的自由和按照自己的意愿采取行动的自由，是以他具有人的特性即理性为基础的，理性能教导他理解管理自己行为的法律，并且让他知道他在多大程度上享有以自己的意志去行动的自由。他同时指出，虽然有理性和天赋自由的存在，但在现实生活中的人们，并非每个人都能够拥有足够完整的自由，只有智力成熟和能够运用理性的人，才能够拥有完整的自由。因此，自由与理性是互补的。人类之所以是生下来就拥有自由，是因为人类这种生物生下来就拥有理性。但这并不是说人类直接就能随心所欲地运用自由和理性，而是说人类能够运用这种理性去保护自由。依照洛克的观点，年龄可以为人带来自由，同时也给人带来了理性。他同时认为人类的自由必须依靠法律的实施，哪里没有法律，哪里就没有自由。因为自由意指不受他人的束缚和暴力，哪里没有法律，哪里就不可能有自由，洛克是这样提出他的观点的：自由不是绝对的、每个人愿意做什么就有做什么的自由，而是一个人在他必须受其约束的法律许可的范围内处置或安排自己的人身、行动以及财产，自由是在这个范围内不受制于他人的意志，而是遵循他自己的意志，法律并不是要废除或者限制自由，而是要去保护和扩大有理性的人的自由，自由是在法律规则约束下的自由。

洛克的自由思想等万古流芳的法律思想，对于我们初学法律的学子来说无疑是一剂良药，助我们开启自由主义的奥妙之门。我认识到自由是我们的一项基本权利，不随契约的转移而转变，它实质上是一种与生俱来的、与人身依附的权利，而法律对于自由来说并不是束缚与被束缚的关系，法律不是中国传统意义上的禁锢思想，法律是让自由得到充分发展并使之效应最大化的保证。对于这种思想，我认为是有助于我们在法治的道路上认清道路，持续航行的。

虽然洛克是哲学家，但是他的思想对于法治建设具有非常重要的意义，而且影响了很多代人的思想，是一个不折不扣的法学大家。洛克对于资产阶级法律思想体系的形成起了更为显著的作用，他是资产阶级法治主义的奠基人，也是资产阶级分权学说的倡导者。因此，洛克在资产阶级法律思想史上占有很重要的地位。但对于未来的发展方向，人类不能够止步不前，应当无所畏惧地在洛克的思想上提出更先进的思想来促进社会的发展。而做到这一步，需要我们新生代的一批人的不懈努力。

参考文献

[1] 李进一. 洛克的法律思想 [J]. 中国人民大学学报，1998 (9)：73－79.

[2] 杨蒙. 试论洛克的法律思想 [J]. 法治与社会期刊，2007 (11)：854.

[3] 薛忠义，朱琳，赵益东. 浅析洛克的自由主义思想 [J]. 大连海事大学学报，2008 (05)：106－108.

[4] 苏凯. 洛克分权理论研究——与孟德斯鸠“三权分立”理论之比较 [J]. 河南科技大学学报，2009 (03)：19－21.

[5] John locke. concerning civil government，1690.

[6] John locke. human understanding theory，1690.

论密尔的自由观

——浅谈《论自由》

温秋茹

摘　要：自由是历史中人们永恒的追求，何为自由，自由与个人、社会的联系影响着历史的进步。密尔说自由是在不剥夺他人自由的前提下，按照自己的道路去追求自己的好处的自由。只有当自己的言行危害他人利益时，个人才应接受社会的强制性惩罚。自由不是无限制的自由，自由是一种能做法律许可的任何事情的权利。密尔主张限制政府干涉，但却应在规定范围内干预。

关键词：个人自由；政府干预；自由主义；制度

一、引言

裴多菲说“生命诚可贵，爱情价更高。若为自由故，两者皆可抛。”这首歌颂自由的诗想必很多人都不陌生，但是我在初中第一次读到这首诗时，并不是很认同，相反，我认为三者的顺序应该是倒过来的，自由为最低阶段，次为爱情，最后才是生命，试想一个深陷爱情的人，恨不得能天天和爱人腻在一起，哪里还会去想什么自由，但如果当天平的两头是爱情和生命时，我想大多数人还是会选择生命吧，毕竟自己的生命都没有了，那有爱情也无从消受了。

二、关于我与密尔的“自由”

上述结论的取得也许是我当时生活经验有限，那时活得太肤浅。时间过去了几年，再看看自己当时的结论，觉得从生命的深度上来考虑，自由的确是有着最高的价值；若从生活的实际而言，结论却依旧。那自由到底有着怎样的价值，是人类生活的必需品吗？个人的自由和社会的发展有什么联系呢？当人的温饱问题未解决时，谈论自由是否有意义？当人解决了温饱而图进一步发展后，自由又有什么意义？或者说更根本的问题在于中西方对于自由的意义相差甚远吗？在现今这个“自由”泛滥的时期，自由已经被高度抽象化，然而自由确是一个永恒的话题，从古至今，对它的争论没有定论，而且还会无休止地进行下去。关于这个话题，19 世纪英国思想家约翰·密尔也表达了他的独特的观点。在此书里，密尔探讨了自由的含义、思想自由和讨论自由、个性自由、社会权威的限度以及个人自由不受政府干涉等问题。带着对关于“自由”的各种疑问，在寒假里，我开始阅读约翰·密尔写的《论自由》，译本洋洋洒洒写了九万多字，虽然断断续续看了几遍，却仍觉得不得其意，也许经典就是需要反复咀嚼，一样的食材却能在岁月的加工后烹饪出不同的味道。虽然时过境迁，但是其绝大部分的内容至今仍会对我们产生启迪，引发共鸣。

正如密尔在开篇中所说，这篇论文的主题不是所谓意志自由，不是这个与那被误称为哲学必然性的教义不幸相反的东西。这里所要讨论的乃是公民自由或称社会自由，也就是要探讨社会所能合法施用于个人的权力的性质和限度。这一开篇点题式的回答点明了写作的主题，让读者一目了然地清楚该书所要论述的东西：也就是要探讨“社会所能合法施用于个人的权力的性质和限度”。该书要义可以概括为两条基本原则：一、个人的行为只要不涉及他人的利害，个人就有完全的行动自由，不必向社会负责；他人对于这个人的行为不得干涉，至多可以进行忠告、规劝或避而不理。二、只有当个人的行为危害到他人利益时，个人才应当接受社会的或法律的惩罚。社会只有在这个时候，才对个人的行为有裁判权，也才能对个人施加强制力量。这就是密尔划定的个人和社会之间的权力界限。密尔直截了当地说，他认为唯一名副其实的自由就是“按照我们自己的道路去追求我们自己的好处的自由”。所以，他强调个人自由，强调个性发展，并且认为完全的个人自由和充分的个性发展不仅是个人幸福所系，而且是社会进步的主要因素之一。

三、关于密尔的《论自由》

《论自由》一书共有五章，分别为引言、论思想自由和讨论自由、论个性为人类福祉的因素之一、论社会架于个人的权威的限度、本文教义的应用。书中围绕公民自由这个中心，对自由问题在诸多方面进行了阐述。第一章为引论，交代背景是一个国家已经进入选举制和责任制政府的时期，人们不仅意识到政府权力是可以通过投票或其他政治制度予以限制或更换的，而且更深层次地认识到就算政府权力可以限制，但不代表对自由的限制有所减少，而是该种限制通过其他方式表现出来，即“社会暴虐比许多种类的政治压迫还可怕，因为它虽不常以极端性的刑罚为后盾，却使人们有更少的逃避办法，这是由于它透入生活细节深得多，由于它奴役到灵魂本身”。这也就决定了该书的高度——追求的是灵魂的自由。指出全书要讨论的公民自由，或者称为社会自由，探讨社会对个人合法施用权力的性质和限度。人类之所以有理有权，可以个别地或者集体地对其中任何分子的行动自由进行干涉，唯一的目的只是自我防卫。宣布“自由是在不剥夺他人自由的前提下，按照自己的道路去追求自己的好处的自由”。第二章论述思想自由和言论自由，认为人类应当自由形成意见，自由发表意见，不要试图用权威压制言论自由。第三章阐述个性的自由发展，认为这是人类幸福的首要因素，尽可能给个性以最自由的发展余地。主张容许不同的人过不同的生活，反对社会习俗的专制。第四章讨论社会对个人自由控制的限度。提出个人对社会的义务源于社会对他的保护。社会成员的行为只要互不损害利益和权利，只要为保卫社会或其成员免受损害与妨碍而承担责任，就不受社会强制。第五章重申两条格言：“个人行动只要不涉及他人利害，个人就不必向社会负责交代，他人也不得对之干涉；个人行动若有害于他人利益，个人要向社会负责，并且还应当承受或是社会的或是法律的惩罚。”

四、关于密尔的自由观的探讨

在这里我想讨论几组相互对立的词组：个人与社会，被统治者与统治者，自由与权威。

（一）个人自由优于社会自由

我反复研读该书，字里行间透出这样一种思想：只要不涉及他人的利害，个人就有完全的行动自由；只有当自己的言行危害他人利益时，个人才应接受社会的强制性惩罚。这也是《论自由》该书的要义精髓，也是密尔所划定的个人与社会的权利界限。密尔说：凡主要关涉个人的那部分生活应当属于个性，凡主要关涉社会的那部分生活应当属于社会。在公民自由或者社会自由充分发展的今天来看，《论自由》仍然不失为一本经典的著作。密尔说，唯一实称其名的自由，乃是按照我们自己的道路去追求我们自己的好处的自由，只要我们不试图剥夺他人的这种自由，不试图阻碍他们取得这种自由的努力。由此可以看出密尔倡导的自由乃是强调个人内心活动的自主性，只要在不危及别人自由的前提下可以自主地按照内心意愿去追求好处，达到目的的满足。从这个意义上说，自由乃是个人内心真实意愿的外在表达，一个具有完全行为能力的成年人能为自己的行为负责，所以不需要外在力量的干涉。他还指出，若是上述这些自由存在不是绝对的和没有规限的，那就不算完全自由。密尔口中的完全自由是在整个社会被尊重，人与人彼此容忍，按照自己所认为好的那样去生活，这也就是把内心自由和行动自由统一起来。或许此言论多多少少会有唯心主义的偏向。所以，我个人倒是觉得自由越是充分，社会与之相配套的约束机制就应该越健全。华盛顿说，如果自由流于放纵，魔鬼就会乘虚而入。每个人都是单独的个体，个人的行为要有一定界限，当一个人的行为有害地影响到他人的利益的时候，社会就对他有了裁判权。相对于社会，个人永远是个弱者，人们总是通过有限的理性去认识自己和社会，并通过法律使个人在社会中能够占有一席之地，让自己的意志得以表达，从而实现人在社会中的最大自由。而健全的约束机制一来是充分发挥个人的自由，二来是防止自由被滥用从而危及他人乃至社会，反过来也是更好地保护自由权利的行使。就像密尔在论文中所倡导的那样，只要不危害到他人，国家权力就不应该干涉公民自由，还应该完善法律来保障公民自由的实现。

在关于社会对个人干预的限度这个问题上，密尔是反对干涉纯粹私人行为的。他说，在反对公众干涉纯粹私人行为的一切论据当中还有最有力的一点，那就是说，如果公众真去干涉，多数的情况是它做了错的干涉，干涉错了地方。他举回教徒禁食猪肉以及巴锡族不食猪肉和牛肉的例子来说明对于个人的趣味嗜好和只关己身的事情，公众是无须干涉的。就以现在来说，如果是纯粹私人的行为，只要不牵扯社会利益，那么社会就没有必要也没有权力干涉。在民事行为上，根据“法不禁止即自由”这一原则，凡是法律不禁止的一切行为都可以自由地去做，不用担心承担社会责任。当个人真正成为独立的个体，有权利按照自己的意愿去行为时，整个社会才会显得生机盎然，当然社会财富也会成倍式地增加。如果社会过多地干预私人生活的话，反而会成为社会的负担和累赘，毫无必要也无实际意义。

（二）社会权威应与个人自由和谐相处

前文提到，社会总是在某种限度上干预到个人的生活，那么正确处理社会权威和个人自由之间的限度就显得至关重要。关于个人的发挥，密尔是这样表达的，“人类要成为思考中高贵而美丽的对象，不能靠着把自身中一切个人性的东西都磨成一律，而要靠在他人权力和利益所许的限度之内把它培养起来和发扬出来”。由此可以看出，密尔对个性是多么的推崇，而把它提高到人类幸福的高度上进行褒扬。他说人类之所以能丰富多彩，人类之所以很高贵，是因为提倡和鼓励个性，而不是压制，更不是打磨成千篇一律，更重要的是在别人权力和利益所容许的范围内培养和发扬个性。密尔把个人放在第一位，重视个人的自由与社会权威对自由最小的干预，社会对个人施以权威的方式主要有二：法律与社会舆论，密尔就是要找到一条准则，不论所用方式是法律惩罚下的物质力量还是社会舆论下的道德压力，都要绝对以它为准绳。在经过正确分析和功利平衡后，密尔找到了这条原则，即：第一，个人的行动只要不涉及自身以外人的利害，个人就不必向社会负责交代。他人为自己的好处个人认为有必要时，可以对他忠告、指教、劝说以至避而远之，这些就是社会对个人行为表示不满所能采取的正当步骤；第二，关于对他人利益有害的行动，个人应当负责交代，并且还应当承受社会的或法律的惩罚，如果社会的意见认为需要用它们来保护自己的话。密尔极力主张个人对社会的独立性并对社会的积极作用持谨慎态度，这与密尔所处的时期有着一定的关系，由于当时的资本主义已发展到垄断阶段，个人的作用比起社会整体的作用已越发不明显，使得该学说具有广阔的群众基础。因此密尔提醒人们不要失去自我，因为“对于本人自己，对于他自己的身和心，个人乃是最高主权者”。由于每个人的个性强弱不同，为了防止个性强的人侵害个性弱的人的权利，密尔指出必要数量的压制还不能免去。必要的压制可以约束人类本性中自私性的那部分的发展，从而促使其社会性的部分更好地发展。从人性的角度讲，人性的欲望是无止境的，为了满足某些需求，在某种程度上会冒险，从而危及社会上其他人的权利和社会秩序。为了克制人性自私的膨胀，就有必要建立社会规范进行制约，从而保障社会的良性发展。

（三）自由不应是被限制的自由

密尔在讨论习俗的专制时是极其厌恶的，他认为这是人类社会进步的一个绊脚石，并以中国为例深刻揭露了习俗专制的落后性和腐朽性。习俗的专制在任何地方对于人类的前进都是一个持久的障碍，因为它和那种企图达到某种优于习俗的事物的趋向是处于不断冲突之中的。就像古代中国封建专制所坚持的那样，“祖宗之法不可变”，遵循此条法则使中国丧失了多少次机遇，沉浸在自己营造的天朝上国的梦想里自娱自乐，原以为闭关锁国可以防止外来干扰，殊不知长此以往就跟世界相脱节，从而被轰隆隆的机器声远远地抛在了后面。这种教训是刻骨铭心的，付出的代价也是极其惨痛的。随着中国加入 WTO，中国以更加积极的姿态融入世界大熔炉里去，从而开启了中华民族的复兴之路。

在最后本文教义的应用这一章里，密尔在前文论述的基础上又再次强调了两条原则作为全文的核心论点。在文章末尾，密尔又花了少许笔墨再次阐述了有关政府干涉的限度问题。孟德斯鸠说，“自由是法律许可范围内任意行事的权利”。自由不是无限制的自由，自由是一种能做法律许可的任何事的权利。密尔主张限制政府干涉，而其中一个最有力的理由就是这样做会不必要地增加了政府的权力。换言今日，在行政权日益膨胀的时代，如何做到在有效地履行政府职能的前提下能够不损害公民权利成为各国亟须解决的问题。在目前的状态下似乎存在着这样一种怪现象，政府权力的无孔不入似乎在压缩公民的私人空间，有过多地干涉纯粹私人行为的嫌疑。吉林省松原市 3 个民警对在家中下载黄片的一公民进行拘留罚款就是政府干涉纯粹个人行为最好的证明。又如前段时间新闻热播的关于警察通过追踪网上聊天记录而查破一起毒枭案这一事件，当我们在感叹坏人被绳之以法、现代科技日益发达时，我们是否意识到属于我们的隐私权在被一个无形的手，被以各种“理由”所侵蚀，你通过网络进行的所有聊天在网络的另一端都有人无时无刻不在注视着，而这并不是我们所需要的言论自由。这两个事例显然与密尔所主张的“只有当自己的言行危害他人利益时，个人才应接受社会的强制性惩罚”相违背。如何扩大公民权利并确保权利的实现，是当今社会应该考虑的问题。在政治民主权利方面，密尔主张实行议会制度，要求议会有最大的权力，并主张实行公开选举，无疑这一项举措有利于民主权利的扩大和政治民主化的发展；但在另一方面又担心人民群众的力量会渗入议会，会左右议会，于是他又主张限制选举权，让纳税多的人和受教育的人有两票乃至两票以上的选举权，而剥夺穷人的选举权。这分明是在维护资产阶级反动统治者的利益。

我们应该好好研究，特别是对我国在建设中国特色社会主义法治体系中如何处理政府权力和公民自由这一问题显得尤为重要。只要我们正确对待并想方设法解决社会自由这个话题，我相信我们可以实现密尔所说的“最好的生活”即个人幸福与社会进步。

参考文献

[1] 约翰·密尔.《论自由》[M].孟凡礼，译.桂林：广西师范大学出版社，2011.

[2] 米尔顿·弗里德曼.《资本主义与自由》[M].张瑞玉，译.芝加哥：芝加哥大学出版社，1962.

[3] 约翰·埃默里克·爱德华·达尔伯格-阿克顿.《自由与权力》[M].侯健，范亚峰，译.南京：凤凰出版传媒集团，译林出版社，2011.

从《十二公民》出发浅谈无罪推定

卢 悠

摘 要：无罪推定原则的核心在于保障人权，促进法官公平审判，该原则现已成为一项重要的国际司法准则。本文介绍了电影《十二公民》，从电影的情节内容出发，提炼出了无罪推定原则，并以此为切入点，先阐述了无罪推定原则，从起源出发，在证明意义上对无罪推定进行解释，包括了以下三点：证据裁判、控方负举证责任和疑罪从无。在解释过程中举了黑人橄榄球明星辛普森杀妻案这个例子，从疑罪从无的角度阐述无罪推定原则。为了使人更清楚地理解无罪推定原则，文章提到了其对立面原则即有罪推定，分析了有罪推定的两种形式并重新回到电影本身进行理解。然后谈到了作者自己的一些观点，从社会成本的角度将两种原则进行比较。最后介绍无罪推定原则在中国的发现以及对未来的展望。

关键词：十二公民；无罪推定；有罪推定；疑罪从无

一、引言

随着人权观念的兴起，整个刑事诉讼制度的价值目标逐渐由惩罚、控制犯罪转向保障和维护人权，无罪推定原则的出现正好适应了这一发展，成为现代社会法治国家刑事司法通行的一项重要原则。现代媒体技术的发展也使得各种法律理念得以通过信息技术传播开来，相对于老式的法院宣传和学校教育，这样的方式也为更多人所接受，《十二公民》这部影片就以现代媒体技术为媒介，将无罪推定传播给受众。

二、影片有关介绍

伴随着一些杂音和一阵凌乱的脚步声，画面转换至一个模拟法庭上，模拟的是一个真实发生但并未结案的案件——一个富二代被指控在出租屋杀死了抛弃自己的赌博酗酒的亲生父亲。围绕着这个案件，十二个相互陌生的学生家长要组成陪审团，在规定的时间地点内，达成一致的意见：有罪或无罪。根据法庭和新闻提供的信息，十二个陪审员出现了 11：1 的有罪判定的情况。然后剧情由此开始逆转，一个人成功说服了十一个人，达成了 0：12 的无罪判定。

电影《十二公民》翻拍自 1957 年的美国电影《十二怒汉》，是一部非常经典的法律电影。同样的 11：1 的紧张情况，一个人所发起的合理怀疑，其他人从一开始的反对到逐渐被说服，每个人都说出了自己的观点，最后奇迹般地逆转局面变成了 0：12。讨论的整个过程中都充斥着每个人的“怒”，剧情紧张，跌宕起伏，其间满是推理元素。

《十二怒汉》被先后翻拍成《十二个温柔的日本人》和俄罗斯的《十二怒汉：大审判》。每部翻拍的电影的框架基本不变，稍作改动，吻合翻拍国家的社会背景，让人有更强的代入感。《十二怒汉》被指控的是一个来自贫民窟的孩子，《十二个温柔的日本人》是一个女人被指控杀了自己的丈夫，而俄罗斯翻拍的《十二怒汉：大审判》被指控的对象则是一个来自车臣的孩子。与其他几部翻拍电影不同的是《十二个温柔的日本人》，片如其名——温柔，所以一开始就有十一个人投无罪，投有罪的人试图说服大家，结果反倒被说服，最后的判决还是无罪，片子很大程度地体现了对女性权利的保护。

在《十二公民》中，一场简单的讨论开始了，大家都觉得这是一场多余的讨论，事实结果清晰明了地摆在眼前，举个手就完成了。这种“事不关己高高挂起”的心态恰恰是对现实的一种莫大的讽刺，人性的冷漠在抹杀他们的良知和判断。剧中的新闻媒体在案件没有进展的情况下妄加猜测，引导社会大众的思维，人们在心中早已对被指控的儿子定罪，新闻媒体有意无意地让舆论绑架了法律。不得不说，片中的十一个投有罪的人受了新闻的极大影响，新闻上报道了什么便就是什么。陪审团的讨论很有中国特色，十二种身份角色也极具中国特色——一号审判员是一名学生，也是陪审团团长，工作比较尽责，也比较有自己的性格和判断，可以算得上是社会的中坚力量。二号陪审员，是个和事佬，有一定的知识水平。三号陪审员是出租车司机，是一位社会小人物，思想比较传统和保守，典型的忽视子女的主观意愿的控制型家长。影片借此人反映了开放式教育理念和传统教育之间的区别与矛盾。四号陪审员是一个房地产商，有钱有势，生活富裕，是一个在现代社会饱受争议的集体的代表，其本身也存在一定的道德争议，比如片中提到的包养大学生。五号陪审员是一个被冤枉的蹲过监狱的中青年，但仍然坚毅善良。六号陪审员是一名医生，尊重生命，明白事理，其中也提到了有关安乐死的一些问题。七号陪审员，小商贩，同样也是社会小人物，在社会中努力生存，练就一身溜须拍马的本事，尽管生活艰辛，仍然尊重追求事实真理的人，这个人物让人们感到有点心酸。九号陪审员是一个上了年纪的老人家，经历过“文革”，深知雪中送炭的珍贵，内心有些自卑，观察细致。十号陪审员是贫民区的包租公，文化素质低，不懂得尊重人，喜欢大声喧哗，不顾及他人感受。十一号陪审员是大学保安，朴实，兢兢业业，有自己的判断和思考。十二号陪审员是典型的墙头草，对讨论没有坚持自己的意见，跟风严重，社会普通民众的典型代表。本片的主角八号陪审员是一名检察官，是重新审视案件、判断事实、审读人性的最后力量，用他的专业知识引导着这场讨论的展开。

影片通过陪审员的社会经历和他们对自己生存状态的不满来批判社会，借他们之口来说出许多我们不知道的社会阴暗面，但我认为除此之外，更重要的是影片想要强调的是“无罪推定”原则的重要性，也就是片中的八号陪审员所一直坚持的原则。

三、无罪推定的相关阐述

无罪推定最早是在启蒙运动中作为一项思想原则被提出来的。1964 年 7 月，意大利刑法学家贝卡利亚在其名著《论犯罪与刑罚》中抨击了残酷的刑讯逼供和有罪推定，提出了无罪推定的理论构想：“在法官判决之前，一个人是不能被称之为罪犯的。只要还不能断定他已经侵犯了给予他公共保护的契约，社会就不能取消对他的公共保护。”现在“无罪推定原则”是国际通行的刑事诉讼基本准则，简单地说是指任何人在未经证实和判决有罪之前，应视其无罪。无罪推定强调审判过程中必须有充分、确凿、有效的证据证明被指控的被告人的罪行成立，如果审判中不能证明被告人有罪，就应推定其无罪。刑事审判过程中，在证据是认定犯罪能否成立的唯一根据，因此对证据的审查和辨别，是整个审判过程的核心内容，被告人可以不回答，也没有义务自证其罪。没有证据或者证据不足以证明案件的真实性，那么只能根据“宁可放走一千个罪犯，也不冤枉一个好人”的司法原则，宣告被告人犯罪不能成立。

从证明意义上来说，无罪推定原则包括了证据裁判、控方负举证责任和疑罪从无这三点。

证据裁判原则，又称为证据裁判主义，是指对于诉讼中实施的认定，应依据有关的证据做出，没有证据，不得认定事实。其基本内容包括了以下几点：（一）有犯罪事实，但没有证据或者证据不足，不得定罪（法官个人知悉的有罪事实，不能作为判决有罪的依据）；（二）无犯罪事实，但有伪证据指控犯罪，不得定罪；（三）除了免证事实之外，犯罪要件事实必须有证据证明；（四）证据必须在法庭上经过双方质证、辩论，并经法庭调查和评议，认为可信、客观后，才能作为判决基础。

控方负举证责任是指被告人不负证明自己无罪的义务。通俗地说就是法律规定谁主张谁举证，即你主张你的什么权利，就要为这个主张向法院提交你的证据。换句话说则是谁是原告，谁就要有证据。当然还有一部分是举证责任倒置，这是为了保护弱势群体的，比如医患纠纷，患者告医院，医院需要证明自己没有过错。举证责任的分担是刑事证据的核心内容之一，也是将刑事事实实体贯彻到实践中的保障。无罪推定原则推定要求任何人在未经法院依法证实有罪之前都应当被认为是无罪的。被告方由于在法律上已经被推定为无罪，也就免除了其证明自己无罪的责任，裁判者不能因为被告方不能证明自己无罪或者保持沉默而认定其有罪。

疑罪从无是影片中的八号陪审员认为被指控的富二代无罪的最重要一个理由，由此出发推翻一个个所谓的证人证言。“疑罪”是指司法机关对被告人是否犯罪或罪行轻重难以确证的情况，是司法实践难以避免的正常现象。“疑罪从无”原则是现代刑法“有利被告”思想的体现，是无罪推定原则的具体内容之一。即：既不能证明被告人有罪又不能证明被告人无罪的情况下，推定被告人无罪。“疑罪从无”的司法原则不仅仅是解决刑事疑案的技术性手段和原则，它的确立在更广泛的范围内产生了更为深远的影响：它折射出我国在法制建设进程中对法律价值的重新协调和平衡。在关注保护社会之外，对公民人权的保障和尊重，也是现代刑事司法文明与进步的重要标志之一。

黑人橄榄球明星辛普森杀妻案便是“疑罪从无”原则的典型案例。

在这场世纪审判中，李昌钰对案件进行了仔细的取证和检测，结果发现现场留下的辛普森的血迹里含有防腐剂，现场的手套也比辛普森的手小，又发现警察从辛普森身上提取的7毫升血样少了1.5毫升，警察有作伪证的嫌疑。为了证实辛普森是凶手，检方决定让他在陪审团面前试戴那只沾有血迹的手套。在法庭上，辛普森带上了为了预防污损而准备的超薄型橡胶手套，然后试图带上血手套。可是，众目睽睽之下，辛普森折腾了很久却很难将血手套戴上。辩方立刻指出这只手套太小，根本不可能属于辛普森。1995 年 10 月 3 日，洛杉矶刑事法庭陪审团一致裁定检方的两项一级谋杀罪指控不成立，辛普森无罪释放。刑事案件中，在证据不足以证明辛普森杀人犯罪的这种情形下，应该首先认为他是无罪的，必须让证据具有排他性、绝对性才能做出判决，否则只能疑罪从无。

四、有罪推定的相关阐述

有罪推定主要是指未经司法机关依法判决有罪，推定刑事诉讼过程中的被追诉人为实际犯罪人。推行有罪推定原则的大多为实行大陆法的国家及地区。有罪推定主要表现为两种形式：一是未经司法机关依法判决有罪，一般民众对被追诉人有罪判断严重外化且侵害被追诉人的定罪量刑，形成消极的舆论导向；二是在司法机关依法判决确定有罪与否之前（具体是指在缺乏证实犯罪事实和犯罪情节证据的情况下），公权力机关侵害被追诉人人身权利和诉讼权利或者对被追诉人形成有罪预断甚至做出有罪处理。有罪推定作为一种社会现象，除了刑讯逼供这样“看得见的形式”外，有罪推定往往隐藏在一些观念与制度的背后，并表现为一系列潜在的不易被察觉的规则或形式。

除八号陪审员之外的其他十一位陪审员均是持“有罪推定”的观点与思路。一开始定富二代有罪，也是主观情感主导的，网友的人肉搜索再加上模糊的证词，还有“富二代”这个褒贬不一的身份。有人恨他抢夺自己孩子的资源，有人恨他跟自己的儿子一样狠心、伤害自己的父亲，有人恨他有钱有势，有人受网友、媒体的煽动，认为他就是坏人，认定了他是凶手，自然在一开始就认为他是有罪的。因为他们不是法律人士，所以也就不存在对有罪推定和无罪推定的了解，但是他们分析案件恰好就是按着有罪推定的思路来走，从一开始就认为案件中被指控的富二代是有罪的，因此一直从有罪的一面去寻找证据以证明他们的观点。

五、我的观点

在我看来，或者说在实际上，无罪推定无疑是要优于有罪推定的，无罪推定和有罪推定是互为对立面的两个概念，在司法实践中，无罪推定可能导致放纵犯罪，有罪推定则可能导致冤枉好人，那么从社会成本的方面来说，无罪推定即使是错了，那么它的成本就是放纵了一个罪犯，这是一个成本；

而有罪推定如果错了，那么它的成本就是放纵了一个罪犯还冤枉了一个好人，这是两个成本。由此可见我们应当实行无罪推定，这是理性社会绝对应当适用的原则，哪怕是对于感性社会而言，无罪推定也是受到推崇的，随着人权观念的兴起，整个刑事诉讼制度的价值目标逐渐由惩罚、控制犯罪转向保障和维护人权，无罪推定原则的出现正好适应了这一发展。

提到无罪推定原则的适用就不得不提无罪推定在中国法律上的适用。1996 年 3 月中国对刑事诉讼法典进行修改时，虽然没有明确适用“无罪推定”的字样，但在第十二条明确规定“未经人民法院依法判决，对任何人都不得确定有罪”。这一表述，被认为是包含了“无罪推定”原则的基本内容。而此前，我国司法机关多采取“疑罪从轻”或“疑罪从挂”的做法，这种做法的实质就是“有罪推定”。

同样，在我国宪法和刑诉法上无罪推定的原则也有所体现——《中华人民共和国宪法》第三十七条规定中华人民共和国公民的人身自由不受侵犯。任何公民，非经人民检察院批准或者决定或者非经人民法院决定，并由公安机关执行，不受逮捕。禁止非法拘禁和以其他方式非法剥夺或者限制公民的人身自由，禁止非法搜查公民的身体。《中华人民共和国刑事诉讼法》第十二条规定未经人民法院判决，对任何人都不得确定有罪。不得不说，这是中国立法的一大进步。

六、无罪推定原则在中国的发展

现如今中国的法治发展并不完善，即便无罪推定原则在中国的法律中已经有所体现，但是从很多细节的地方看来，法律上所涵盖到的无罪推定原则还只是“停留”在法律条文中，例如我国《刑事诉讼法》第 12 条规定：“未经人民法院依法判决，对任何人都不得确定有罪”。然而在我国大大小小的公安机关的审讯室里，最醒目的莫过于墙上的那八个大字“坦白从宽，抗拒从严”。这是对接受审讯的犯罪嫌疑人的一种警示，让他们坦白，不要抗拒。坦白，坦白什么？抗拒，什么是抗拒？这里毫无疑问已将他们看作是有罪之人，让他们自己证明自己可能有可能无的罪行。

再比如从犯罪嫌疑人出庭这一点来看，英美法系的国家和我国就有很大区别，我们国家在开庭时，嫌犯出庭穿的是带明显监狱特征的黄色马甲，垂头丧气，无精打采，这样的出庭形象无疑直接让旁听人员和社会大众潜意识里就将他定罪，这是一种无形的有罪推定。而在很多英美法系国家，嫌犯出庭时穿戴整齐，男嫌犯穿上西装打上领带，女嫌犯可以梳洗化妆，以一种整洁干净的形象出庭，这样的做法无疑是有利被告的，起码从形象上来看他就不是一个罪犯，给了他们起码的尊重。电影艺术源于生活高于生活，单从电影方面来说，在电影《律政俏佳人》中，我感触很深的也是这一点，女犯罪嫌疑人在监狱里穿的是囚服，但是当出庭之时，打扮时尚，干净整洁，就是一个良好的公民形象，这是一个人的尊严。我觉得作为一个普通的公民，更希望看到的是一些大家都能感受到的、落到实处上的“无罪推定”。

七、结论

在法治社会发展的今天，无罪推定原则作为一项重要的法制观念，极大地推进了人类社会在法制方面的发展和进步，无罪推定原则极大地保障了公民的个人权利。我国的刑事诉讼制度在立法上已经采用了无罪推定原则，相较以前，更好地维护了犯罪嫌疑人的诉讼权利，但是也存在诸多不足之处。我国还需要在立法和司法上大力贯彻落实无罪推定原则，以更好地维护公民权利，促进我国法治的进步。

参考文献

[1]《中华人民共和国宪法》.

[2]《中华人民共和国刑事诉讼法》.

[3][意大利] 切萨雷·贝卡利亚. 论犯罪与刑罚 [M]. 北京：北京大学出版社，2008.

[4][美] 德肖维茨. 合理的怀疑 [M]. 高忠义，侯荷婷，译. 北京：法律出版社，2010.

[5] 仲丽娜. 试论无罪推定原则在我国法律中的确立及完善 [J]. 学术交流，2006 (10)：61－64.

[6] 许蓉. 正当防卫中被告方承担举证责任的理论分析 [J]. 贵阳学院学报 (社会科学版)，2010 (4)：25－27.

[7] 宁汉林. 论无罪推定 [J]. 中国社会科学，1982 (04)：65－85.

[8] 王敏，杨宇冠. 论无罪推定 [D]. 中国政法大学，2006.

[9] 夏锦文. 无罪推定原则的意义解读——一种诉讼法哲学分析 [J]. 南京师大学报 (社会科学版)，2002 (04)：28－36.

[10] 杨建涛. 论无罪推定原则在我国的适用 [J]. 金陵瞭望 (教育)，

2014 (4): 31-35.

[11] 陈光中，张佳华，肖沛权．论无罪推定原则及其在中国的适用[J]．中国检察官，2013，34 (10): 1-8.

[12] 罗淑仪．论“无罪推定”原则的历史发展 [J]．中国法律，2013 (1): 46.

[13] 范莉．无罪推定原则在我国的适用与完善 [J]．安徽农学通报，2007 (12): 205-206.

在法律控制下真正的自由

吴子宛

摘　要： 自由作为一种理想、一种追求，是法律的最高成就及灵魂所在。这篇论文的主题来自我对《无法生活：将美国人民从法律丛林中解放出来》和《自由与法律》这两本书的些许体会，就法律与自由的关系进行讨论。我第一次如此详细地了解法律、了解自由。

关键词： 法律；自由主义；个人主义；强制

“原来，美国和我们的距离并不遥远，它也并非自由、公平和民主的天堂。官僚主义的政府、缺乏文化和权威的学校、被呆板法律条款侵蚀的个性与活力，坍塌的决策权威导致低效、没有责任的破坏者们拉低整个机构的水准。”本书的作者感慨而言。是的，美国在以亿计数的法律之下“无法生活”。读完全书，再来思考正当程序、公平、正义、权威、领袖、效率以及责任制这些字眼。

书中慷慨激昂的语气、义愤填膺的文字、口语化的表达以及结合许多现实案例的特点，让读者产生了阅读兴趣，没有那种枯燥、烦琐、深奥难懂的意味，竟有一种读来似与作者面对面交谈的感觉。这本书并非出于一个美国愤青写的常识，而是一个饱读律书、颇有阅历的意见领袖的犀利之笔，作者写给独立思考的那一小众群体看。你会发现，作者霍华德就是一个法律界的精英、一个意见领袖，而他的目光穿透了法律生活。

一、自由与法律的冲突

美国，一个充满自由的国度，何以沦为法律的“雷区”呢？美国人整天在法律丛林中如履薄冰，避免做出任何可能侵犯别人或者引发法律纠纷的举动。一个儿科医生说：“我不再像以前那样对待我的病人。因为你不想让你的任何即兴谈话成为别人起诉你的证据。”到底是自由的广阔还是法律的踩过界，为何在高喊言论自由的土地上结出了如此令人恐惧的恶果？约翰·洛克曾说，“法律的目的不是剥夺或限制自由，而是保障和扩大自由”。那么，我们看看，一切的法律，无论是披着资本主义或是社会主义外衣的，哪一个为维护自由保驾护航了？殊不知，全都是将法律推演成恶魔然后将欲望的双手伸向了纯洁的自由。更值得我们深思的是，为何自由不是人人自由平等？在许多情况下，某一个人的自由妨碍着其他人的自由，甚至是为了某一个人的自由而放弃其他人的自由。

书中有这样一个例子：2007 年，就读于纽约市王后区牙买加中学的玛利亚·法蒂玛突然休克，但此之后的 90 分钟内没有一个人打电话叫救护车，因为有一条规定禁止教师或者护士在未经校长同意的情况下拨打 911 电话。看到此，我们的第一印象会是人们非常遵守法律，即便它的适用是愚蠢的并会带来灾难。起初这条规定的目的是杜绝仅仅因为发生学生打架之类的一般违纪情况而过度使用紧急呼叫电话的现象，然而法律在这里却变成了罪魁祸首，法律轻易地自绝生路，尽管这是与其终极目的背道而驰的。在令人不可思议地延误了玛利亚·法蒂玛的抢救时间后，学校修改了上述规定，新规定引入了四道程序，明确了在哪种情况下才能打 911 电话：首先，教师必须通知护士；其次，必须通知学生家长，如果家长同意，学校可以叫来救护车；再次，如果护士不在，教师必须通知助理校长或者校长；最后，如果校长不在，年级主任便负责提供适当的救护措施。我们在此可以尽情地嘲笑僵化的资本主义法律思维定式的深入人心，更可以鄙视这个荒诞的规定，如果等到第四步，学生早就去见上帝了。庆幸的是，在舆论的压力下，学校接受了最具有合理性的解决方案：废除限制呼叫 911 电话的规定。美国人民说：对法律的恐惧，对不合理法律的遵从，经常迫使他们无法去做那些他们认为是真正正确的事。

《无法生活》一书中自由与法律之争，是一个古老的政治难题。本书作者菲利普·K. 霍华德律师担忧自由被过多的法律所吞噬，他认为美国的问题在于，法律无处不在，犹如无垠的丛林，将美国人的日常生活重重围困，密不透风，人们不仅因此丧失了越来越贫瘠的自由，还生出了对法律及司法正义的恐惧与逃避心理。法律面临恶化为洪水猛兽之虞。法律和自由总是矛盾的，但是否真的无法解决呢，在这个道德缺失的世界里，我们唯有依靠法律，没有法律我们无法生活。然而法律的过度化将人们牢牢套住，使我们对它产生强烈的依赖感，最终法律可以像支持自由那样摧毁自由。至此，美国人民似乎走进了一条死胡同，面对法律强悍的约束只能卑微地承受，从而陷入要想遵守法律制度就必须放弃自由，要想自由就必须付出没有法律管制下所出现的惨痛代价的死循环。隔着这本书作，我也开始嘲笑这种所谓的民主，这种被无限放大夸大了的正义的法律。

正因为法律的干预、法律管辖范围的无休止扩大，正当合理的自由被逼退得毫无立地之处可言。但是资本主义国家的人民极力追求维护的自由，却又是如此荒唐，令人唏嘘。

二、自由主义与个人主义

由于自由具有明显的涉他性，而我们生活在人群复杂的社会中，所以不能忽视他人的权利，并且理应该尊重他人的权利，“不侵犯他人的合法正当权利和自由”应该成为我们的底线。自由主义者认为我们每个人是独立存在的生命个体，我们享有自由选择权利，以我们所喜欢的方式活着，应该被允许按照自己认为理想的方向去做任何一件事情，与此同时，尊重他人同等的权利。在自由主义者看来，个人是非常重要的存在，个人是独立的存在，有独立的值得被尊重的生命，因此个人不应该被利用作实现更高的社会目标或是为了实现功利最大化的工具。显然个人主义之于自由主义是非常重要的，因此自由主义非常重视个人权利和个人自由。普遍认为只有个人得到尊重，个人的自由权利才会被尊重，也只有尊重其他个人的自由权利，才不至于互相侵犯，导致每个个体的自由区域被相互干涉。

在哈耶克看来，个人自由意味着：“在一种对自由有所限制、使所有人的同等自由得到实现的法律下的自由”。自由主义非常重视个人权利，认为“在法律下每个人的自由权利都是平等的”，这要求个人不以自己的专断意志强制他人而侵犯他人的自由，也要求国家或者集体不能以其专断的意志强制侵犯他人。

再言书中另外一个让我陷入沉思的例子：在 1995 年的某个炎热的夏日，在英国的柴郡，一个名叫约翰·汤姆森的 18 岁男孩到位于当地公园内的湖里游泳。他快速地从沙滩跃入水中，但是由于入水过猛，他在水底沙地里折断了颈骨，导致终身瘫痪。这样的事故也可能发生在美国的每一个角落，当然也会引发诉讼。汤姆森先生将柴郡议会告上了法庭，理由是他们并未采取更严密的措施避免事故的发生。柴郡议会当然了解在湖中游泳的潜在风险，这里早已竖有“禁止游泳”的警告标示，但大多数人们对它视而不见。由于害怕承担法律责任，柴郡议会已经决定通过在沙滩上堆积泥土、种植芦苇的方式把整个湖围闭起来，但是不幸的是，还没等芦苇全部种上，汤姆森先生的事故就发生了。汤姆森先生的律师提出了慷慨激昂的言论——他认为柴郡议会本应该更早地采取措施，以避免“将人们诱入危险境地”。该案最终诉至英国的最高法院——上议院上诉委员会。2003 年该委员会做出了一个在美国几乎闻所未闻的判决：它裁定将该案驳回。勋爵们指出，如果接受汤姆森的诉讼请求，将会导致这个公园以及其他公园限制正常的、健康的活动，因此将殃及无数人的自由与乐趣。在案件的最后，有这样一段评价：“这是一个事关自由的重要问题。为了承担一个所谓的法律责任而禁止那些负责任的家长和儿童带着水桶和铲子在沙滩上进行毫无害处的消遣活动，这是不公平的。”书读此处，我才渐渐从对美国法律的假面纱中明白过来，为了真正的民主，必须要有一份铿锵有力的付出，必须要有一个走在前头的不怕牺牲的领头者。

这样的判决结果大获人心，彰显了美国法律制度中一个被人遗忘的宗旨——保护公民的日常自由。的确，我们要慎重地思考：“法律是否因为一些年轻人可能爬树并且跌倒在地上受伤而要把所有的树砍掉呢?”毫无疑问，我们总要面临一些事故的风险，当然这并不是成为法律去强行干涉的理由。

法律与自由，中间需要一些核心原则，随着现代法律的扩张，这些原则几乎早已被人们遗忘。本书中作者认为这些核心原则有如下若干：重新赋予法官划定法律边界的自由，以便让人们自信地相信司法是可信赖的；恢复个人责任，你的自由依赖于别人评判你的自由；以平衡的目标取代权利语言……将美国人民从法律丛林中解放出来。

虽然本书讲述的是资本主义国家法律的相关情况，但是放眼全世界，法律与自由的斗争是无处不在的，对于我国又何尝不是呢？要反观我们国家的法律，是否与合理的自由相抵触、是否没有可能达到法律与自由相和谐的局面等等问题的思考，这就要求我们在法律的学习的过程中多结合中外古今，多深入研究。

我从这本书中受到极大的启发，进而阅读了更多的资料，观察我们国家的人民对法律和自由之间关系的看法。

“自由，是法律允许范围内的自由。”这是我们这一代人从小到大被灌输的一种所谓的自由的概念，是我们成长至今所要遵循的一种行为规范，我们的自由，是法律之下的，是相对于法律而言的，这样的自由才是被承认的。这是我所知道的自由，从其他人的口中，我也听到了许多不同的自由定义：

“自由不是想干什么就干什么，而是不想干什么就不干什么！”这是我在家庭聚餐中随口一问时某位长辈毫不思索地回答，他的回答让我真切地感受到自由的难以捉摸。“自由既有为所欲为的权力，又有不损害他人的责任义务。自由的背后是自律，除了自律外，自由还要接受他律，他律就是外在的道德和法律规则的约束。因此为所欲为的权力只是自由的一部分，很多人一谈到自由就误解成为所欲为，那就以偏概全了。自律和他律是自由的另一部分，两者合在一起才是完整自由。”这是我在看望一位高中老师时他的回答，从他的答案中，我对自由又多了一份思考，自由似乎还相对于他人而言。而法国《人权宣言》对自由的定义，自由就是能够做任何无害于他人的事情。不管来自何处的答案，都让我对自由的理解多了一层深思，自由并不简单。

三、自由与法律的关系

谈及自由，又怎能不言及法律呢？布鲁诺·莱奥尼，意大利著名学者，西方当代自由主义的杰出代表，他的一生充满活力，精力充沛，紧张而又复杂，而他把自己短暂的一生致力于传播他的自由主义的理念，他的著作《自由与法律》所要表达和明确的是，在西方的自由至上的观点中，法律的真正含义是什么？它并不是作为规约和强制而单独存在，它的制定前提和实施，应该被安排在一些更为重要的前提之下，这一直是西方民主理论所要反复讨论的一个课题。作为深受奥地利经济学派影响的一个自由主义学者，莱奥尼在本书中极其广泛地讨论现代社会中的政治学、经济学和法学等诸领域的问题，并且避免分割地去谈论它们，而是试图消除它们在学科上的传统界线，以跨学科的方式进行研究，试图得到怎样保持法律之下的个人安全和自由的平衡的结论。说实话，对西方的制度和价值观不太深入理解的情况下，读这本书确实会十分吃力，无法准确地说出个所以然，也只能就自己的一点点感悟毫无深度地写出一些苍白无力的文字。

在思考自由与法律的关系中，我能够明确地了解：首先，自由是法律产生和发展的前提和基础。法律发展的历史告诉我们，自由是推动法律发展的重要因素。其次，追求自由的真谛是法律的价值理想之一，法律的价值理想是指人格化了的法律的终极关怀或最终目标追求。因此，是否尊重和保障自由是评判法律优劣的一项重要标准。自由是一个制度性事实，也是一种价值理想。自由是法律所必须和必然追求的，很难设想，一个不尊重和保障自由的法律是一个好法律，事实上，自由在法律的价值目标序列中处于非常重要的地位，以至于我们可以这样说，一个没有充分尊重和适当保障自由的法律，是一个非正义的法律。

尽管自由是法律的重要内容和价值追求，但法律本身并不是自由，它是保障自由的社会形式。柏拉图言："法律是自由的保姆。"在民主的社会中，法的目的之一就是要保护和扩大人们的自由，使大多数人摆脱不合理的奴役和压迫，能够独立、自主地从事一定的活动，选择自己的行为。正如马克思所说："法律不是压制自由的手段，正如重力定律不是停止运动的手段是一样，……恰恰相反，法律是肯定的、明确的、普遍的规范，在这些规范中自由地存在具有普遍的、理论的、不取决于别人的任性的性质。法典就是人民自由的圣经。"法律是对自由的保障和维护，必须要有明确的规定和严格的形式。

正如卢梭说："人生而自由，却无处不在枷锁中。"这句名言可以很准确地再次陈述自由与法律的关系，自由与法律是对立统一的关系，世界上不存在绝对的自由，任何自由只能是在法律范围内的自由。孟德斯鸠为我们做了一个经典性的总结："政治自由并不是愿意做什么就做什么。在一个国家里，也就是说，在一个有法律的社会里，自由仅仅是一个人能够做他应该做的事情，而不被强迫去做不应该做的事情。……自由是做法律所许可的一切事情的权利；如果一个公民能够做法律所禁止的事情，他就不再有自由了，因为其他的人同样也会有这个权利。"

人类对法律的认识是一个连续的、辩证的发展过程。所有的疑问都在不断地得到合适的解答，我还无法深刻地读懂这些经典著作，也在尝试着在与人交流中能够再得到更多的启示。尽管现在学识尚浅或者说是根本不足一提，但我仍然会不畏艰辛，去读去领悟更多的法学知识。我渐渐地开始可以有独立的思索，可以说出对某一个问题的看法，我相信在不断地追求和锻炼中，我可以有更大进步来扶持我更高更远的梦想。走在法学这条道路上，要想能够开出不凋谢的花，要想成长为一棵屹立的树，那恐怕要走遍脚下无数的利刃阻碍，要拨得开那无尽的荆棘，方可有那么一点可能去谈出人头地和功成名就。

参考文献

[1] Philip K. Howard. 无法生活：将美国人民从法律丛林中解放出来[M]. 林彦，杨珍，译. 北京：法律出版社，2011.

[2] 布鲁诺·莱奥尼. 自由与法律 [M]. 秋风，译. 长春：吉林人民出版社，2004.

[3] 瞿同祖. 中国法律与中国社会 [M]. 北京：商务印书馆，1947.

[4] [法] 卢梭. 社会契约论 [M]. 北京：商务印书馆，2002.

[5] 杨家俊. 浅谈法律与自由 [J]. 法制与经济，2013 (2)：43 -46.

浅谈平等与不平等

——《论人类不平等的起源》读后感

林 炜

摘 要：本文通过卢梭对人类不平等的现象及起源的思考，对卢梭笔下的不平等进行了阐释，同时论述了作者对不平等与平等的思考与感受，认为面对社会中的各种不平等的现象，应当更多地实现机会平等，并且法律应该平等对待每一个人，公平公正地让每个人的合法权益得到保护及实现，并通过现实的例子与自身经历说明。

关键词：不平等；平等；法律；权益

一、引言

生活中，我们经常提起“平等”这一词，可以将“平等”解释为在程度、价值、质量、性质、能力或状况上与他人或他物相同或者相等；也可以解释为特指在享受待遇或权利方面与他人等同。尤其是在我们这些学习法学知识的大学生之中，最常提起的就是“法律面前人人平等”，也正是这样的一句话，在我们心中逐渐扎根，在我们学习法律的道路上产生了深刻的影响。刚好有机会读到卢梭的这本书，尽管书中的内容对我来说有些晦涩难懂，但读完这本书，还是让我产生了很多的思考。

二、卢梭笔下不平等的起源

在文章的第一部分，卢梭假想了原始人的生活状态，他们不需要住所，不需要衣服，不需要我们现在所认为必需的一切奢侈品。他们具有独立的生存能力，缺乏语言的交流因而不需要别人的帮助，也没有害人之念。而正是在这种自然状态下，人都是平等的。直到有一天，人们开始考虑自己，考虑起自身的利益需求，私有制便产生了。农业和冶金术的发明，使人类享受到祖先没享受过的方便的生活，然后开始组建了家庭，开始相互依赖别人的帮助。就如卢梭所说“在人们需要他人帮助的那一刻起，从一个人发现拥有两份食物的好处时，平等就不存在了，私有制就产生了”，文明社会也就变得不平等，并且在卢梭看来，文明社会的真正奠基人是这样一个人，他第一个圈起一块地，并想到说“这是我的!”而且他居然能找到一群头脑简单的人相信他。从中我读到，当一个人摆脱了原始人的愚昧无知，明白了财富与利益的存在，并能够明白其中的种种好处还想占为己有时，这个社会就不再是自然状态下的平等。于是不平等在进步着的人类社会蔓延开来。

进入到社会状态，人类社会的不平等分为了三个阶段：第一阶段的不平等是法律和所有权的建立，第二阶段的不平等是官员制度的设立，而法制权威向专制权威的转变则是第三阶段。因此，卢梭认为第一阶段的不平等是富与穷，第二阶段是强与弱，第三阶段是奴隶和主人。像书中所说，第一阶段时，富人联合起弱者并且告诉弱者们一起来保护自己的财富免受其他人伤害。其实只是富人们担心自己的财富被伤害而找出的一个冠冕堂皇的理由罢了。而穷人也认识到其中的好处便同意了，于是人们订立了契约，建立了国家，制定了法律，使富与穷的不平等合法化。到了第二阶段，国家建立，政府产生，但由于缺乏经验人们把权利委托给政府和官吏去行使和管理，但官员却将权利视为私有财产，逐渐形成了政府的专制权力，强权诞生了，通过官员制度形成了强权与弱势的不平等，从而有了第三阶段的奴隶和暴政的统治使得不平等发展到最终结果。从书中可以看出，富人们与穷人订立契约，用法律保护他们的所有权，又设立官员制度维护法律，在富人的掌控下，社会一步一步地走向专制权威，走向了不平等。这种不平等存在于社会，富人以此保护钱财，让自身越来越富有，也由此拉大了与穷人之间的差距。政府的官员利用权力建立起自己的政治，权力的范围与威信被强化，社会的强与弱更加明显。社会上这些不平等的矛盾日益突出，人类之间的战争也就因此引发。卢梭所说的不平等的终点，便是暴政，吞噬了一个国家里所有健康完整的事物，最终践踏着法律和人民。最终也会爆发出人民对不平等的反抗与斗争。

在卢梭的笔下，人类的进步史更像是人类的堕落史。但是我认为，也许正是因为卢梭探究了人类不平等的起源，才让他更加坚定人类社会需要平等、自由、民主。我想，这正是卢梭后来提出的人生而平等与人民主权等学说的基础。在我看来社会的发展始终是需要平等的，每个人不应该因为他的权力的大小或者财富的多少而遭到差异对待。卢梭指出：“平等，这个名词绝不是指权力与财富的程度应当绝对相等，而是说，就权力而言，它应该不能成为任何暴力并且只有凭职位与法律才能加以行使的；就财富而言，则没有一个公民可以富得足以购买另一个人，也没有一个公民穷得不得不出卖自身。这就要求大人物这一方必须节制财富与权势，而小人物这一方必须节制贪得与婪求。”法律平等地规定了所有人的权利与义务，没有任何人可以超出法律的约束，富人不得因为手握钱财而肆意妄为，穷人也不能因为贫穷而逾越法律的底线，尤其是掌握一定权力的官员，更不能利用手中的权力而唯利是图。每个人所做的行为，都应该在法律允许的范围内。也正是因为法律保护着每个人的权利，才使得社会的平等能够展现在我们面前，也让我们能够去追求到平等。

三、实质上的平等

柏拉图说过“对一切人不加以区别的平等就是不平等”，罗尔斯也提出差别原则，即用差别对待而不是同等对待。尽管卢梭在文章中一直提及社会上的、政治上的不平等，但从这些不平等所折射的现象看来，我认为卢梭的平等也应该是形式平等与机会平等，而非人与人之间完全无差别的同等。社会中的每个人应享有形式上的身份平等，在权利与资格上的平等，这其中最显著的是“法律面前人人平等”与“一人一票，每票等值”这些概念，还有就是每个社会成员都应有相同的生活或者是生存的机会。

举个例子，我国的高考制度是通过全国考试的方式，选拔学生从而步入大学课堂，但经常会听到许多批判高考不平等的社会言论，认为各地区的学校教学资源的分配不均，认为高考对各地考生的标准存在偏差，种种的批判都认为高考对机会平等造成了一定的影响。但试想，倘若没有高考，是否有一种更加平等公正的制度去代替它？我想现在应该还没有。高考固然像言论所说对考生的录取标准存在偏差，可是有越来越多的人通过高考这个平台来改变自己的命运，通过这个机会来追求更加美好的未来生活，通过这种平等竞争的方式向上流社会靠近。与其说高考会带来更多的不平等，倒不如说高考是一种用“不平等”的方式去消除更多的不平等，从而让每个考生都享有追求平等的机会。正是有了这种机会平等，才能让考生享受到教育权利和资格上的公平对待。

书中卢梭的观点认为，财富和权力促使了不平等的出现，而我认为，“平等”一词更应该激起人们心中的追求。“法律面前人人平等”，这句从《人权宣言》里提出后就一直被人们传颂至今的名言，也时时刻刻铭记在我的心中。可以理解为任何社会成员的合法利益，法都予以同等的保护；任何社会成员都平等地享有法的权利，也应该平等地履行法的义务；法律对于任何公民都一律平等地适用，没有因人而异的区别对待；同时，任何公民的违法犯罪行为都平等地予以追究或处罚，任何人都不得享有违反法律而不受到制裁的特权。

四、现实意义的平等

卢梭在书中说“对于执法者来说，他必须按委托人的意志来行使委托人赋予他的权力，要保证每个人都能安全地享有他们所应享有的一切权力，并且在任何情况下，他们都必须将公众的利益置于个人利益之上。”[3]平日里在电视、报纸上都会看到无数关于犯罪的报道，而每一个罪犯，无论其所犯下的罪行轻重，应该被法律制裁的始终会被绳之以法。党的十八大落幕后，开始了反腐败的路程，我们也看见有一大批贪官相继落马，周永康、徐才厚、令计划等高官相继被查出严重的违法违纪行为。留给这些贪官的是司法审判带来的有期、无期徒刑，剥夺政治权利，没收财产等处罚。越来越多的官员因为各种贪污受贿、滥用职权的违法违纪行为最终也被法律所制裁。我觉得，这才是法律面前人人平等的表现。李克强总理在会见中外记者时表示，不论职位高低，违反了党纪国法，就要依法依纪严肃查处、惩治。法律保护每个公民的合法权益，但任何公民在法律面前都是平等的，任何公民一旦存在违法犯罪行为都会受到法律的约束，只要是触犯法律的底线就会被法律追究，即使是高官也没有特权因违反法律而不受到法律制裁。

就现实意义来说，我认为平等侧重的是对社会成员的权利的保护与实现。常常听到这样一句话“迟来的正义是非正义”，显然说这句话的人会觉得法律之中的平等、公平正义是欠缺的。这里说起一则报道，“经重审，检察机关决定对邱超等19人不起诉，终止追究刑事责任。我院现以此公告为他们消除影响，恢复名誉，向他们赔礼道歉。”2015年9月7日，安徽省高级人民法院在《亳州晚报》发的一则公告引起关注，这是一则安徽省高院就错案认错并登报赔礼道歉的报道。已经生效的判决，过了许久后才发现判决有误，才重新进行审判改正，对于当事人来说，多少有“迟来的正义非正义”的味道。有些人会认为，迟来的正义显失公平，因为没有对当事人的权利平等及时地对待。

如果从案件的侦查审理阶段就公平地对待每一个过程，就能够减少更多的错案发生。

法律不能冤屈生命，但法律要如何做到不冤屈生命，要如何做到平等有效地保护公民的合法权益，要如何不让那些应该来的正义变成迟到的正义？如何让法律不仅平等对待普通公民，也能够平等对待涉嫌犯罪的公民？再回看安徽省高院的这个案件，安徽省高院维持对吴尚澧的死刑判决，并报请最高人民法院核准，最高人民法院以“事实不清、证据不足、二审审判程序没有传全案被告人到庭”等为由，撤销一、二审判决，将案件发回重审，才有了后来案件的变化与发展，撤销对邱超等 19 人的起诉以及对其他犯罪嫌疑人的改判。这起案件因为最高院的死刑核准程序发现案件中存在“事实不清、证据不足”的问题才使得案件发回重审。最高院的做法，正是对“法律不能冤屈生命”这一理念的最好的解释，在死刑复核核准的环节，对案件的事实及证据重新梳理一遍，重新将案情的实际情况掌握，而并非简单直接地批准执行死刑，这显然是对犯罪嫌疑人的公平对待及尊重，是将法律的平等与公平渗入到正义当中的体现。

这些冤假错案，很多都是因为公检法机关在案件的处理程序上存在不合法的现象。在案件的侦查过程中，“命案必破”等想法让公安侦查人员忽视了调查取证的程序合法性，频频出现刑讯逼供等无视人权的违法行为。检察机关的控诉和法院的审判又建立在违法证据搭建的虚假“事实”之上，没有合理合法的证据，又怎么能够做出正确的判断？又怎么能够保证当事人在法律面前得到平等对待呢？司法过程中出现了不平等、不公正、不合法的现象，又怎能保证达到我们所期盼的结果正义呢？公检法之间应该是一种“相互配合，相互制约”的状态，公安机关对案件进行侦查，查清案件事实，收集到充分、确实的证据，逮捕犯罪嫌疑人再交由检察院起诉，根据无罪推定原则，只有在检察院提供的犯罪证据合法充分并排除合理怀疑的情况下，法院才可以做出有罪判决。我们都希望司法能够公正、平等地对待每一个人，希望法律不会冤屈每一条生命，这不仅仅需要我们去追求结果上的公平正义，更需要让程序正义渗透到司法过程的每一个环节。公安机关有侦查的职责，需要搜集充足的犯罪证据；检察院有起诉的权利，如果认为案件证据不足，达不到起诉条件的，应当做出不起诉的决定；法院有审判的职责，在审判过程中对证物证词进行质证与辨认，即使在审理阶段，检查人员发现案件需要补充侦查，也应该提出延期审理。英国哲学家培根有句名言：“一次不公的裁判比多次的违法行为更严重。因为这些违法行为不过弄脏了水流，而不公的裁判则把水源败坏了。”我们固然要实现司法结果上的平等、公平和正义，但也要在司法侦查、起诉和审判的每一个环节中排除一切不合理、不平等的因素，平等公平地对待案件中的每一名当事人、犯罪嫌疑人，保障他们应当享有的权利得到法律的保护与实现，不让非正义的行为剥夺他们所享有的平等的权利，才能保证法律的水源一直清澈。

想起自己一段在法院刑事审判庭实习的经历。在实习过程中，经常跟法官和书记员一同到看守所开庭审理案件，法官在庭审的开始，都会对被告人说这几句话“如果当事人对上述合议庭组成人员、书记员、公诉人，认为与本案有利害关系，可能影响本案的公正处理，有权申请回避。被告人是否申请回避?”“被告人在法庭上享有辩护的权利，你除了委托辩护人为你辩护外，你可以依据事实与法律自行辩护，是否听清?”等等告知被告人所享有的权利的话语。虽然每个案件的审理都需要说这几句话，但法官却从来不含糊其辞，总是清楚地将这些权利当场转达给被告人听。就像米兰达警告一样保证了被告人的权利，也保证了被告人实际上能够行使其所享有的权利，同时告诫法官们做到程序上的正义，让被告人享有平等且公正的对待。

回到卢梭的《论人类不平等的起源》，书中说人类中间存在两种不平等，一种是自然上或者生理上的不平等，包括在年龄、健康状况、体质强弱和智力或者心智上的各种差异；另一种可以称为精神上或政治上的不平等，它依靠一种特定的制度安排，并且至少经过人们的一致认同。后一种不平等赋予一部分人以特权，相反，其他处于劣势的人则没有。我们生活的这个社会，对于前一种不平等的情况很难能够消除，但对于后一种的不平等，我们完全可以通过对那一部分人的特权的改变，消除人们在精神上和政治上的不平等。例如对于医疗保障制度的改革，让更多处于基层、处于劣势的人能够享受这种平等；又如使教育资源的投入更加公平，或者是对政府政务工作的公开，让公民拥有更多的知情权，等等。同时，后一种的不平等还能够通过法律去保护，也就是说要使得任何一个社会成员的合法权益都受到法律的平等保护；在法律的面前，任何公民都是平等的，不因各种差异而存在任何特权，相对的，任何公民有违反法律的行为也会有相应的法律制裁和处罚；在司法过程中减少程序上的不合法行为，保证程序中平等、公正地对待每一个当事人，保障每个当事人所享有的权利，让程序正义不变成一纸空文，才能真正达到结果上的平等、公平和正义。

最后引用恩格斯的一句话："一切人，或至少是一个国家的一切公民，或一个社会的一切成员，都应当有平等的政治地位和社会地位。"

参考文献

[1]［法］卢梭．论人类不平等的起源［M］．高修娟，译．上海：上海三联书店，2011.

浅析社会法学

叶春蜜

摘　要：19 世纪末 20 世纪初，经历了社会的动荡，西方国家由资本主义自由竞争走向国家垄断，渐渐地权利意识备受关注，社会本位也越发受到重视。随着经济学和社会学的发展，社会法学应运而生。社会学法学家们借助社会学的理论和方法研究，形成社会法学流派。他们注重法律的“社会化”，以社会学的观点和方法研究法律。强调法律的实行、功能性和实际效果以及社会利益对法律的作用。本文从社会法学的产生背景、代表人物及其观点进行探析，并与当代中国的法治建设进行联系。

关键词：社会法学；社会化；法治

一、社会法学的概况

社会法学在 19 世纪末 20 世纪初，产生于德国和奥地利。在当时，西方受三权分立影响，法官的权力受到了行政和立法的限制。法官不能享有立法上自由裁量权，裁判时机械套用法律规则，直接搬出法典进行判决，在当时是正常普遍的，然而现在则会感到滑稽。就像韦伯谈到的：“现代法官是自动售货机，投进去的是诉状和诉讼费，吐出来的是判决和法典抄下来的理由。”[1]法律成为公式性的应用。法官是否拥有专业的知识、卓越的法律思维并非那么重要。然而，面对社会的快速发展，法官的如此判决难免跟不上时代的步伐，使得法官和法律、人类与法律之间的矛盾越演越烈，即法律脱离了社会。为此，法学家们引发了一场自由法运动，社会法学创始人不仅为法官争取自由，容许法官在一定的限度的“放肆”，法官能够“造法”，并且提出“活的法”观念。

社会法学的产生主要分为五个阶段[2]：（1）萌芽阶段。此时，法国的孟德斯鸠在他的《论法的精神》中提到“社会法”的方法论的理论，说明人类居住的自然条件、社会发展情况会影响法律制度。因此，孟德斯鸠往往被誉为社会法学的先驱。而德国的萨维尼和英国的梅因重视法与社会环境、历史、社会迁移的相关性。社会环境演变，如果法律还是一成不变，正如达尔文的适者生存的原理一样，与时俱进的法律才能真正保护人类的权益。（2）正式产生。在19世纪50年代，孔德以社会学的理论和方法直接推动了社会法学的产生。（3）初步发展阶段。19世纪末，社会法学初步发展，各个思想家主张建立社会法学，他们自身也站在自己的兴趣思想上，创建了不同角度的社会法学。（4）发展极端期。到了20世纪30年代至60年代，社会法学过分强调心理分析、问卷调查、资料统计等技能性的证据，课题研究的制定偏向具体法律问题，忽视了法律的基本问题，甚至将社会法学简单化。（5）成熟阶段。20世纪70年代后，社会法学强调研究既要注重理论又要重视实际，研究法律实践，为立法提供服务。而且社会学家们还引入并总结了大量方法论原则和基本研究方法。社会法学从萌芽发展到成熟期，越来越表现出社会法学的特点[3]：第一，社会法学的理论基础是实证主义和实用主义哲学和社会学，这就可见社会法学在研究事物时都从实际的社会角度或者利益出发。第二，社会法学的研究重心在于社会本身，而不是立法或者司法过程。强调对法律和司法判决的社会效果研究。研究“活法”和法院的实际情况。第三，社会法学重视社会利益，他们认为法律是一项社会工程，它是调整社会中各种利益冲突的手段。第四，社会法学主张用大学社会学的实证方法，如功能主义、结构主义还有技能性的具体方法研究法律现象。

社会法学在名称界定上，分为法律社会学和社会学法学。因为社会法学是由两翼组成：法律社会学代表人物为孔德（Comte）、斯宾塞（Spencer）、韦伯（Weber）、杜尔克姆（Durkheim），主要是法学家。社会学法学代表人物为埃利希（Ehrlich）、耶林（Jhering）、赫克（Heck）、狄骥（Duguit）、庞德（Pound）、列维林（Llewellyn）、塞尔兹克尼（Selznick）、弗里德曼（Friedman），主要是社会学家。两翼的侧重有所不同，法律社会学侧重描述性的，着重陈述社会，比如法的社会性、法如何影响社会。而社会法学强调法的实行及效果，法律在社会的运用，法的社会化。但是，随着社会和法律不断发展，两者逐渐相互融合，相互影响。

二、社会法学的代表人物及其观点

（一）奥古斯特·孔德的实证主义社会法学理论[4]

奥古斯特·孔德（Auguste Comte，1798—1857），法国著名的哲学家，社会学、实证主义的创始人。在童年时期，孔德深受宗教和保守思想影响。在中学时期，当时的法国进行着启蒙运动，兴起追求共和的社会思潮，孔德也反抗专制、追求共和。由于新思潮与植根于内心的保守思想和新形势下的民主共和思想潮流冲突，加之法国社会的动荡不安，革命跌宕起伏，孔德迫切希望建立一种实证、传统、稳定的社会。孔德在《论实证精神》中提到“实证”的五个内涵：（1）真实；（2）有用；（3）肯定而非犹豫；（4）精确；（5）肯定而非否定。除此之外，从哲学和方法论看，实证主义的方法论的复杂的、相对的、实证的思维将代替神学阶段和形而上学阶段的单线、绝对的思维，这样过渡之后，社会的秩序和社会发展才有所保证。神学理论因为西方的科学研究失去了统治地位，人类追求真理，追求科学，否认绝对观察世界。

在孔德看来，社会科学的任务在于揭示支配社会现实的法则。它包括两个方面：一是对社会秩序的研究；二是对社会变迁和发展的研究。孔德将前者称为“社会静力学”，而将后者称为“社会动力学”。社会静力学研究社会的秩序，还有社会组织及社会和谐问题，但是孔德认为社会的组成部分都在社会的运作中发挥着不一样的作用，并且每一部分都是互相依赖、互相牵制的，尽管现在所处的社会是动荡的、暴乱无序的，但是社会秩序都是会被建立起来的，他在这样一种积极的心态下，深入地研究社会稳定的根本因素。孔德认为利己和利他两种社会事实对于社会都是必要的，但是社会要发展，就应该以利他之心克制利己之心，以达到社会的和谐与平衡，实现社会秩序稳定。在这里，孔德是从人的本性探究，在社会的大家庭里，每一份子都是重要的，那么我们对待重要的对方需要的是善意性的、帮助性的行为，而不是为了个人私利损害他人的利益。在道德层面，虽身处动荡的社会秩序，但孔德一直探索社会秩序稳定的因素。他根据事实进行分析，不加主观意识寻找出社会发展的规律，有利于社会秩序稳定。以利他之心克制利己之心；对社会系统的组成深入研究可以达到一种和谐的社会氛围。孔德非常注重家庭研究，在他看来，社会起源不是个人而是家庭，家庭是构成社会的最基本的单位，家庭组织是个人本能和社会本能的调和[5]。家庭是利己的，又是利他的，所以对个人本能和社会本能具有调和作用，在现代社会也是一样，家庭教育对小孩的认知和世界观的形成起着先决的作用。孔德认为社会要结成一体需要精神纽带，包括语言、分工、宗教。宗教是最重要的，因为宗教信仰是人们行为的指导，宗教信仰的理论可以强化世俗权利，或使这种权利合理化、合法化。虔诚的朝拜是心理的慰藉，人类的心理安全感都是靠外部得到的，宗教对外宣扬的善美使精神得到寄托。就像在启蒙时期前，人们把内心的恐慌、喜悦分享给上帝，通过一种无形的倾诉得到内心的平静，然而在后来被利用成为统治的工具，产生了人类的悲剧。

孔德认为社会动力学是动态、历史地研究社会的发展，是在静力学的基础上研究人类社会发展的动力、速度、方向和规律的学说[6]。人类社会总体发展的特征是人身上的动物性从内到外都在逐渐削弱，其理性、德性逐渐发达，并最终取得支配地位。人类在自然竞争中不断开发智力，在这一进化的过程中，文化、文明起着决定作用，或者说，社会生活是由精神、道德原则决定的。关于社会进化的速度，孔德认为是由整个自然决定的，即由作为内部自然的人的有机体和作为外部自然的人类有机体生长的环境决定的。孔德认为由于人类理性和德性的发展经历了三个阶段，那么社会的进化也相应地经历了三个阶段[7]：神学阶段相对应的是军事时期；形而上学阶段相对应的是抽象法权时期；实证阶段相对应的是工业时期。

孔德通过实证主义确定了社会科学的研究方法，具体阐述有四种：观察法、实验法、比较法、历史法。观察法是在实证理论指导下，全面地、科学地观察事物之间的联系。实验法是指社会研究人员在自然（非人为）情况下，利用社会本身的特殊状况向人们提供的机会开展的社会研究，当研究过程受到干扰时，通过这样的间接实验了解社会现象的正常进展规律。历史法是把事物的发展过程从开始到结束考察，通过这样的纵向比较了解社会现象。比较法是核心的研究方法，孔德通过比较人类社会和动物社会，窥探出人类社会关系。通过这些方法来发掘验证哲学。

（二）埃利希的自由法学

埃利希，奥地利著名法学家，处于战争和经济危机的社会背景下，倡导自由法运动，主张法官的创造性，自由判决。埃利希强调“无论在现在还是其他时候，法律发展的重心不在立法，不在法学，也不在司法判决，而在社会本身。”他在寻找法律概念时体现这点尤为明显。他认为法律史已经证明法律比国家出现得要早，所以法律概念与国家无关。而且强制力不是专属于法律的，其他的手段也是有强制力的。埃利希说："人类联合的内在秩序不仅是法律的最初的形式，而且直到现在为止，还是它的法律形式。"他认为这种法律就是活的法。所谓活的法就是"支配社会生活本身的法律，尽管这种法律并不曾被制定为法律条文。"他所说的"活法"是指与国家制定法相对应的在社会生活中真正起作用的各种社会规则，活法来源于现代法律文件（他指商业性法律文件）和对生产生活起作用的社会规则（法律承认或者法律不承认），国家制定和执行的法仅是法中的一部分。既然如此，埃利希认为法官很有必要在审判中"自由判决"。至此，传统意义上的"技术主义判决方法"和埃利希倡导的"自由判决的方法"展开了一场辩论。法官根据成文制定法判案，一则会消灭法官的判决中的个性，二则成文法律与现实生活相比有滞后性。如果采用自由判决方法，发挥法官的个性和能动性，让法官根据自由发现的法律进行判案，会更加适应社会实际需要，但是同时也要保障法律不会得到滥用。法官在审判中的地位是中立客观的，但是案情是复杂的、社会是变动的，只有法官依据法律，结合现实情况的判决才符合时代要求。

（三）庞德的社会法学

庞德，美国社会法学创始人，20 世纪西方法学界权威泰斗级人物之一。庞德基于父亲（职业律师和法官）的影响，从植物学转向法学研究，并取得了重要成果。1946 年，庞德曾经来到中国担任中国政府司法部、教育部顾问，他的思想影响了中国社会。因为庞德在研究分析法学时发现了它忽略了法律对社会的调整的功能性，难以适应多变的现代社会环境，变成了机械性的法学，所以针对分析法学的弊端，庞德主张建立一种实用的、有效规范人们社会行为的法学。庞德在《社会法学的范围和目的》一文中明确提出了社会法学的6 项基本纲领，补充了2 项，共8 项，只为实现法律秩序的目的。社会法学认为法律是一项社会制度，法律的社会目的是促进和保障社会利益、从强调实现法的目的、法的效果这一前提出发，庞德认为法是一种社会工程，一种社会控制的工具。

法律总是以最小限度的浪费调整各种冲突的利益、法律的价值正义、安全。但是法律不干涉道德管辖的事件，不能维护利益被特殊方式破坏，法律的适用是有限制的，法律不是万能的，法律矫正不能作用于一切的人类行为。庞德所关注的不是书本上的法，而是行动中的法，他提出"如果我们认真观察，书本上的法和行动中的法之间的差别，目的在于调整人与人之间关系的规则和对他们之间规则的调整，很明显，今天这种差距在法律理论和司法行政之间不仅经常真实地存在而且影响还相当深刻。”他认为“法律是依照一批在司法和行政过程中使用的权威性法令来实施的高度专门形式的社会控制”。对人类本性的控制就是社会控制，主要有三种手段：法律、道德、宗教。而三种手段的控制作用力是不一样的，三者的统治地位都是历史的一个变化过程，但是最终都不能实现一家独霸。不过在现代社会中，显然法律已经是主要的控制手段，但是经过历史沉淀的法律面对千奇百变的社会变化也不是无所不能的，这时候需要借助宗教和道德去维护社会秩序。其实每一人的家庭教育、社会基本规则都离不开道德和宗教思想的管理。虽然历史的长河中存在动荡，但是在现代我们更需要的是扬其所长，为我所用。

三、结论

虽然在现代中，学者把各自社会因素融合进社会法学，法官在司法过程中、填补法律漏洞中也会考量社会因素，但是在社会因素的基础上，也有与其他的个体主体进行洽谈协商，得出互相沟通的产物。

随着西方法学流派的互相吸收、互相融合，在法治的建设道路上“社会考量”更加凸显，法官在裁判时，在法律出现漏洞时，社会考量就会发挥一个基础作用。虽然有些法学流派的学说成了杀戮的工具，但是现代法学思想对现今世界尤其是中国法治建设发展意义重大，改革中国的法律现状，更加需要吸收现代西方法学思想的精髓，社会化的考量也是必不可少的。如何维护社会的秩序？如何制定“社会的法”？如何借助法律控制社会？联系社会法学的理念与我国的法治建设，通过法治建设，更好地带动政治建设、经济建设和文化建设。社会进入深入改革时期，“依法治国”是重中之重，社会的发展、矛盾的解决、和谐的建设，终究离不开法治。法律最终会真正成为社会秩序的稳定器。

参考文献

[1]［美］科瑟．社会学思想名家［M］．石人，译．北京：中国社会科学出版社，1990.

[2] 王振东．现代西方法律流派［M］．北京：中国人民大学出版社，2006.

[3] 埃利希．法律社会学基本原理［M］．叶名怡，袁震，译．北京：中国社会科学出版社，2009.

[4] 严存生．西方社会法学的法观念探析［J］．学术研究，2010（1）：47－49.

[5]［美］罗斯科·庞德．通过法律的社会控制［M］．沈宗灵，董世忠，译．北京：商务印书馆，1984.

[6] 余筱瑶．三大法学流派存在的意义［J］．安康师专学报，2006（18）：32－35.

[7] 贾焕银．社会法学派的法律漏洞观及其启示［J］．法律科学（西北政法大学学报），2009（4）：9－16.

浅议陪审制度在本土的适用问题

谢致远

摘　要：我国过去对陪审制度重视不够，导致人民陪审员未能发挥应有作用。为此，本文阐述人民陪审员制度的作用，分析陪审制度存在的主要问题，并探索具体完善的对策。目的在于呼吁社会各界重视人民陪审员制度，使人民陪审员制度有个宪法的依据，使司法改革与司法民主化能在宪法的轨道内健康有序地进行。

关键词：人民陪审员；作用；问题；措施

一、陪审制度的作用

陪审制度，指国家审判机关吸收非职业法官或非职业审判员为陪审官或陪审员参加审判刑事、民事案件的制度。现代意义的陪审制度起源于英国，但自 19 世纪下半叶以来，陪审制度在英国走向了衰弱，而在美国，陪审制度却得到了充分的发展。在德国等大陆法系国家，移植英国模式的陪审制度最终没有成功，但却对其进行了改造，形成一种由法官和陪审员组成“混合审判庭”模式的陪审制度。据此，陪审制度可以分为两种基本类型——英美法系的陪审团制度以及大陆法系的参审制度。

英美法系的陪审团制，主要特点表现在：在有陪审团参与的案件审理过程中，陪审团与法官有着明确的职责分工。陪审团的责任在于案件事实的审理和认定，法官的职责则是在陪审团认定的案件事实的基础上，对案件如何适用法律做出裁定；另一种是大陆法系的参审制，其主要特点是：由陪审员和法官共同组成合议庭，陪审员既参与对案件事实的审理与认定，也参与案件的法律适用过程，与法官享有、负有同等的权利义务。

我国的陪审制度是在借鉴了苏联和大陆法系国家陪审员制度的基础上形成的。20 世纪 30 年代初到 40 年代末，在中国共产党领导的革命根据地、边区和解放区，当时的工农民主政府、抗日民主政府和人民民主政府都实行了人民陪审员制度。人民陪审员制度较为现实地、直接地反映了人民在司法上的愿望与要求，因此被广泛推广采用，成为审判工作民主化的重要标志，并作为吸收人民群众参加国家管理、监督司法工作的重要组织形式和人民司法制度中的一项重要原则。这是我国现代陪审制度的雏形。

1949 年中国人民政治协商会议第一届全体会议通过的《中国人民政治协商会议共同纲领》第七十五条规定，法院审判案件依照法律规定实行人民陪审员制度。1951 年中央人民政府委员会颁布的《中华人民共和国法院暂行组织条例》对陪审制度做出了明确规定，即法院根据案件性质决定是否采用人民陪审员制度，以方便群众参与案件审理，并且陪审员可以提出异议。至此，我国初步确立了陪审制度。

1954 年，第一届全国人民代表大会第一次会议通过的第一部《中华人民共和国宪法》对人民陪审员参与案件审判工作作出规定，“人民法院审判案件依照法律实行人民陪审员制度”。

2004 年 8 月 28 日，全国人大常委会通过《全国人民代表大会常务委员会关于完善人民陪审员制度的决定》。这是我国人民陪审员制度发展历史上第一部单行法律，对陪审制度的各个方面作了比较全面的规定，使我国的陪审制度在体制和机制上趋于完善。

二、陪审制度的问题

我写本文的目的在于浅议陪审制度在本土的实践问题，故以本土问题为主，我们知道，陪审制度在发达国家被视为“民主的荣耀”，之所以这么说是因为陪审制度可以让我们的“普通公民”直接参加法庭审理，可以凭自己的道德良知做出和法官一样分量的决定，然而现实中，陪审员制度在我国很大程度上流于形式，具体可以表现在以下几点：

1. 人民陪审员的任职条件不明确，一些人民陪审员素质不高，无法胜任陪审工作。

2. 人民陪审员的产生不规范，缺乏必要的管理、监督。

3. 由于人民陪审员的补助无法落实或标准太低，影响一些人民陪审员参与陪审的积极性。

4. 一些人民陪审员不依法正确履行职责，或“陪而不审”，或“乱陪乱审”。

5. 还有一些法院固定指派少数人民陪审员长期参加陪审，形成“编外法官”，致使这项制度的执行丧失了广泛的群众性。

对于前三点，我认为解决的方法很多，也不会有太大的执行阻碍，故在此不加赘述。而对于后面两点，我认为是较为严重且从根本上有违民主精神的。

先说第四点，目前我们的司法实践中，陪审员的意义是体现人民主权，而现实意义则是缓解法院案多人少的尴尬境地，在一般的基层法院中，民事案件大多以简易程序处理，以普通程序处理的案件则面临着需要组成合议庭的问题，在案多法官少的情况下，同时凑齐三个法官对某一特定案件进行审理需要花费较大的时间成本。这时候，人民陪审员就有了一个奇怪的职能——凑数。

另外，我们知道在美国的陪审团制度中，陪审团的职责并不是参与决定法律适用问题，而仅仅是对案件事实的认定。而中国的陪审员制度则没有做出此种规定，于是便产生了让外行人审理法律案件的现象，导致两个后果，一是让案件的审理结果有失科学性，二是让没有受过专业法律训练的陪审员不敢在法庭上进行“陪审活动”，导致“乱陪乱审”与“陪而不审”现象的频频出现。解决办法可以是要对陪审员和法官的职能进行科学分工，逐步实行人民陪审员不再审理法律适用问题，只参与审理事实认定问题。

再说第五点，“编外法官”的现象，就是指固定的、长期的人民陪审员。(这一点是我在实习期间看到的问题，也是我以陪审制度为题目的原因。）按照法定的程序，人民陪审员的产生应该是随机进行选取的，一案一选。而现在有些法院固定指派少数人民陪审员长期参加陪审，形成“编外法官”。人民陪审员制度既是一种民主制度，同时又是一种司法制度，它强调任何人都有可能成为陪审员，而编外法官的固定性致使法官和陪审员几乎成了标准配置，一位法官搭配几个固定的专职陪审员，从根本上丧失了陪审制度的意义。一点是，陪审制度的精神是让大众都有平等机会参加法院的庭审，监督法院的工作，而这种专职陪审员很明显地长期占着陪审席位，法院外部的人很难有机会参加陪审活动，违背了陪审制度设置的初衷：“加强法院与民众之间的联系，让民声传到法院来”；其次，这些“编外法官”的资格也让人疑惑，作为实质意义上的人民陪审员，他们往往是法院的聘员，和书记员的工作相差不大，根据法律的规定“担任人民陪审员，一般应当具有大学专科以上文化程度。人民代表大会常务委员会的组成人员，人民法院、人民检察院、公安机关、国家安全机关、司法行政机关的工作人员和执业律师等人员，不得担任人民陪审员”，他们在法院的工作本身就不符合陪审员的选拔要求，不能恰当反映民声。把他们视为法官的话，他们往往又不具备担当法官的能力与资格，由他们参与审理案件的科学性值得商榷。

另外一点是陪审制度在司法实践中的陪审员在审判活动中表达意见的问题，我们知道庭审过程由法官主导，人民陪审员很难真正体现作用，人大代表、技术专家、高学历的社会精英以及各种社会团体的代表等成为人民陪审员的主体，为数不多的人民陪审员每人年均参与陪审十多次；但在一些社会公众广为关注的敏感案件中却很少看到人民陪审员的身影。有的地方在庭审中不发言的人民陪审员占比超过一半，说得最多的话是“我同意”。中国人民大学法学院教授范愉曾表示，“无论是媒体、律师还是社会公众，往往都对人民陪审员制度存在怀疑、漠视和观望的态度。该制度的存在似乎也并未有效减少或遏制公众对于司法无序参与的需求、方式和程度。”这说明，人民陪审员制度尚未真正发挥其预期的功能和价值，需要进一步改进。

除了陪审员制度，有些人主张在中国设置陪审团制度，我想说，中国设置陪审团制度并非不是不行，只是不应该是在现阶段实行。

从根本上说制定法和普通法的解释原则不一样。还有各种情形：陪审团的裁决推翻成文法怎么办，陪审团意见要不要作为终审结论，陪审团的裁决不能被社会接受谁负责任？

其次是中国社会结构决定了我国现阶段没有一个良好教育的大基数的中产阶级提供陪审团成员。

最后是司法资源紧张问题，而且还有如何控制舆论干扰的问题。

陪审团制度本身是为了在“常人的观念”和“刻板的法律”之间寻找平衡，历史上则是让审判独立，但我认为这种制度能否真的带来司法公正一直都是值得商榷的。如今的陪审团制度在适用案件的类型上有限制并且有诸多规范，而且法官的规范作用很重要。而在社会整体对基本的权利意识和契约责任观念都很淡薄的现阶段的中国，法律常识参差不齐的陪审团还无法取代具有法学素养的法官裁判。

在另一个层面上，就说适用最多的刑事案件裁判，国人的有罪推定情绪很普遍，检察机关的起诉内容往往趋严，用陪审团制度替代法官将可能导致大量畸重或者不严谨裁判的产生——当然这也许是很多人想要的结果。另外，某种程度上讲，陪审团制度需要社会认同感强，并且社会资源相对丰富、社会矛盾相对缓和的情况下才合适。否则，陪审团无法很好地提供司法服务还在其次，如果成了社会矛盾的放大镜，就更得不偿失了。其实香港也不是任何案件都有陪审团的，只有高等法院的案件和与死因相关的案件才有陪审团。而且，陪审团制度消耗的资源和时间都是巨大的。这也是香港限制陪审团的原因之一。如果是在中国内陆的农村地区，陪审团制度首先就会面临资源消耗过多的问题。在基层实践上，也是民事调解占主流，村民采用司法路径也是少见的（没有论据支持，仅仅是影视作品上的主观印象）。而如果真的进入审判阶段，陪审团制度在中国还会面临临第二个问题——独立性。英美法系是强调陪审团与被告互不相识，不会互相影响。其实这个无法做到，这也是农业社会下的社会流动程度决定的。起码贵族法庭就绝对不符合这个要求。反倒是城市化后，陪审团制度才逐渐具有独立性。而放在中国农村的环境下，如果从本地挑选陪审员，则会严重干扰陪审员的决定，甚至事先商量好决定都是完全可能的。如果从外地挑选，先不说可行性，如果从基层民众角度看，外地人的决定与空降法官的决定并无区别，这样等于取消了陪审团制度“诉诸平民，诉诸同辈”的优势。而本来陪审团制度的初衷就是用这个优势让当事人信服判决、自动接受这个判决的公正性。

三、陪审制度问题的部分解决措施

综上所述，我们可以看见陪审制度在我国的运行并没有达到其所预期的效果。提出了问题，我们就需要解决方案。虽然我所了解的可行有效的方案并不多，但我相信它们总有存在的价值。

1. 抓紧制定人民陪审员制度的相关司法解释。科学地界定陪审员履行职务所需的法律、非法律专业知识或道德水平的最低要求，克服陪审员素质偏低、与审判的专业化要求不相适应的矛盾。

2. 认真落实陪审员的审判权，彻底解决长期以来普遍存在的“陪而不审”的突出问题。在对人民陪审员选任时，要制定科学的选任程序，明确选任标准，把道德标准、社会阅历、文化素质、法律素养等作为选任的重要内容。在基层人民法院，特别是人民法庭，可以适当地降低文化标准和法律素养标准，选任一批在当地群众威望高、道德品质好的公民担任人民陪审员。同时加大对陪审员的培训力度，提高业务水平。其次，要明确人民陪审员的职权，确保他们在法院履行职责期间，与法官享有同等的权利，这也是解决“陪而不审”的关键所在，是落实人民陪审员制度的重要一环。

3. 严格执行随机抽选陪审员参加审判活动的规定。人民陪审员如何参加案件的审判，全国人大常委会《关于完善人民陪审员制度的决定》第十四条规定，“由人民陪审员参加合议庭审判的，应当在人民陪审员名单中随机抽取确定”，随机抽选陪审员参加审判活动，有利于避免组成合议庭的随意性，也有利于体现公民代表参与审判的公正性。

4. 加大宣传力度，为贯彻执行人民陪审员制度营造氛围。提高全社会对这一制度的认识至关重要。要使人民群众认识到人民陪审员制度是一项重要的审判制度，是司法民主建设的重要体现，是在人民法院与人民群众之间建立的一条很好的沟通渠道，加强社会主义法制宣传、促使社会主义法治建设的一种有效途径。

5. 建立对陪审员的职业安全保障和物质保障机制，对人民陪审员的打击报复应视为对法官的打击报复，并予以制裁。将陪审工作所需费用列入政府的财政预算范围，拨给法院专款专用。这样就解决了基层人民法院的经费不足的问题，又能建立起长效机制。法院可以根据人民陪审员的工作量支付一定的酬金。人民陪审员有工作单位的，执行审判任务应视同正常上班，所在单位不得停发有关工资、福利；人民陪审员没有固定工资收入的，可参照法官同期平均日工资，对陪审员给予补助。保证陪审制度得到全面贯彻落实。

6. 加大对陪审员的培训力度，提高业务水平，把人民陪审员的教育培训工作列入管理的重要内容。提高陪审员法律专业知识水平和适用法律知识的能力。在培训中应注重技能化、实用性内容的传播，培养人民陪审员的基本法律意识。培训方式应以观摩、点评为主要模式，增强培训的针对性与实用性。调动陪审员的积极性，拓宽人民陪审员了解法院工作的渠道。采用多种形式增进人民陪审员对人民法院及法官的了解，促进法院与人民审判员之间的交流。这不仅能增加他们的法律知识，也能使他们了解法院动态，加强对审判工作的认知度，从而热爱人民陪审员工作，提高陪审工作的积极性。

参考文献

[1] 廖永安，刘方勇．社会转型背景下人民陪审员制度改革路径探析[J]．立法与司法研究，2012（03）：147－159.

[2] 苗炎．司法民主：完善人民陪审员制度的价值依归[J]．法商研究，2015（01）：121－128.

试论行政权力运行法治化

王嘉俊

摘 要：马丁曾经说过："在一个秩序良好的国家中，司法部门应得到人民的信任和支持，从这个意义出发，公信力的丧失就意味着司法权的丧失。"行政权力的制约问题在国内外已经有较长的研究历史和丰富的成果，创立了许多著名理论，其中包括孟德斯鸠提出的三权分立。现有的研究多半着重于从行政权力外部讨论制约的问题，如运用政治、社会、法律等方法制约行政权力滥用，本文尝试从行政法与宪法的角度分析当前我国行政权力现状所存在的问题以及对我国未来行政权力如何实现法治化展开研究。

关键词：行政权力；权力制约；法治化

一、引言

党的十八大以来，习近平总书记对于法治建设发表一系列重要讲话，为加快建设社会主义法治国家指明了方向、提供了遵循。党的十八届四中全会对全面推进依法治国做出重大部署，开启了法治中国建设新征程。深入学习贯彻习近平同志系列重要讲话和党的十八届四中全会精神，要求我们坚持依法行政，加快建设职能科学、权责法定、执法严明、公开公正、廉洁高效、守法诚信的法治政府。推进行政权力运行法治化，是法治政府建设的关键所在，也是全面推进依法治国的重要内容。行政权力运行法治化是依法行政的基础性工程，是依法行政能否实现的关键。因此，对行政权力法治化问题研究具有重要的理论和实践意义。

二、制约我国行政权力运行法治化的因素

随着社会经济的不断发展、政治体制改革的进一步深化以及建立社会主

义法治化国家的要求，我国行政制度的一些弊端逐渐暴露了出来，成为我国实现行政权力法治化的障碍，主要表现为以下几个方面：

（一）行政主体的法治观念有待提高

在我国现实生活中，一些领导的“拍板”大于法律法规，使得行政权力与法律法规发生冲突，处理问题不以法律为准绳、不走程序，一些行政部门滥用职权，擅自动用行政手段越权审批，滥施处罚。行政执法不严，不履行法定职责。

（二）行政权力运行缺乏透明化、规范化

权力运行缺乏清晰、严密具体的规范，行政自由裁量权过宽过大。尽管有的规定了程序，但又不遵守或者随意减免既定的程序甚至改变程序，然而这些做法人民并不知情。行政权力的“不透明”是指权力运行程序和规则对外公开的程度不够，比如通过“内部文件”对外开展工作，规则程序只有政府官员才知道，如此一来，缺乏对公权力的监督便会成为滋生腐败的温床。

（三）行政权力缺少制约机制

权力的制约是对权力运动的协调、监督和控制。当权力运行中出现倾斜、滥用等现象，制约机制可迅速做出反应，对其警告或令其矫正。在权力的运行过程中，存在一个重大的弊端：权力主体的权力与责任相脱节。邓小平同志曾在《党和国家领导制度改革》一文中指出：“官僚主义的另一个病根是，我们党政机构以及各种企业、事业领导机构中，长期缺少严格的从上而下的行政法规和个人责任制，缺少对于每个机关乃至每个人的职责权限的严格明确的规定，以致事无大小，往往无章可循，绝大多数人往往不能独立地处理自己应当处理的问题，只好成天忙于请示报告，批转文件。有些本位主义严重的人，甚至遇到责任互相推诿，遇到权利互相争夺，扯不完的皮。”这就造成我国权力运行机制中缺少制约。这对于建设法治社会来说不是一件好事。

（四）行政权力配置合理性有待提高

我国现实的问题在于权力设定和分配不尽合理，一些部门和岗位掌握的公共权力过分集中，缺乏必要的权力分解或者合理分工，权力设定处于一种不均衡的状态，存在不受制约的权力。从而导致了“权力过剩”，形成公权力浪费性流失或滥用性流失。而公共权力欠缺领域，则形成“权力短缺”，无法及时适应经济建设带来的负面问题如交通日益拥堵，贫富差距进一步拉大、环境恶化、社会矛盾日益突出。

（五）行政监督机制不完善

监督结构分散，功能紊乱，缺乏有序性和整合性。我国许多监督机构的主体地位并不高，权力不大，缺乏独立性和权威性：监督规则不完善，不够具体，缺乏系统性和可操作性；监督机制单向运行，不够全面。尚未形成科学有效的监督机制。行政监督理应是一个自上而下和自下而上的双向运行过程。从我国现行监督机制运行过程来看，自上而下的下行监督比较容易实施，而自下而上的上行监督则难以取得进步。这样，上行监督往往成为有名无实的“虚监”和多有疏漏的“失监”。监督渠道不畅通，缺乏信息开放性和透明度。

三、制约我国行政权力运行法治化的因素存在的原因

第一，思想上受到存在于我国两千多年长期封建专制的人治社会以及官本位观念影响和制约。旧中国遗留下来的封建专制传统太多，民主法制传统较少。几千年的封建社会高度官僚集权制造成了权力本位观念，权力崇拜意识，“皇权至上”“刑不上大夫”这些观念依旧在影响着人民群众。当然，新中国成立后几十年的计划经济同样也是过分强调集中制，个人崇拜在那个疯狂年代盛行等等。

第二，制度上说我国的政治制度也有一部分原因。在行政管理和行政执法体制中，尚未及时建立一套跟社会主义市场经济相适应的行政管理体制。

第三，法治欠缺保障因素。权力运行所依之“法”必须是良法，即体现人民意志的宪法和法律。此“法”在本质上必须是体现整体人民意志的法，而不是官僚意志、少数利益集团的意志的反映。十多年来，我国的立法速度虽然迅捷，但是总的来说立法质量不高。政府组织法过于简单，对政府的机构设置、组织结构、职责权限、责任形式等都缺乏明确具体的规定；有关法律规定大部分散见于不同的法律文件中，而且往往互相冲突，笼统抽象，缺乏权威性和可操作性。

第四，政府职能转变与社会主义市场经济建设脱节。我国行政权力的现状仍然受计划经济体制影响，某些权力过于集中，使其带有“全能主义”的特点，行政权力对社会全方位的渗透，不利于经济的发展。

综上，我国行政权力运行体制仍然不够完善，规范行政权力运行的法律规范不健全，保证权力运行的监督机制仍有待改革。

四、全面推进行政权力法治化对策

（一）依法厘清行政权力边界

现代政府是有限政府，必须为行政权力设定边界。习近平总书记指出，更好发挥政府作用，就要切实转变政府职能，深化行政体制改革。转变政府职能，实质上要解决的是政府应该做什么、不应该做什么的问题。全面推进行政权力运行法治化，应加快推进政府机构、职能、权限、程序、责任法定化，推进政府事权规范化、法治化，使行政权力于法有据、依法行使、受法制约。

全面清理行政权力。政府管得过多，直接干预微观经济活动，不仅影响市场在资源配置中发挥决定性作用，增加交易成本，还容易滋生腐败。应坚持把简政放权作为加快政府职能转变的“先手棋”和“当头炮”，坚决放权于市场、放权于社会。江西省在对所有行使行政权力的单位和部门进行系统梳理清查、摸清行政权力底数的基础上，按照“职权法定、程序法定、简政放权、质量第一”的原则，取消、下放、转移和整合有关行政权力，该放的坚决放开，放到位，实现“权力大瘦身”。

依法设定行政权力。政府权力来自人民，必须由法律授予。这就要求依据法律法规制定行政权力清单，规范和界定政府及其职能部门的法定权力和责任，使每一项权力行使都做到流程完整、环节清晰、公开透明。具体来说，就是要加快建立与权力清单相对应的责任清单，明确责任事项、责任主体、追责情形，倒逼权力清单落实到位。研究制定权力清单和责任清单动态调整机制，完善事中、事后监管和问责、追责机制，消除和防范权力设租寻租空间，坚决纠正不作为、乱作为、慢作为，确保行政权力不越位、不错位、不缺位。

严格制约行政权力。实践证明，掌握大量公共资源和稀缺资源且行政权力干预较多的部门和领域，往往容易滋生腐败。从根本上解决这个问题，必须优化行政权力结构与运行机制，实行决策权、执行权、监督权适度分解与制约，形成既分工负责、相互协作，又相互牵制、相互把关的权力架构。重点对财政资金分配使用、国有资产监管、政府投资、政府采购、公共资源转让、公共工程建设等权力集中的部门和岗位实行分事行权、分岗设权、分级授权、定期轮岗，防止权力滥用。

（二）依法规范行政权力运行

权力是一把双刃剑，在法制轨道上运行可以造福人民，在法律之外运行则会祸害国家和人民。习近平同志强调，要加强对权力运行的制约和监督，把权力关进制度的笼子里。全面推进行政权力运行法治化，必须加快建立结构合理、配置科学、程序严密、制约有效的行政权力运行机制，依法对行政权力运行的各个方面和环节进行严格规范。

健全行政权力运行制度。针对权力运行的关节点、薄弱点、风险点，建立健全各项规章制度，用制度管权、管事、管人，用制度规范、约束和引导行政行为，用制度提高行政工作的质量和效率。按照科学、合理原则，着力增强制度设计的前瞻性和可操作性，编牢制度的笼子，防止“牛栏关猫”，确保真正管用。强化制度执行，防止“制度虚置”“制度空转”“制度规避”，切实维护制度的权威性、严肃性。

规范行政权力运行程序。编制权力运行流程图，固化权力运行和业务操作程序，确保权力运行的每个环节都有程序规定，防止权力滥用。在行政决策方面，坚持把公众参与、专家论证、风险评估、合法性审查、集体讨论决定作为重大决策行为的法定程序。全面推行政府法律顾问制度，发挥法律顾问在制定重大行政决策、推进依法行政中的积极作用。在行政执法方面，坚持严格规范公正文明执法，完善执法程序，明确执法操作流程，建立执法全过程记录制度，推行重大执法决定审核制度，提高执法效率和规范化水平。

推进行政权力运行公开。按照“以公开为常态，不公开为例外”的原则，进一步健全和完善政务信息公开工作体制机制，依法向社会全面公开政务信息，推进决策公开、执行公开、结果公开，让权力在阳光下运行，杜绝“暗箱操作”。重点推进财政预算、公共资源配置、重大建设项目批准实施、社会公益事业建设等领域的政府信息公开。加快建设集政务公开、网上审批等服务事项于一体的政务服务网，为群众提供优质、高效、便利的服务。建设公共资源交易中心，营造公开、公平、公正的公共资源交易环境。

（三）依法加强行政权力监督

没有监督的权力必然导致腐败。习近平同志强调：“有权必有责，用权受监督，失职要问责，违法要追究，保证人民赋予的权力始终用来为人民谋利益。”全面推进行政权力运行法治化，必须对行政权力行使进行有效监督，确保行政权力行使到哪里，监督就跟进到哪里，消除各种滥用、私用行政权力的“腐败微生物”，倒逼行政权力规范运行。

健全行政权力监督体系。健全权力运行制约和监督体系，是对行政权力运行进行有效监督的重要保证。全面落实党内监督、人大监督、民主监督、行政监督、司法监督、审计监督、社会监督和舆论监督制度，使各项监督协调配合、形成合力。完善和落实巡视监督制度、任期经济责任审计制度、个人重大事项报告制度，充分发挥各项制度的监督功能。强化政府内部层级监督和专门监督，改进上级机关对下级机关的监督，建立常态化监督制度。

增强行政权力监督实效。不断丰富监督手段、拓宽监督渠道、创新监督方法，提高监督的质量和水平。加强监督主体之间的协调配合，研究新情况，解决新问题，采取相应措施堵塞漏洞，充分发挥整体监督效能。高度重视运用和规范网络舆论，健全舆情收集、研判和处置机制，及时调查和处理人民群众反映的问题。重点加强对行政执法行为的监督，防止和克服地方与部门保护主义，惩治执法腐败，切实做到严格规范公正文明执法。

严厉惩处行政违法行为。对行政权力腐败行为为“零容忍”，坚持有案必查、有腐必反、有贪必肃，旗帜鲜明地反对腐败，坚决有力地惩处腐败。依法依纪严厉查处各种以权谋私、权钱交易、失职渎职行为，坚持狠刹“四风”，坚决防止把行政权力变成谋私工具，视制度和党纪国法为“橡皮泥”“稻草人”。健全责任追究制度和纠错问责机制，确保实现有权必有责、用权受监督、违法必追究。

（四）着力提升依法行政能力

各级领导干部在推进依法治国中肩负着重要责任，全面依法治国必须抓住领导干部这个“关键少数”。习近平同志强调，领导干部要做尊法学法守法用法的模范。全面推进行政权力运行法治化，必须着力提升政府工作人员依法行政能力，使之带头做到尊法学法守法用法，推动全社会形成办事依法、遇事找法、解决问题用法、化解矛盾靠法的良好法治环境。

完善学法制度。坚持和完善政府工作人员法制讲座、法律培训等制度，把法治教育纳入领导干部任前法律知识培训以及政府工作人员初任培训、任职培训、业务培训和在职培训的内容，结合实际，制订法治教育培训计划，认真组织实施，促进政府工作人员学法常态化、制度化。进一步拓宽学法渠道，通过多种形式，进行经常性的法律知识学习。探索建立学法用法考试制度，开展政府工作人员法律知识考试。

加强法制宣传。深入开展法治宣传教育，大力宣传全面推进依法治国的指导思想、总目标、基本原则和重大任务，进一步明确方向、增强信心，扎实推进依法治国各项任务的落实。积极创新法制宣传形式、手段和方法，提高法治宣传教育的针对性和实效性。广泛开展法治文化宣传活动，让社会主义法治文化具体化、形象化、生动化，增强法治宣传教育的渗透力。认真组织开展每年“12·4”国家宪法日活动，增强干部群众的宪法法律意识。

强化法治考核。进一步完善依法行政考核指标体系，将依法行政成效作为衡量政府领导班子和领导干部工作实绩的重要内容，纳入政府绩效考核体系，使之成为硬指标、硬约束。把尊法学法守法用法情况作为衡量干部德才素质的重要标准，把法治素养和依法办事能力作为政府工作人员年度考核的内容和任职、晋升的重要依据，让善“法治”的干部吃香，让藐视法律的干部没有市场、受到惩戒。发挥考核评价和选人用人的“指挥棒”作用，引导和督促各级政府及其工作人员把依法行政落到实处。

全面推进行政权力运行法治化，有利于把权力关在笼子里，是实现依法治国重要且关键的一步。行政权力运行法治化是依法治国必经之路，一个国家、一个民族发展当其不受各种条条框框限制，人民才能得到真正的自由。

参考文献

[1] 罗辛微. 我国行政权力滥用的道德制约完善研究 [D]. 电子科技大学，2008.

[2] 宋振超. 当代中国行政权力运行法治化研究 [D]. 苏州大学，2005.

[3] 任桂芬. 论我国行政权力运行法治化的制约因素及对策 [J]. 前沿，2010 (10)：40-42.

[4] 徐永. 当前我国行政权力监督存在的问题及对策研究 [D]. 安徽大学，2013.

浅谈罗尔斯的正义思想

汪坤誉

摘　要： 1971年，罗尔斯（J · Rawls）出版专著《正义论》（A Theory of Justice），引起美国乃至全球范围各界的广泛反响，引发了一场关于社会正义的新思潮。本文围绕《正义论》成书的社会背景和出版后的影响、罗尔斯以正义观为研究核心的原因、其认为的正义的主题、正义的社会制度的必要性，论述了罗尔斯正义理论形成的方法和特点，其正义理论内容的含义及核心，对既存正义理论的进步性，对流行的社会正义观念的超越性和作用于现实社会的局限性。

关键词： 罗尔斯；《正义论》；无知之幕；正义原则；正义即公平

一、引言

罗尔斯先生是当代非神学新自然法学的主要代表。其代表作《正义论》在西方哲学界、政治学界、经济学界和法学界产生了巨大反响。有的评论家把罗尔斯先生与思想泰斗柏拉图、阿奎那和黑格尔等相提并论，《正义论》也经常被人们同洛克的《政府论》和密尔的《论自由》并称为“自由民主传统的经典著作”。

二、《正义论》成书的社会背景和出版后的影响

罗尔斯先生自1951年开始便专注于社会正义问题，并潜心构筑一种理性性质的正义理论，这在他1971年出版的《正义论》中得到了集中体现。1971年，正是美国社会风起云涌的时代，资本主义社会固有的矛盾和冲突接踵而至、此起彼伏，经济危机、通货膨胀、种族歧视、民权运动、女权运动、学生造反、贫困问题、抵制越战的浪潮……罗尔斯先生置身于那样一个时代，认真观察和思考这些现象，并把走出困境的希望寄托于对正义观念的澄清。

据统计，全球共有5000余部论著专门对《正义论》一书研究讨论。就连持反对观点的哲学家诺齐克当年也说，自罗尔斯之后，你可以跟着他思考，可以针对他思考，可是不能不理会他而思考。《正义论》一书，是以洛克、卢梭和康德的社会契约论为基础，论证西方民主社会的道德价值，反对传统的功利主义，又站在这些巨人的肩膀上提出了一系列关于社会正义的新的理论。

三、罗尔斯认为正义的主题

罗尔斯认为正义的主题就是社会体制分配基本权利与义务和确定社会合作所产生的利益的分配方式。

罗尔斯在《正义论》中突出了正义是专门用来评价社会基本结构的道德标准。他认为之所以要强调“正义在此的首要主题是社会的基本结构”，一方面是因为社会基本结构是人们来到这个世上所必须面对的、无法自由选择的；另一方面是因为作为一种背景安排，社会基本结构的影响普遍而深刻，它不仅仅关系到社会中每个成员的切身利益，且塑造着人们的偏好、理想以及自我认识。在此，罗尔斯当然不想泛泛地谈论制度与社会实践是否正义的问题，也并没有将其理论触角伸向跨越国界的正义领域，伸向丰富的社会理想和社会美德的各个方面。他只是想通过对一种理想的正义理论的考察，探讨那些“调节着一个良序社会的正义原则”。他十分清楚这里的社会基本结构有些含混，并不能清晰地明确哪些制度该纳入这种结构之内。但是他顺从了当代社会对此问题的普遍直觉，将这种基本结构限定在“政治宪法和主要的经济和社会安排”之上。具体而言，这种基本结构包括了两个部分：一是确定和保障公民平等的基本自由方面的制度；二是规定与确立社会及经济不平等方面的制度。这里需要注意的是，罗尔斯认为这种制度并不简单地等同于法律制度，虽然当代社会中的许多制度最终都以法律的形式表现出来。这里的制度是一种公共的规范体系。“公共的”隐含着这样的假设，即社会中的所有公民都了解这种制度，而且他们也都知晓其他人也了解这种制度。因此，像《证券业从业人员执业行为准则》等法律制度由于只适用于部分群体，则不属于罗尔斯所说的基本社会结构的范围[1]。

四、正义的社会制度的必要性

人类社会为什么需要正义？社会的基本制度是与每一位社会成员的生活息息相关的一种存在，它对我们的思维方式、价值理念、道德观念都会产生深刻的影响。可以说一个社会的基本制度对它的每一个社会成员的影响是无处不在的。在罗尔斯看来，正义是人类社会制度的根本前提，只有这样的制度才是公正的、有生命力的。只有一个正义的社会制度才是每一个社会成员值得维护和生活在其中的制度，如果说一个社会制度失去了公平正义，那这个制度也就失去了它存在的价值。就像是罗尔斯在他的《正义论》中所说的那样："正义是社会制度的首要价值。正像真理是思想体系的首要价值一样。一种理论，无论它多么精致和简洁，只要它不真实，就必须加以拒绝或修正；同样，某些法律和制度，不管它们如何有效率，只要它不正义，就必须加以改造或废除。每个人都拥有一套基于正义的不可侵犯性，这种不可侵犯性即使以社会整体的利益之名也不能逾越。"[2]

五、对既存正义理论的进步性

罗尔斯把既存的主导西方社会的正义理论分为两大类：

（一）功利主义的正义观

罗尔斯将其概述为：如果社会主要体制的安排获得了社会全体成员总满足的最大净差额，那么这个社会就是一个井井有条的社会，因而也是正义的社会。功利主义的基本观点是谋取最大多数人的最大幸福。功利主义思考问题的思路是：每个人在实现自身利益时都会根据自己的所得来衡量自己的所失，社会的幸福由个人的幸福构成，个人的原则是尽量扩大自己的福利，满足自己的欲望，社会的原则则是尽量扩大群体的福利，最大限度地实现所有成员的欲望构成的总的欲望体系。

（二）直觉主义的正义观

直觉主义不从个人或群体的得失思考问题，而是通过对自身的反思来达到一些基本的原则，这些基本的原则是至高无上的，可以用来衡量各种互相冲突的正义原则。人们依靠直觉，依靠那种在人们看来最接近正确的东西来衡量。

这两种正义观具有明显的差别：一种依据功利，一种依据直觉。罗尔斯对这两者均不赞同。但他尤其反对功利主义。他认为在现代道德哲学的许多理论中，某种形式的功利主义始终占据上风。

（三）罗尔斯确信功利主义的正义观存在着几个弊端

1. 它没有揭示自由和权利的要求与社会福利的增长欲望之间的原则区别，它没有肯定正义的优先原则，正义否认使一些人享受较大利益而剥夺另一些人的自由是正当的，政治交易和社会利益不能成为妨碍基本权利的理由。

2. 它假定一个人类社团的调节原则只是个人选择原则的扩大是不足取的，这里没有把人们一致赞同的原则视为正义的基础，其原则内容无法成为调节全体人的宏观标准。

3. 它是一种目的论的理论，用最大量地增加善来解释正当的理论，而真正的正义原则是事先设定的，不能从结果来看正义与否。

4. 它认为任何欲望的满足本身都具有价值，而没有区别这些欲望的性质，不问这些满足的来源和性质以及它们对幸福会产生什么影响，如怎样看待人们在相互歧视或者损害别人的自由以提高自己的尊严中得到快乐的行为。这里直接表现为对功利主义的批评，也间接地批评了西方社会存在的各种不公正现象[3]。

六、罗尔斯以正义观为研究核心的原因

罗尔斯先生认为，道德哲学是社会理想生活模式的基础之一，不改变一个社会占主导地位的道德哲学，是不可能改变这个社会的各种体制的。从这点出发，罗尔斯便把功利主义的正义观当作了批判对象，罗尔斯相信，要改良西方社会体制，关键在于改变占主导地位的功利主义的正义观，这是罗尔斯为自己确定的目标。

七、罗尔斯正义理论形成的方法和特点

怎样的社会制度才是正义的社会制度呢？什么才是真正的正义呢？

霍布斯、洛克等传统的契约论者一般习惯于将社会契约与实际契约等同，而签订实际契约内容的程序存在一定的不稳定性，并且没有统一的标准，社会正义原则不是先验的，而是人们选择的结果，因此不能保证契约内容的真正正义，这也使得传统的契约论者常常陷入莫衷一是的形而上学的泥潭。而罗尔斯则与传统的契约论者不同，他是从签订契约的程序入手，排除程序中的那些不稳定等的偶然性因素是他所关心的。他提出，只有立约程序的正义，才能带来立约结果的正义。于是，借用洛克、卢梭和康德的自然状态学说，罗尔斯先生创设性地提出了“无知之幕（veil of ignorance）”的概念，并认为以此为基础所订立的契约是最正义的。

怎样才能保证立约者制定出的社会契约，亦即各项社会制度是正义的呢？罗尔斯先生的回答是：“无知。”当然，这里的无知并不是指立约者对任何事

物的无知，相反，他们充分掌握作为理性的人应该具有的知识，如人类社会的一般事实、政治事务和社会经济原则，以及基本社会组织的人类心理原则。他们被“无知之幕”过滤掉的是所有可能影响公平的功利性信息——个人的经济和社会政治状况，社会上的各种阶级及天赋才能等一些足以产生个人偏向的一切因素。当一个人不知道自己在社会中的地位，不知道自己属于哪个阶层，不知道自己的天赋和才能，甚至不知道自己喜欢什么追求什么的时候，他的决策就是毫无偏见的，没有偏见就是公平。让自由的有理性的人们在原初状态（Original Status）之下，“无知之幕”之后，来选择正义原则，那么“无知之幕”会排除由于自然机会或社会环境的事件使人们选择只对自己有利的原则，也会排除由于这些偶然事件使得人们对正义原则无法达成协议的可能性。就像让分蛋糕的人最后取蛋糕那样，通过“最大的最小值规则”得到“最好的最坏结果”。当所有的人都在这样一重“无知之幕”背后作决策时，他们所一致公认的社会契约，就是正义的。

八、罗尔斯正义理论的内容的含义及核心

罗尔斯先生认为，这样选择出的原则是最公平的，故称之为“公平的正义”，而实际上他的理论正是“正义即公平（justice as fairness）”思想。在“无知之幕”之后，在五种形式限制——一般性、普遍性、公开性、有序性、终极性的挑选下他推论出正义原则的一般表述：所有社会价值——自由与机会、收入与财富以及自尊的基础——都应平等地分配，除非任何价值的不平等分配合乎每一个人的利益。这个一般的正义观又可以分解为两个层次，即正义的第一原则和第二原则。

正义的第一原则是平等的自由原则。它要求每一个人都有平等的权利去拥有可以与别人的自由并存的同样的最广泛的基本自由，包括公民的各种政治权利和财产权利等。即自由权优先原则，意思是“自由只有为了自由的缘故而被限制”。该原则用于确定和保障公民的平等自由，与西方传统的价值观并无二致。

正义的第二个原则是机会公平原则和差别原则的结合，它要求对社会和经济不平等的安排应能使这种不平等不但可以合理地指望其符合每一个人的利益；而且与向所有人开放的地位和职务联系在一起。由于现实情况的不平等，罗尔斯在此原则的基础上提出了补偿原则，也应属于第二原则的范畴。其中机会平等原则优先于差别原则。

罗尔斯认为，第一原则优先于第二原则，意思是，只有每个人都有与其他人相同的广泛的自由，而后其他原则才能发挥作用。这与正义的第二原则中机会平等原则优先于差别原则的意义一样，都是为了最大限度地将每一个人都置于公平的基础之上。他在书中多次论述了两个正义原则，每次论述都不尽相同，而我们注意到这样一个转换：即从一般正义观的“合乎每一个人的利益”到最后陈述两个正义原则时“合乎最少受惠者的最大利益”，这是理解罗尔斯正义论的一个关键，从语义上也更准确地表达了他的观点。实际上，罗尔斯的正义原则的最具有创新性、贡献性和革命性的特点正是他提出了主张正义对效率和总利益的优先的正义原则，这集中体现在正义的第二个原则。

九、罗尔斯正义理论对流行的社会正义观念的超越性

当时西方社会普遍流行的功利主义认为，一个人为了更大目标可以做出某些牺牲，推广到社会，则为了最大多数人的或者总量最大的利益可以牺牲另一些人的利益，这是合理、正义的。而罗尔斯认为正确的观点应是社会的每一个成员都被认为具有某种由正义赋予的不可侵犯性。这种不可侵犯性甚至是整个社会的福利都不能凌驾其上的。正义不承认强加给少数人的牺牲可以由于多数人享有的更大利益而变得无足轻重。另外，在理解罗尔斯先生的理论时，我印象最深刻的地方是他对于天赋在公平正义角度的看法，让人耳目一新：罗尔斯先生认为，天赋不是道德上应得的，公平正义的社会制度不会让人承受他无法选择时或者说不应归责于他时的不利后果。应当把个人的天赋看成是一种社会的共同资产，虽然个体间的自然资质的差距和分布只是一个客观中性的事实，但社会制度怎样对待和处理它们却表现出正义与否的性质。因此社会应当对那些天赋较弱者以补偿，但并不是抹平差异，而是分配资源，改善最不利者的长远期望。罗尔斯先生认为：“差别原则改变社会基本结构的目标，是使整个制度结构不再强调社会效率和专家治国的价值。”正义坚持各种职务和地位平等地向所有人开放，并只允许那种能给最少受惠者带来补偿的不平等分配。地位开放的原则是不允许有任何限制的，因为它表达了这样的信念：“如果某些地位不按照一种对所有人都公平的基础开放，那些被排除在外的人们觉得自己受到了不公正待遇的感觉就是对的，即使他们从那些被允许占据这些职位的人的较大努力中获利。”“他们被剥夺了人类的一种基本善。”因而，我们需要的不是一套独立判断正确结果的标准，而是保证达到正义的一种正确的或公平的程序。这些程序被人们恰当地遵守，其结果也会是正确或公平的。任何假借“效率”和“利益总额”为理由牺牲少数人利益的制度或行为，都是非正义的。实际上，罗尔斯先生总是从最少受惠者的地位来看待和衡量任何一种不平等，换言之，他的理论反映了一种对最底层民众的偏爱，一种尽力想通过某种补偿或再分配使一个社会的所有成员都趋于一种平等地位的愿望。他反复申明这两原则绝不会导致一个英才统治的社会，不会导致一个差别很大的社会，甚至不无天真地表现出这样一种预期：倘若始终遵循这两个原则的话，未来社会的人不仅将在制度形式上保证平等，而且能够接近事实上的平等。

十、罗尔斯正义理论作用于现实社会的局限性

然而，罗尔斯先生为推论而设置的假定条件以及推论出的正义的两个原则带有颇多的理想主义色彩，具有较多的道德主义因素，更像是一种乌托邦主义理论。马克思的唯物主义使我们知道，观念的产生需要有客观物质条件，它不可能凭空产生，没有成熟的社会条件，正义观的改变就无从说起，罗尔斯先生在各种现实中难以甚至是不可能达到的假定中去推导正义原则，而没有找到客观的基础，虽然在理论上的论证不成问题，但在现实中的求证便显得十分困难了。在西方资本主义制度下，两个正义原则没有能发展的社会存在的基础。罗尔斯先生也看到了这一点，于是他把正义的基础放在个人的道德价值、自律、自我的统一与一致性等上面。对正义原则的选择使人们产生了正义感和道德感情，而正义感和道德感情又是正义原则得以持续的条件，这成为一种互为因果的道德论证。罗尔斯还十分强调获得人的“道德人格的能力”。这些想法似乎是将正义原则的实现寄托于人的道德升华。但是历史唯物主义告诉我们，人的道德和正义感受到社会条件的制约，没有社会条件的革故鼎新，道德革新就无从谈起。有时历史运动表现为道德与历史的交互作用，但纯粹依赖道德恐怕是难以成效。历史唯物主义强调社会物质条件或社会存在对社会意识的决定和制约作用，忽略了这一点，要改变社会是不现实的。罗尔斯先生提出他视为当然的普遍的正义原则，但根据经济基础决定上层建筑的规律，不可能存在一套对一切社会与一切时代都普遍适用与有效的正义原则。任何特定的正义原则都来自于也只能适用于某种特定生产方式，而在不同历史阶段的不同社会形态中，生产方式都是不同的，正义原则随生产方式的变化而变化。

当然，罗尔斯先生的思想和理论并不是没有用处，但要有实际现实的意

义便一定需要与适当的物质生活的发展相结合。所以在当时美国的社会背景下，罗尔斯先生的正义理论确实在革新民众的观念上有长足的进步意义，但也许罗尔斯先生也看到了变革这些社会存在条件的难度，所以才寄望于人的内心道德的升华。同时他在全书的最后表示："心灵的纯洁（如果能够达到的话）将会使一个人明察秋毫，并……通情达理地、自我克制地去行动。"[4]然而人们能获得纯洁的心灵吗？这个简单的问题或许揭示了罗尔斯本人也抱有的疑惑。

参考文献

[1] 刘欣．罗尔斯论正义的主题［J］．理论前沿，2011（02）：48－50.

[2-4]［美］约翰·罗尔斯．正义论［M］．何怀宏，等，译．北京：中国社会科学出版社，1997.

中西视野下的凌迟

王晓怡

摘　要：如果我们把文明之间的误读仅仅理解为一种信息传递过程中不得不出现的错漏，那么我们一定会忽略掉至关重要的事物，那就是基于历史背后人们对事物的价值判断，它构建了自己优于他人的形象，从而使得很多无比荒谬愚蠢的偏见和罪恶看似有理，就好像德国法西斯一样“将谎话说一百次终将变成现实”，特别是涉及中国这个可怖的极刑时更为明显。因为“极端”包含着丰富的内涵，能够激起人类潜在的好奇心甚至罪恶的欲望，从而造成更大面积的传播与感染。凌迟，被世人所诟病，但却忘了它为何存在，它的存在并不是如西方人所想的那般落后残忍。凌迟，也有背后的政治文化历史缘由。

关键词：凌迟；法制史；刑罚

一、引言

中国的凌迟处死，早在小时候看 TVB 的时候就略有所闻。按照正常人的惯性思维，在没看《杀千刀：中西视野下的凌迟处死》前，凌迟处死只是为了折磨你，只是为了满足统治者近乎变态的欲望，是眼睁睁地望着犯人被千刀万剐却死不断气……我们对凌迟没有太多的认知，只觉得是落后封建思想或是不平等的司法才会造就如此刑罚。在阅读期间，我隐约觉得，我乃至很多普通人对凌迟的看法好像都是源于清末西方对东方的凌迟看法，而不是中国人自己的想法。如果我们把文明之间的误读仅仅理解为一种信息传递过程中不得不出现的错漏，那么我们一定会忽略掉至关重要的事物，那就是基于历史背后人们对事物的价值判断，它构建了自己优于他人的形象，从而使得很多无比荒谬愚蠢的偏见和罪恶看似有理，就好像德国法西斯一样“将谎话说一百次终将变成现实”，特别是涉及中国这个可怖的极刑时则更为明显。因为极端的事包含着丰富的内涵，能够激发起人类潜在的好奇心甚至罪恶的欲望，从而造成更大面积的传播与感染。凌迟，被世人所诟病，但却忘了它为何存在，它的存在并不是如西方人所想的那般落后残忍。凌迟，也有背后的政治文化历史缘由。

《杀千刀：中西视野下的凌迟处死》是西方世界首部研究中国刑讯和死刑的历史、图像与语境的著作，其时间跨度从10世纪一直到1905年中国废除凌迟为止。作为独特的跨学科历史著作，作者密切关注西方人想象中的“东方”酷刑并加以深入研究，思考中国古代政府机构是否将凌迟合法化，否则为何会实施凌迟这一刑罚。他们并没有将凌迟作为一种中国典型的“文化”来研究，而是将中国的刑罚放在当时、放在历史长河进行剖析，同时也探讨了为何当西方文化与其口中“劣等”的文明相遇时，总会露出那夹杂着厌恶与迷恋的复杂情绪。由于作者是加拿大的 Timothy Brook 和 Gregory Blue，法国的 Jérôme Bourgon，全文翻译中文后的遣词造句总觉得稍有不通，我读的时候难免有些晦涩难懂。

所谓“杀千刀”，即中国古代最残酷的刑罚——凌迟处死。在中国古书，“凌”通常是“陵”，指“小山丘”“小土岗”，而不是“冰”。在这个书写方式中，“凌”可以表示为“坟头”或“冢”。“迟”的含义亦非“延缓”，而是“夷平”或逐渐“侵蚀”。因此，凌迟在词源学上的含义是“小土岗逐渐侵蚀”，亦即陵迟。清朝大法学家沈家本曾致力于废除凌迟，在这方面非常权威。他说：“陵迟之义，本言山由渐而高，杀人者欲其死之徐而不速也，故亦取渐次之义”，他把该词释为缓慢处死。由于合法的酷刑有利于充分巩固政权，宋代开始，凌迟成为血腥刑罚趋势的起点，而元代成为第一个正式将凌迟编进法典的王朝。在中国人的心目中，这是对穷凶极恶的罪人施以最痛苦的死法。熟练的刽子手能系统地剜割四肢，先从犯人的胸部将肉一片片割下来，再是手腕和脚踝，其次是手肘和膝盖，后是肩膀和臀部，最后则一刀割下头颅。如果犯人亲属为了减轻受刑人痛苦，就得先想办法行贿刽子手，让刽子手快速刺穿犯人心脏，致其死亡，一刀毙命，剩下的则纯粹作为表演仪式以满足政治需要。老练的刽子手可以三十六刀完成整个过程，尽量避免犯人尸体过于零散，这是为了犯人重新轮回超度需要。因此杀千刀只不过是夸张的修辞，许多犯人在割裂身体前早已经死去。大多情况下刽子手会有意识地尽快结束犯人的性命。在清朝，行刑前都会喂食犯人鸦片使其昏迷。清末的英国领事梅多士曾有观看凌迟处决的记载：“刽子手先从犯人的臀部下刀，切掉他半边的臀部。……左侧乳房被割掉，还有大腿上下的肉也被割掉，……从割第一刀开始到尸体从十字架上卸下来然后砍去头，整个过程用了四到五分钟。”人们常说凌迟就是要千刀万剐，费尽一切可能延长犯人的痛苦时间，但在官方执行凌迟的记录中，似乎并没有这样的情况。史料记载“凌迟”时间最长是明朝太监刘瑾，被判凌迟3357刀，分三天割完。第二天，刘瑾熬不住气绝身亡，第三天继续割尸，直到割足3357刀。据说行刑完毕，割下的小肉块被深受其害的人抢着买下吃掉，一文钱一块肉。据书中说，刽子手会把犯人胆汁拿去卖钱，且价格不低。然而，对晚清时目睹了这一施刑方式的西方人来说，事情并不如此简单，因为它被视为是中国法律与文化野蛮落后的象征，成为中国落后于世界的野蛮罪证，参与建构了凶残的东方专制主义国家形象。因此顺理成章的，西方人有理由相信：现代文明的“拯救”就变得非常“必要”了。近代的中西碰撞，法律观念上的冲突往往集中折射出双方的理念差异。

二、西方“文明”和中国“野蛮”

中国人传统的管制方式承袭唐代的番坊制，其特点是：凡外籍商人之间的内部纠纷，依其本国法律处置，并不强迫他们依从中国法律。真正棘手的问题是：当外籍商人与中国人发生纠纷时依何处置？此时中国多采取属地原则，即发生在中国的则按大清律例判处。这就引发了持续不断的纠纷，西方人或出于对中国法律的蔑视，或出于实际利益的考虑，又或是中国欲遵守法律，但迫于西方人的强势不得不对外国人“睁一只眼闭一只眼”。西方持续不断地控诉中国法律体系的野蛮与黑暗，以宣示“文明的”西方人不应在这样的不公而残酷的法律之下受审。在当时西方人的控诉中，最能象征中国法律之野蛮残酷的就是凌迟。在他们看来，这样将死刑犯一刀刀割肉杀死，是一种骇人听闻且极不人道的处决方式。由于1900年后普通人已能携带照相机，这些恐怖的处决场面，又以照片的方式流传到西方，通过更直观的方式深化了西方人认知：中国是一个异质的国度，非常离奇原始且野蛮，与“我们”之间存在着难以化约的差异，那里冷漠的人们对不可宽恕的方式习以为常。但是，他们却忘了在西方，极端残酷的刑罚在中世纪已经盛行，全因启蒙时期极刑而被逐步取消。但是，同时期的东方文明，尤其是曾经作为西方崇拜对象的中国文明却依然停留于酷刑阶段。18世纪前因为传教士和商人的交流作用，中国在西方国家是文明和财富的象征，但随着西方对“自由”价值的确证、民族国家的定型和现代性的开启，中国逐渐成为“野蛮”与“落后”的标志。如果说伏尔泰和魁奈还对中国形象寄托留恋之情，那么孟德斯鸠则否定中国司法秩序，其中一个原因是厌恶中国司法系统中惩罚贵族的内容。孟德斯鸠的《论法的精神》于1748年出版，书的中心理论是从中国的政治制度中区分出合法的部分。他推论出中华帝国不是合法的君主政体，因为就算是耶稣会士也承认肉体惩罚和由此引发的担忧恐惧是中国政体的基础。为了证实这种推断，孟德斯鸠敏锐地误导他的读者，曲解杜赫德的观点，“用棍棒来治理中国”。这就错误引用了杜赫德的文字，起到照应作用，夸大了耶稣会士随意的一句话，使它变成他们对中国基本宪法和政治问题的一种决定性见证。

三、真正的中国“凌迟”

18世纪，欧洲人相信对十恶不赦的人就应该施以最可怖最血腥的方式惩罚他，以做到杀鸡儆猴的警醒作用；反倒中国曾是世界上最早废除残酷肉刑的国家，唐代就已废除刖、黥、宫等。更重要的是：对于重罪，中西处刑有着极大差异。仅仅把凌迟视为一种延长身体痛苦的折磨是不正确的，因为这有关中国文化对于肉体的内在想法。在古代中国，凌迟之所以被认为是最残酷，并非因为它令死刑犯肉体痛苦，而是它破坏了身体的完整性，身体的完整性比单纯的死亡更为重要。在中国人看来，死无全尸使他们在死后被剥夺重生与享受祭祀的权利。这就是为什么绞刑比斩首的痛苦程度更大，折磨时间更久，但却被视为所有死刑当中最轻的一种。研究刑罚，不能脱离相应的历史语境。中国的法律并非只是残酷的暴政，在儒家理念的影响下，更被视为改变世道人心的手段，卜正民称凌迟为“用意深远”。的确如此，凌迟作为酷刑的极致，在中国古代并不轻易使用，只针对被认为罪大恶极的事项，如造反、忤逆人伦等。比如书中以王维勤的凌迟案为例，说明了儒家文明对于血缘传承的极端重视。王维勤因为财产纠纷，杀了对方一家十二口，酿成灭门惨案才被处以凌迟。卜正民还从语言学的角度解释“凌迟”一词，指这种刑罚很可能是来自外邦。自辽金蒙元以后，凌迟开始大规模出现在典籍记载中，而异族的征服需要极致的血腥才能达到震慑与驯服的作用。

据所考，凌迟并不像电视剧中一样常常被用到。宋代只是偶尔用过几次，在元代、明代才渐渐合法化，而清代则规定反叛、谋大逆和极少数重大犯罪才施刑，一般人极难见到。自然而然，当时的西方人不可能了解背后的深意，他们第一反应就是惊骇与疑惑。对于当时中西方之间的理解落差，书中有一段非常嘲讽的话语："19 世纪的欧洲人可以接受剜剐身体的做法，但前提是这种情况只适用于医学而不是刑场。而在中国，老百姓对开膛破肚同样没有异议，只要这种情况是在法场上而不是在手术台上。"对西方人来说，重要的不是去理解在凌迟背后所隐藏的政治文化历史深意，而在于以此来确立自身的形象——一个文明、优越、高高在上的西方。既然中国未能走向文明化进程，如此沉溺于野蛮的酷刑，那么摧毁这一血腥文化的帝国主义的行为，看上去就像是一次人道主义的解救。也正因此，法学家沈家本在检修《大清律例》后，最终于 1905 年得到允准在中国全面废除一系列酷刑：凌迟、枭首、戮尸、黥面、杖刑等代之以罚款。连坐和严刑拷问也被废除。这么做的根本原因，并不是像表面上那样是为了在法律上向国际标准看齐，而是为了急于表明中国并非一个野蛮黑暗的不文明国度。事实上，许多发展中国家在受到西方类似的指控和压力之后，都曾改革和废除自己原有的"残酷刑罚"，如土耳其、埃塞俄比亚。作为西方人眼中"刻意残忍"的典型：中国刑罚，废除凌迟是关键一步。

欧洲对于死刑与刽子手有着大量记录，而中国在这方面的资料却非常稀少。这样一来，西方人的照片便成了研究凌迟的一手资料。图片的影响比文字更为巨大，而且血腥的画面更具有冲击力。但是，照片一旦脱离了具体的历史文化背景，很容易被看客所曲解。1857 年，一个名叫珀西 · 克鲁克香克的人在英国出版了一本小画册，描绘了一系列中国典型酷刑，剥人皮、抽肠、凌迟等。画册的序言甚至写道："广州的大部分男人是地球上最肮脏、最堕落、最残忍和欺诈的人。"另一位德国学者写道，围观行刑的中国人嬉笑聊天，抽纸烟，吃水果，还有人收集犯人的鲜血，毫无人性。像鲁迅的小说《药》，就写了人血馒头治病的场景。但作者直接摆出图片，让我们看到了围观者脸上并非面无表情，而是充满着惊恐的神情。

西方文明对于酷刑的着迷，还因为有着浓厚的宗教背景。因为耶稣的受难，酷刑已不仅意味着非人的折磨，更是意味着受难与牺牲，包含着某些超越现世的意义。基于这点，作者对法国思想家巴塔耶做出了批评，认为他错误地把照片的表面内容认定为一个真实的世界，"欣喜若狂的表情属于面具，而不是真实的中国酷刑受难者，受难者的表情和感受仍然存在，而且我们无法触及。他以巨大的悲悯问道：'痛苦的面具后面，有人在吗?'"这样，使得蒙在鼓里的西方人，更加认为中国是野蛮落后、残暴不人道的国度，非常需要他们"高贵"地伸出"援助之手"。

四、中西视野下的异质文明

蒙田曾说："从理性标准出发，我们可以称他们为野蛮人，但是以我们自己为标准，却不可以这样说，因为和他们相比，我们的野蛮有过之而无不及。"在近代西方人眼里，东方是异质的文明。而在三位作者看来，东方仍与西方存在差异性，只不过其态度由蔑视转为对差异的尊重和理解："我们想要说明的是，中国的死刑是明确依照法律程序进行的，只是它不以西方的惩罚逻辑为标准，不同于西方长久形成的死刑救赎的观念。"——意思是：凌迟虽然残酷血腥，但是中国的死刑也有道理，它只是和我们西方存在不同罢了。

当然，差异并不意味着低劣，抱有理解之情是非常必要的，正如《中世纪神判》一书所说的，"看上去野蛮、愚昧的神判，实际上也有其自洽的信念与完整逻辑，而取代它的现代司法审判由于严格要求所谓法定证据，却导致刑讯逼供的兴起，这一操之人类之手的司法程序，比上帝的审判更为冷酷无情"。当我们理解了它，就会发现它并非是全然毫无理性的残忍。近代西方人确实没考虑中国刑罚的内涵，导致产生了极多的误解。虽然西方在历史上本身也存在残酷的刑罚，但这都不能说明凌迟是合法的是不残忍的。我们所应摆脱的，只是过分附加在凌迟之上的那些源自西方错误而荒谬的象征与想象。

五、结论

只要怀着歧视之心，总能找到可歧视的点。假如当时西方存在凌迟而中国没有，西方照样会编出另外一套理论来说明中国黑暗落后，需要他们这些"文明人"来拯救。所谓西方文明在近代之后确实告别了落后的古代，如果用近代的眼光去看待古代的凌迟，这肯定是残忍的。思考研究一件事物，必须摆在当时的时代去思考、去分析、去理解、去感知，才能慢慢地了解隐藏在文化政治历史背后的深意。

参考文献

[1] 卜正民．民族的构建：亚洲精英及其民族身份［M］．陈诚，译．长春：吉林出版社，2008.

[2] 乔治·巴塔耶．爱神之泪［M］．北京：商务印书馆，2003.

[3] 麦柯丽．社会权力和法律文化［M］．明辉，译．北京：北京大学出版社，2012.

我们要争取的不是女权，而是性别的自由

——浅论女性主义法学

罗槿萱

摘　要：从母系社会到父权社会，从女性被男性压制到倡导女性解放，女性的地位似乎在不断提高，甚至被供奉在一个至圣位置，至少在女性解放运动高潮时期如此，而对此过程的推动，女性主义者们是第一主力军。本文通过对女性主义的发展及其流派的分析，提出现代化女性主义的核心价值，倡导性别平等，而不仅仅是女性权利的提高。

关键词：女性主义；性别；平等

一、女性与女权

西蒙·德·伏波娃在其著作《第二性》中明确提出女性的附属性：世界上只有一种人性，即男性，女人被看作是男性的偏离，因此这个世界是男性的世界；是人类的文化造成了男性气质和女性气质，因此决定女性社会地位的因素不是单纯生理的、心理的或经济因素，而是社会的；父权制下的女性永远是次等的，是第二性的。女性，作为母性的代名词，似乎承担着孕育世间万物，万物从其而生的天职。在此，你是否感到奇怪，为什么有“母性”的名词，而没有“父性”的说法？是的，没错，人类历史长河中，你只会听到“父系”熟悉“父权”等词语。男性的地位就这样被赋予了与女性不一样的定义，应该说很明了地确定男性比女性生而高等，男性的 DNA 就比女性的 DNA 高级。在父权社会的宰制下，不分时代、种族和地区，女性一直被视为男性的私有财产，甚至独断到神圣不可侵犯。在中世纪欧洲，较为聪明的女性便会被冠于“女巫”的标志，在古代中国，稍有智慧的女性便会被认为是妖孽的化身来蛊惑人心。男人惊恐于看到女人的智慧、女人的能力、女人的

勇敢，所有一切他有或盼望得到的美德。被物化后的女性便是男人对世界的征服的象征，不分青红皂白地打压、强制、征服她，最终迫使她回到父系社会的作为菟丝子、作为玩物这样一个万年角色上去。欧洲“百科全书式”人物苏格拉底曾说“一个女人的美德，可以很容易地描述出来：她的责任是管理家务，看管屋里的东西，以及服从她的丈夫”，他认为女性不是一个完整的主体，而是附属于男性的肉苁蓉；现在我们把时间轴放在与苏格拉底相同时代的孔夫子身上，作为中国古代的圣贤人物，其更是认为“淑贤女子属深闺居暗房”“女子无才便是德”，更加强调所谓的三从四德。

按照民主平等的思潮，在社会层面上女性们和男性们得到同样的权利是正确的。但遗憾的是，我可以说，世界上没有一个国家的所有女性都可以指望得到这些权利。周树人先生说：“不在沉默中爆发，就在沉默中灭亡”，对，人向来都是“哪里有剥削哪里就有反抗”，特别是女人更应具有反抗精神，随着女性地位的提高与民主自由思想的渲染，女性主义法学（后期），或称女权主义法学（前期），便于20世纪70年代产生。它是女权主义运动及理论在法学领域的表现。女权主义法学作为一种新兴的学术风潮和一种新模式、新视角的法理学，对中国乃至世界各国的立法都产生了不可忽视的影响。在《布莱克法律辞典》中是这么定义的：“作为法理学的一个分支，女性主义法学研究女性与法律的关系，包括法律和社会对女性偏见的历史，这些偏见在现代法律中的消除以及女性法律权利和在社会中的认可的增强”，正因为传统的法律制度剥夺了女性在社会生活中的人格，甚至对女性的人身权和财产权做出极为苛刻的限制，几乎使得女性丧失了法律制度乃至社会生活中的独立人格。法律制度直接规定了女性应然的性别角色以及在家庭和社会中从属于男性的定位，描绘出了一幅较为“完美”的女性形象。对于绝大部分男性来说，或者对于部分男性来说，这不是限制，这不是压迫，这是天性，男人女人生而不平等，人类社会向来如此——无论是从生物学角度还是从各学科出发——男、女生而不平等，这是一直天性，物种的优劣之分！正如鲁迅先生曾评价封建主义时期的中国——人民的奴性观念已根深蒂固。而时至今日，21世纪的今天，“女性主义者”似乎渐渐变成一个具有负面意义的词汇，人人特别是女性急忙撇清自己不是女性主义者，因为害怕被贴上“太过激进”“太具攻击性”“太孤立”“厌恶男人”以及“丧失吸引力”的标签。而我国女权主义代表学者李银河就曾感慨：“长期以来，女权主义在中国一直被妖魔化。”据传，一个女作家代表团赴国外讲演时，每个女作家都事先撇清：“我可不是女权主义者。”我猜，其中含义有多重：一重是说，我的小说是一般意义上的文学，不是女权主义文学；另一重说，我是贤妻良母式的正常女人，不是女权斗士或者女同性恋；再一重说，我可不恨男人，我喜欢男人。不管哪一重意思，背后逻辑都是“女权主义不是好东西”。但是，必须做出严正申明，女性主义不等于厌男主义，不等于狭隘的和男性的对立和反叛，也不等于女性至上！女性主义不仅仅是一种追求男性女性权利平等的思想，它更超越了“妇女问题”和“性别问题”本身，而直指“社会性别”，其着重于从女性及社会性别的视角分析性别差别对待及其根源。

二、女性主义法学的发展

大体上来说，女性主义法学包括四个派别：自由女性主义法学、激进女性主义法学、社会主义法学和后现代女性主义法学。

首先，自由女权主义是将自由主义的思想应用于两性关系上，主张人人（无论男女）生而平等，认为女性应当获得与男性同等的权利和同等的竞争机会。自由女权主义者反对强调性别的差异，而强调两性间的相似性，主张建立社会公正，实现家庭自治，获得女性的生存和发展的自由，还积极倡导与社会上和家庭中的暴虐行为进行斗争和反抗。因为作为人类的灵魂，自由的地位可以说是仅仅次于生命而成为人最为难能可贵的珍宝。换句话说来，拥有了自由——不仅是人身的自由，更重要的是思想上的自由，女性才是真正地得到了解放。

如果说自由主义的女性主义主宰了妇女运动的政治，激进的女性主义则捕捉到了它的灵魂。激进女权主义法学认为：“法是按照男人看待和对待女人的方式看待和对待女人的”，作为男性统治社会不可分割的一部分，法律使性别和种族的等级制度永久合法化，更是在思想上的合理化。其代表人物凯琳娜·麦金农曾提出，在美国甚至在全世界一个悲哀的事实：在当代，女性被迫嫁给一个自己不爱的人的概率几乎为零，可是到了一定年龄，女性却被迫从一堆男人中选一个完成婚礼——为了不成为别人眼中的“剩女”与“孤僻”的代表。在当代尚且如此，追溯到美国在殖民地时期，由于服从于英国习惯法的保护主义原则，则是更加不堪。那时候一旦女性嫁作人妇便附属于丈夫，法律上叫作“妻子的秘密”，她们没有财产权也就无权在法庭上独立地代表自己，也就是没有完整的公民权，因此在殖民地时期，除了马萨诸塞州最早允许可以离婚，其他州只允许妻子主动提出分居，因为女人不是一个完整公民的代表，正如古希腊的民主只是“成年男性的民主”一样，她们无法站在法庭里代表自己——一个独立的人格。于是这种法律基础定调的两性观便是女性只属于家庭以内，而男性无论从事什么职业，高官还是市井，在家以外的世界，他们就是主人，而他们同样主宰着家庭的命运，也同样的是家庭的“王”。从古到今，甚至会有人认为，女性的生命就是“婚姻”，贤妻良母是女性一生的追求，正如《拿破仑法典》所言，“夫应保护其妻，妻应顺从其夫”，这与宣称人类理性的第一性而导致一种自满与傲慢，更确切地说是“物种沙文主义”或大男子主义的观点不谋而合。男人（或者是已被同化的某些女人）一直强调女人身上的应有特有的与男性不同的女性气质，并以此作为评论女人优劣的标准。然而，实际上女性气质这个命题从一开始就是伪命题，根本不可能存在绝对的女性气质，正如女性身体中同样存在雄性激素与男性身体内一样拥有雌性激素同理，这不过是一个由男权定义的，由社会决定的名词罢了。甚至，有时候男人为了实现自己的利益，提倡女性气质却在大多数情况下嘲笑她们的“特性”。在这些男人眼中，美丽意味着需要花更多的时间与精力与青春进行徒劳的注定要失败的斗争，温柔意味着她要压抑自己对现实的不满，贤淑意味着她要无怨无求地承担家务与生育的一切义务。可是，性感美丽本无罪，有罪的是这个社会对女性美好身体的种种肮脏联想。同时，你美丽性感，是因为你本身就是花朵，而不是为了诱惑男人或者为了用美色去换取什么，但在大男人们面前你的女性气质不应该外露，只可以深居闺房，否则就是放荡。麦金农还提出一个问题：“女性是否能通过用法律来要求真实的平等而成为改变国家和女性关系以及改变女性和男性关系的一部分?”然而在法律领域实现真正的两性平等，似乎遥不可及，就目前的现实而言，以中国为例，曾有学者提出，中国的法律体系就是男权法，因为统治者认为男性已足够强大来保护女性，或者说中国乃至世界千万年以来的父系男权思想的地位的不断巩固，因此在其立法思想与过程中就已把女性处于一个弱势地位，而不是社会上的平等地位，所以中国的法律就已经存在着很浓厚的性别差异色彩。而在社会上，要实现男女同工同酬至少还得等上一百年；至少有 1500 万个少女会在她尚未成年之前就被强迫嫁掉；研究还表明，直至 2086 年以前，非洲偏僻地方的女孩都无权接受中等教育——因为在非洲的酋长们心中，传统的“割礼仪式”与接受所谓的“资产阶级教育”是无可比拟的，教育是对其传统文化的践踏，因此要改变非洲落后的思想观念更是可望而不可即。

而到了后期，女权主义因深受空想社会主义学说和马克思主义理论的影响，社会主义女权主义者注重以社会解放和阶级斗争为中心的理论，从人类社会发展史的角度探求女性受压迫的根本原因，她们高度重视被压迫的女性在创造历史和推动社会变革中的重大作用，认为女性的发展和社会的进步是一致的，女性真正获得解放的根本前提应该是消灭私有制，不推翻资本主义的经济制度和私有财产观念，妇女地位是不可能得到改善的，将妇女最终的自由之路和阶级斗争及其革命紧密联系在一起。然而，从客观上，女性解放与社会变革在历史上是一致的，这是最理想的发展形态。可是，不可否认，女性的解放却与历史的发展不完全同步，而具有了很明显的滞后性，这不仅严重地压制着女性的社会地位及其社会功能，更是从思想上钳制了作为一位女性所应拥有的最基本的平等与自由的理念，正如鸦片，可怕的不是损害了人们的身体健康，可怕的是其摧毁了作为人应有的骨气与灵魂！同理，若世界上的女性在思想上已被同化，那么谁还会站起来反抗，难道还指望父系社会中的男性为女性“伸张正义”？“路漫漫其修远兮，女将上下而求索。”伏波娃，《第二性》的作者，一位伟大的女性主义倡导者，曾经预言六十年后女性的地位将可以实现与男性同等，然而现实的今天似乎并不像其预言的那么乐观。虽然通过南北战争和一系列的解放战争，黑人和奴隶已经争取到自己平等的权利，并且用实际行动证明强调等级差异的荒谬性。然而女性在维护权利的道路上依然是难于上青天的处境，任何从现实的蛛丝马迹坚持认为男女如今已达到平等的想法都是过于乐观的。这点在美国总统大选中可窥见一斑。男人可以接受自己的领导者是个黑人奥巴马，而却无法接受她是个女人——希拉里，甚至一度使世界认为美国男人们患上了“恐女症”。而对于共和党佩琳的指责，实际上也是对于女性气质的嘲笑。男人们攻击佩琳的过去，指责她不当的言行，揭发她公款携带子女旅游，都好像是在嘲弄一个不自量力的女人，企图想走进男人控制下的政治世界，简直妄想！

三、结论

诚然，或许你会认为女性主义仅仅应由女性去维护，作为男性更是与其无关。可是，从辩证的角度看，是否女性地位的低下换来的就是男性地位的提高呢？相对地，男性是否就可以强势呢？曾经，有学者提出“男人之痛”与当下社会男女社会地位不平等、男女观念差异悬殊有不可分离的联系。因为传统上的女性弱势地位的观念，使男性身上要背负的东西却越来越沉重，甚至压垮了一代又一代男性应有的健康发展。而女人的内心应该要强大到要自由自主地活出自己想要的样子，坚信“我就是我，不一样的烟火”，要心甘情愿自己的每个选择，知道自己要什么能要到什么，并能得到自己心中所要的爱。“规矩的女人”的形象是社会定的，是做给别人看的，但“自由的女人”则是自己选的，路终归是自己走的，冷暖自知，问心无愧就好。正如伏波娃所言，“直到有一天，女人能在她的力量中去爱，而不是在虚弱中去爱，不是用爱去逃避自己，而是用爱去找到自己，不是在爱中放弃自我，而是在爱中确认自我——直到那一天，无论是对于她，还是对于那个男人来说，爱才不会是一种致命的危险，而是成为生命之源。”女性主义法学的宗旨，不仅仅是为了提高女性自身的权力、地位，从根源上即思想上得到解放，更是为了使人权得到更广泛的贯彻和实现，使两性关系、婚姻、家庭乃至社会健康协调地发展。从任何方面否定男女平等，无论是认为男人高于女人还是女人强于男人都是错误的。真正的女权主义不是从生理或其他方面一味强调女人高于男人，而是要求男女平等。所以，亲爱的男人，我也诚意邀请你加入维护两性的平等自由中，因为性别平等也是你该争取的权益。而性别的限制、社会上地位的不平等，对于你们而言，其实更是痛苦的根源。如果男性非必须野心勃勃，女性自然也非必须被迫服从。如果男性非必须去控制，女性也非必须被控制。这正是女性主义法学的灵魂与魅力所在。

参考文献

［1］朱迪斯·贝尔．女性的法律生活［M］．熊湘怡，译．北京：北京大学出版社，2010.

［2］玛丽·克劳福德，罗达·昂格尔．妇女与性别［M］．许敏敏，等，译．北京：中华书局，2009.

［3］西蒙娜·德·波伏瓦．第二性［M］．郑克鲁，译．上海：上海译文出版社，2011.

［4］王丽华．全球化语境中的异音［M］．北京：北京大学出版社，2008.

论功利主义从边沁到约翰·密尔的发展

吴诗曼

摘　要： 18世纪，有位杰出的哲学家法学家——杰里米·边沁，他在漫长的学习生涯中，提出了功利主义理论的学说，为英国19世纪的改革奠定了基础，也成为当世纪英国改革的动力。慢慢地，人们开始注重在改革中的个人权利与因素，约翰·密尔在他的父亲的影响下（其父是边沁的徒弟），尝试着去改革过于死板和冰冷的功利主义，试图去完善功利主义，让其更有人文关怀，也充分地去尊重个人的权利。在1859年，他写下《论自由》一书，论述个人和少数人权利的重要性，呼唤自由的真谛，在临终前，约翰·密尔写下《功利主义》。本文将从边沁对功利主义幸福值的观点和约翰·密尔对幸福与自由的不同看法来描述这段功利主义理论的兴盛和发展，并希望对我国的法治建设有一定的启示作用。

关键词： 边沁功利主义；幸福最大值；成本效益分析；论自由；约翰·密尔；快乐等级

一、引言

边沁作为功利主义法学的创始人，出生在英国由农业社会过渡到工业社会的时期，1776年，他撰写了功利主义的第一本著作《政府片论》，在书中，他第一次阐述功利主义的基本思想，就是大多数人的幸福最大值。对于政府来说，立法和政策都应该实现最大多数民众的最大利益值，往后，在1789年出版的《道德和立法原则导论》中边沁更加详细系统地阐述了功利主义理论。

二、边沁对功利主义的概述

功利主义理论是一种结果主义理论，通过采用各种分析的方法来对一个行为进行判断，如果得到的结果是好的，那么无须理会这个行为的本身，这个行为也是道德的，我们把这种以结果来判断行为的方法称作结果主义的道德推理。边沁认为“自然把人类置于两位主公——快乐和痛苦——的主宰之下。只有它们才指示我们应当干什么，决定我们将要干什么。是非标准，因果联系，俱由其定夺。凡我们所行、所言、所思，无不由其支配：我们所能做的力图挣脱被支配地位的每项努力，都只会昭示和肯定这一点。一个人在口头上可以声称绝不再受其主宰，但实际上他将照旧每时每刻对其俯首称臣。”通过对身边人持续的观察，他认为快乐和痛苦是支配人类一切行为的原因，而所有的东西的区别，不过是在于它的快乐的持续时间，带来的强度的大小的区别而已，因此在立法和制定一项新政策的同时，政府和立法者应该思考如何去平衡个人和集体的快乐和痛苦，在两者尽可能平衡的状态下，最大限度地让最大多数人提高整体的幸福水平。

那么如何才能去平衡快乐和痛苦，如何才是实现最大限度上的大多数人的快乐呢，边沁认为“只有通过像数学那般严格，而且无法比拟地更为复杂和广泛的探究，才会发现那构成政治和道德科学之基础的真理”。因此在《道德》一书中，被反复提起的一个词语便是效用的最大化。书中，边沁一直在重复一件事，就是实现最大多数人的最大多数利益和幸福，即将大众幸福最大化。

三、效用最大化——成本效益分析

边沁认为，凡是能将一件事情的结果效用最大化的行为，就是正确的，那么怎样才是效用的最大化呢，在书中，边沁认为既然快乐和痛苦是支配行为的原因，事物的不同也只是快乐和痛苦的强度等的区别，“对一个人自己来说，一项快乐或痛苦本身的值多大多小，将依据下列四种情况来定：（1）其强度；（2）其持续时间；（3）其确定性或不确定性；（4）其邻近或偏远。”

效用最大化就是在快乐和痛苦之间找到一个平衡点，通过精确的计算来得到效用的最大化。我们发现三者是相互密切联系的，实现大多数人的幸福就需要实现效用的最大化，实现效用的最大化则需要进行精确的计算，就是成本效益分析。

道德的最高原则，就是为了将大众福利最大化，实现效用最大化，既然快乐和痛苦支配我们，那么我们的法律体系也应该始终把它们考虑进去，只有把效用最大化，才可能平衡两者，这不仅是对个人，还包括集体、立法，例如在立法时，评价一部法律是否好，就要在考虑到这部法律所有的好处后，再减掉所有的成本，在快乐值和痛苦值平衡的情况下，找到最大值，这就是效用最大化。这也是功利主义最主要的思想，既然边沁认为所有事物都可以通过计算去换算成一些可以替代的有价的东西，比如金钱，那么现在再来进行成本效益分析就简单得多了。

四、从例子看功利主义得与缺

哈佛大学桑德尔教授在讲边沁的功利主义时，用了一个十分有趣的例子，这个例子十分形象准确地表现出了成本效益分析的优点和缺点，例子如下：

福特公司曾经生产一种小型轿车，这种轿车在 19 世纪 70 年代十分流行，但福特公司把油箱设置在车后厢的位置，那么每次出车祸的时候，这种小型汽车十分容易引起油箱爆炸，曾炸死或烧死一些人，于是许多顾客把福特公司告上了法庭。在法庭上，福特公司呈了一份特殊的报告，就是福特公司使用成本效益分析得来的结果。实际上福特公司早知道油箱的位置是有问题的，他们做了成本效益分析，把油箱设在一个挡板里可以阻止油箱爆炸，但每辆车需要多花 11 美元，而给每位死者的赔偿金加上把汽车销毁的金额远比给每辆轿车设置安全设施的金额要小得多，因此他们决定不进行安装。

根据边沁的功利主义，这是正确合理的计算，结果法庭判福特公司赔偿高额的赔偿金。有人认为，做成本效益分析报告是被允许的，不然福特公司早就倒闭了。有人认为人的价值不是数字可以衡量的，用数字来衡量人的价值本身就是错误的。还有人认为，如果福特公司倒闭了，许多的工人失业，许多人没有汽车可开，损失的价值是更大的。无论如何评价福特公司的成本效益分析，这个结果都是显而易见的。早在 20 世纪，有政府也曾使用成本效益分析来计算财政收入和支出，进而判断是否应该禁止民众吸烟，显然，是否应该立法来禁止民众吸烟是一件关乎民众身体健康和整个社会风气的事情，而不仅仅是简单的税收和医疗支出等数字的加减。功利主义在近现代生活中的运用更加广泛，大多数的立法和政策都是以大多数人的利益来衡量和制定的，因为很难考虑到每个民众的喜好，在必须要做出一项决策时，用一个大概的数字去计算从而进行判断，这是十分有效且快速的，但显然，成本效益分析在计算与生命、人文价值等一些本不应该也不能用一个数字去替代的东西时，并没有任何的差别对待，这也是功利主义受到批判最多的地方。

其次，功利主义的危险在于，它总是考虑最大多数人的利益而非少数人的利益，而法律是否应该保护大多数人的利益？边沁认为，“它按照看来势必增大或减小利益有关者之幸福的倾向，亦即促进或妨碍此种幸福的倾向，来赞成或非难任何一项行动。我说的是无论什么行动，因而不仅是私人的每项行动，而且是政府的每项措施。”“一项行动的总倾向在多大程度上有害，取决于后果的总和，即取决于所有良好后果与所有有害后果之间的差额”。即只要一项决策在快乐程度上的相加之和是最大的，这就是正确的，哪怕在此过程中需要牺牲一些少数人的利益也是应当的。但在我看来，法律不仅应该保护多数人的利益，更应该注重于保护个人和少数人的利益。这也是法律在不断完善的漫长过程中逐渐被认同和变化的。

综上，反对功利主义主要有两种观点。第一种反对意见认为，我们是否真的可以如同边沁所说的那样，把所有的东西都具现化，用同一个单位去衡量，即是否所有东西都是可度量的。第二个反对意见认为，应该给予每个少数人权利上的尊重，如何确定在整体利益上相加时的总和是超过少数人损失的利益的，如何找到这个快乐与痛苦的平衡点，从而去对少数人的权利进行保护。

针对两种反对的意见，边沁认为虽然所有东西都能用快乐和痛苦的不同程度来表示，一条好的法律或一项好的政策都是某种程度的快乐，但边沁拒绝给不同的快乐进行等级区分，他认为喜爱吃饭的快乐和喜爱吃面的快乐并没有什么高低上的区别，只是对不同人的感受程度上有所不同而已。而实际上，有时我们是可以区分快乐和痛苦的高低级的，甚至有时我们发现，我们不仅关注行为的后果，也关注甚至更关心行为内在的性质。例如，以杀人来取乐的这种快乐很明显是一种违背人伦、可耻的快乐，是一种低级的快乐，而帮助别人得到的快乐便是一种较之高级的快乐。对此，约翰·密尔有着与边沁不同的看法。

五、约翰·密尔对边沁功利主义的改进——自由的追求式

约翰·密尔是近代功利主义的代表人物，此时他已经察觉到，资产阶级和无产阶级之间的矛盾开始剧烈地碰撞，社会变革已经迫在眉睫了，在 25 岁之后，约翰·密尔试图改造完善边沁的功利主义，让它变得更加人性化，融入更多的人文关怀，让功利主义不再是将所有物体、人文价值都用金钱来衡量的理论。例如，密尔开始考虑如何在功利主义中充分尊重个人的权利，并对快乐来进行高低级的区分。

（一）对个人权利的保护

我们先来看一下密尔对保护少数人权利的看法。在《论自由》一书中，密

尔更倾向去阐述如何尊重和保护个人的权利，书中描述的自由并非是某种随心所欲的自由，而是与之相反的大众自由，书中称之为社会自由或公民自由。人类逐渐开始学会关注少数人的自由，他认为只要个人不涉及自身以外其他人的权利，那么这个人就是自由的个体，他就不必因任何行为而向社会负责或交代，这也是本书的核心之一，即个人和少数人权利的实现正是这种公民自由的实现。

如何去尊重个人的权利，自由的界限应该在哪里，功利主义中大多数人的利益和少数人的利益相冲突时，又应该怎么去进行成本效益分析，谁也不知道，但权利与义务的相对决定，社会在提供对个人的保护的前提下，人人都有对社会应尽的义务，比如实行自身权力不得侵犯他人权力，从而给予双方一定的安全感，政府要学着通过消极的不干预来保障公民自由，又要通过依靠法律来确定公民自由的最后一道防线；公民通过各种手段来为自己争取自由，又尽量地不去触碰最后的底线，双方就此达到一个相对平衡与平和的状态，这也是约翰米尔认为的自由主义的真谛，也是保护个人权利时需要不断地去改进的地方。

少数人的自由必将涉及思想和言论的自由。在当今时代，由于网络的发展，人权的不断提高，言论和思想自由的程度已大大提高，对于个人的权利的保护也大大增强。相比在密尔受垄断资本主义控制时代已天差地别，若想要取得思想自由和言论自由胜利成果的前提，密尔在书的第三章中提出个性的发展。每个人都是不同的个体，背景、成长环境各不相同，而越发无差别式的教育、传统固执的风俗习惯却在不断地一点点地消磨掉个性迥异的人的棱角，使我们逐渐成为一块块相同的圆石，由此看出，他认为人与人之间的差异性促使人类个性自由的发展，这也是人类幸福的前提，因此，他反对传统而统一的教育方式，反对一成不变的风俗习惯，追求思想的自由表达、追求在无限的差异中寻找自由的真理。

前两段提到这本集自由论著大成的著作核心之一是在不侵犯他人权利的前提下，人人都有完全的自由，而不必向社会负责，之二即向社会负责的唯一条件就是侵犯了他人的权利，所谓负责，就是承担法律后果，约翰·密尔在书中不止一次地提倡要完善法制，这是边沁一直强调的一点，无论是大多数人的暴政还是少数人的专职，都是起于人性的邪恶性，犹如失去刹车装置的车子，很容易失去控制，因而要求大自由时代的框架必须是法律。

（二）快乐的等级分类——质与量的较量

其次，我们再来了解约翰·密尔如何对看不见摸不着的快乐进行等级区分。在《功利主义》第二章中，密尔对快乐进行了高低级的区分，那密尔是如何区分哪种快乐更高级，哪种是更为低级的快乐呢，书中这么表述，既然我们不能脱离实际的欲望，检验一种快乐是高级的还是低级的，则需要你去亲身体验之后，依旧更偏爱其中的那一种，“两种乐趣之中，如果其中一种是体验过这两者后，还偏爱其中一种，不管任何道义上的责任，你还是喜欢它”，那么它就可以确定是更高级的一种。

密尔认为快乐的质要比快乐的量要重要得多，要体验到更高级的快乐，需要通过不断的学习，而通过受教育去体验到两种不同快乐的人都会选择更高级的，边沁对此是持相同态度的，认为不断接受更高级的教育的人对于快乐的质和量的体会是有所差别的。在它看来“宁可像人类那样饥渴，也不要像猪那样满足，宁可像苏格拉底那样被饿着，也不愿像一个傻瓜那样被喂饱，如果说猪和傻瓜的意见有什么不同的话，那一定是因为他们都只看到了自己的那一面”。密尔认为我们有时也会屈从于诱惑和欲望，选择了低级的乐趣，但我们始终清楚知道，哪种是更高级的乐趣。例如，去剧院观赏莫扎特的音乐会和躺在床上懒洋洋地看搞笑的综艺节目两者相比，有时我们会选择躺在家，但每个选择了躺在家的人都会知道，在观赏莫扎特演奏会时的自己能收获更高级的快乐，这也是约翰·密尔区分快乐高低级的方法。

约翰·密尔反复强调维护个人和少数人权利的重要性，认为人们能够从学习中区分高低级的快乐，那么他与边沁的功利主义是否相违背呢，并不是。约翰·密尔在临终前撰写了《功利主义》一书，书中明确表示，效用是道德唯一的标准，坚持边沁“最大多数人的最大幸福”原则，主张通过教育去开化民众，关注人文环境对教育的作用，否认国家或政府权力是社会契约的产物，肯定功利动机是政府权力产生的终极原因。

六、对我国法治建设的启示

正如功利主义法哲学发展的轨迹一般，法治建设也是在一步一步地循环和改善中发展的，法学理论的发展犹如高楼大厦的奠基石，基石不稳则楼易倾。至今对于自由与正义的政府机制人类仍没有一个完美的模型，政府权力的膨胀与民意的泛滥的冲突如何解决也没有一个完美的答案，法学理论的研究与实际的法制冲突还普遍存在，诚如美国政治家杰弗逊所说，执行法比制定法更重要。因此我认为，我们也应该像日本那样，对法学的研究学习，把对法律条文和法律文本、法典、理论的研究更多地与社会现象相结合，并开始探讨这些因素和法律的关系（梁治平先生在《寻求自然秩序中的和谐：中国传统法律文化研究》中提到了法律文化与法社会学的关系，并主张可以用法律来解释文化，用文化来解释法律），把法律与当今的经济文化政治发展相结合，这对于中国当今的法治进程有着至关重要的作用。

七、结论

功利主义发展至今，受到了诸多的批判，如康德、罗尔斯等人对功利主义的反对。康德认为，人之所以受到尊重正是因为人类是理性的存在，人类正是由于理性的思考而存在的，他不否认功利主义中把人类认为是一种趋利避害的生物，但却反对边沁提出的人只受快乐和痛苦的等级等去支配自身的行为的观点，他认为正是人类本身理性存在，使我们区分于其他动物。康德在《纯粹理性批判》中详细地阐述了对于自由的真谛的理解从而去解释人类怎样去自主地行动，而不是单纯地尊崇自然法则或者原始欲望去行动。康德认为，人的自由并意味着人自己本身不应成为受自然法则或欲望驱使的一种工具，因此把别人作为达成某种目的的工具更是一种错误的观念，并以此为依据否认边沁的功利主义的这个观点，因此他也否认约翰·密尔认为的只要坚持正义，人类的幸福效用可以达到最大化的观点，他认为即使是这样，也是把人当成一种工具和手段而不是目的本身。罗尔斯要求赋予社会制度以正义性，从而解决社会福利的合理分配等问题。功利主义在不断的补充和完善中发展，对当今法治建设仍有着重要的启示作用，功利主义在历史长河中闪出熠熠光辉，照亮至今。

参考文献

［1］杰里米·边沁．道德和立法原则导论［M］．程立显，宇文利，译．西安：陕西人民出版社，2006.

［2］杰里米·边沁．政府片论［M］．北京：商务出版社，1995.

［3］约翰．穆勒．论自由［M］．桂林：广西师范大学出版社，2011.

［4］约翰．穆勒．功利主义［M］．北京：商务印书馆，2014.

［5］林达．历史深处的忧虑［M］．北京：三联书店，1997.

［6］梁治平．寻求自然秩序中的和谐：中国传统法律文化研究［M］．北京：商务印书馆，2013.

读《政府论》有感

黄靖惠

摘　要：洛克是17世纪英国资产阶级的自由主义思想家之一，他伟大的思想是人类发展史上一笔伟大的财富，至今对社会有着深远的影响，他的法律观点集中体现于《政府论》一书，本文通过阅读《政府论》上、下两篇，分别论述了洛克反对君权神授、王位世袭的观点，先破除封建思想后构建理想中的法治社会，他的法律观点主要集中体现在下篇，他提出了社会契约、人民主权、建立人民政府、政府的职责和目的、国家的形式、国家权力的归属等法律观点。

关键词：洛克；政府论；读感

一、引言

《政府论》是英国约翰·洛克（John Locke）于1690年出版的政治著作，汇集了洛克的主要政治哲学思想，不仅使洛克成为古典自由主义思想的集大成者，而且对于后世的现实政治产生了深远的影响。该书分为上下两篇，上篇集中驳斥了当时占统治地位的君权神授说和王位世袭论，下篇系统地阐述了公民政府的起源、范围、目的。该书对英国政治、经济的发展起到了巨大的推动作用，我通过阅读，深入了解洛克的政治思想并结合思考当前社会的状况与我国特色社会主义的政府结构，针对自然状态和财产权、政府与国家权力浅谈个人见解。

二、驳斥封建思想

（一）洛克背景简介

洛克是英国哲学家，从小接受严格的教育。他既憎恶经院哲学，又憎恶独立教会派的狂热，主张宗教宽容。他深受笛卡尔哲学的影响，穷其一生而不为独断论所困扰。他开创了经验主义，也是第一个全面阐述宪政民主思想以及提倡人的“自然权利”的哲学家，他的政治理念对人类社会发展起着深远而重要的作用。《政府论》是在1689年和1690年相继写成出版，其基本精神在于对1688年刚结束的“光荣革命”进行辩护和理论总结。在洛克生活的年代，正值资产阶级兴起、封建王朝走向灭亡的年代，因此要改朝换代，必须进行革命，而革命的前提就是要批判君权神授，打垮封建王朝的思想堡垒，从理论上战胜对手。从1640年，英国革命开始，英国社会各阶级都纷纷发表不同言论，其中为王权辩护的是罗伯特·菲尔麦爵士，他强烈主张君权神授和王位世袭。洛克在《政府论》的上篇集中驳斥了当时占统治地位的君权神授说和王位世袭论。

（二）封建思想

洛克借用菲尔麦的《先祖论》一书，认为菲尔麦是用零碎华丽的辞藻穿成一根用沙粒做成的绳子，用来蒙蔽人们的眼睛，使他们走入迷途。他查阅了《圣经》等重要资料，让有理性的人民看到亚当为神所创造而享有主权的矛盾。拥护“亚当的绝对君权”、反对人类的“自然自由”这些观点的作者根本不是由于理性和论证的力量，而是出自与利害有关的别的原因，因为在菲尔麦本人的思想著作或是其他相关书籍中完全找不到一句，这些仅仅是那些人搬弄出来的假设。我一边阅读一边感慨洛克辩论思想的伟大，感觉到瞬间豁然开朗。其中一处是罗伯特爵士提出：“亚当一出生，就由于上帝的选任而成为世界的君主，虽然他还没有臣民；因为，虽然在没有臣民以前，实际上不可能有政府，可是，基于自然的权利，亚当理应是他的后裔的统治者，尽管不是在事实上，但至少在外表上，亚当从他的创生时起就是一个君主。”从这段话的意思看出作者认为“他是外表上的而不是实际上的统治者”，洛克反驳辩论道：“做一个统治者而没有政府，做一个父亲而没有儿女，做一个君王而没有臣民，那么，罗伯特在没有写他的书以前就已经是一个作家了，这就是所谓的‘外表上的’作家。”按照这个思维，那么，我们就可以随意把任何头衔给予任何一个人了。这显然是缺乏理性的，洛克引用罗伯特的原话去破除君权神授、王位世袭，反对人生来就是奴隶，具有严密的法律逻辑思维，这也是我们读法律的人值得深思学习的地方。洛克的言论发表是对《圣经》等重要文献的研读，并且一句一词反复对比，比较希伯来文，翻译成简单英文，指出上帝赐予时“走动的生物”仅指野兽和爬虫，并不包括人类。最后才总结得出上帝并没有赋予他个人统治权，更没有赋予他主权，反驳了君权神授观点。

在上篇第八章之前都是在讨论辩驳君权神授的起源和根据，由掌控父权的权利开始讨论，父母只有生育了儿女才取得这样的权利，继而讨论特权绝对权。从第八章开始就要探讨王位世袭的问题了。他谈论到亚当君权的继承者，应该由谁去继承、继承的是何种权利的问题。

三、对自然状态和财产权的理解

《政府论》的下篇是洛克主要政治思想，与上篇结合来看，先破后立，破除封建旧思想后，然后是建设性的，从正面论证了资产阶级议会制。书中分别论述了自然状态和自然法、自然权利、政治社会与政府构建、权力与政府解体五个方面。

（一）自然状态

首先在下篇的第二章中谈到的是自然状态，这是一种完备无缺的自由、平等状态，依照自然法处理财产和人身，没有人享有高于别人的地位或对别人的管辖权，自然状态有一种为人人所应遵守的自然法对它起着支配作用。"对人类来说，尽管他们无从任何固定组织，彼此之间也无从关于应该做什么或者不应该做什么的庄严协定，但既然我们不能单独由自己充分供应我们天性所要求的生活即适于人的尊严的生活所必需的物资，因而为了弥补我们在单独生活时必然产生的缺点和缺陷，我们自然地想要去和他人群居并共同生活，这是人们最初联合起来成为政治社会的原因。"从中读出，自然状态中存在着不可避免的缺点，比如说缺乏一个共同约束行为体的准则或者说是确定的法律。并且这里也缺少一个公正的裁判者和一个执行法律的公共权力。为了克服这种在自然状态下不可避免的漏洞和不便，政府就应运而生了，这个政府如何使人信服、如何运行又是另一个值得思考的问题了。如果谁企图将另一个人置于自己的绝对权力之下，谁就同那个人处于战争状态，战争状态的结果就是成为奴隶，而自由是其余一切的基础，失去自由就可能意味着失去生命，同样的凡在社会状态中想夺取那个社会或是国家的人们自由的人，也一定被假设为企图夺取他们的其他一切，并被看作是战争状态。

（二）财产权

洛克同样认为财产权是人最重要的基本的权利之一，在书中第五章"论财产"中明确指出财产是自由和生命的保障和表彰，所有的自然物都是由人类所共有的，劳动使自然共有的东西脱离自然状态成为私有财产，这就使人们取得对物的所有权，并同时排斥别人对该物的所有权，因此，财产是人的自由劳动的产物，财产是由劳动的能力和生存的优先性决定的，自然状态、社会契约都是为了保护财产的国家的“历史的”前提。“政治权力包括保护和规定而制定法律的权利”，对此，作者做了两个假设：第一，一个人通过劳动获得财产绝不影响另一个人通过同样的方式获得财产；第二，假设没有货币的出现。货币未出现时，人们是无法无限积累财物的。货币一旦出现就会有大量的财物积累。洛克主张物尽其用，反对浪费，但是同时极大丰富的物质产品自然不再是无限的了。

洛克的自然法、自然权利的观点都只不过是为了服务新兴资产阶级实现他们的具体要求所做出来的假说。但是，他的政府的目的是为了保护财产，是一个具有现实意义的结论，我相信社会上应有一种权威、一种权力，使人们遇到纷争可以寻求救济，人类社会在生活与交往的过程中会逐渐形成共有的价值准则和伦理规范，但这些规范本身并不能直接约束人们的行为，所以必须有一个强有力的政府去强制执行形成的规则，而政府要有保障生命财产和自由的职责，正是洛克思想阐述的精彩之处。

四、对政府的理解

（一）政府的权限

洛克认为任何一个政府都只拥有一定权限，而且行使权力必须接受大众监督。他在下篇也曾反驳过霍布斯的观点，在霍布斯的学说中，国家是一头张牙舞爪的怪兽——利维坦，因为国家的权力是不受制约的。英国著名历史学家阿克顿说过：“权力是腐蚀人的，绝对的权力就会造成绝对的腐蚀。”权力是一把双刃剑，运用得好会造福一方，反之则会贻害无穷。纵观古今中外，权力所具有的侵略性和扩张性往往是使每一个被授予权力的人面临着滥用权力的诱惑。王朝时代的中国也是为了争夺皇权这个至高无上的权力而兄弟反目、滥杀无辜，论计谋手段的例子比比皆是。如果不对政府的权力加以限制，政府将独裁专制；如果政府行使的权力缺乏标准，对社会的发展和人民利益必将造成损害，甚至会使政府失去它的人民。洛克提出以社会契约的方式，一方面社会成员之间相互订立契约，另一方面在每一个社会成员订立契约的基础上产生代表社会共同体的政府，并与作为社会全体成员代表的政府之间订立契约，将社会成员的一切权利交给政府管理，政府则要保障社会成员的财产、安全，以促进成员福利为目的，并对政府的权限加以限制，政府需要接受社会成员的监督。政府就是代表社会共同体的机构，使在自然状态中的自由的不安定不安全状态得到保障。

（二）法治政府

洛克所构想的通过社会契约建立的政府必须是一个法治的政府，因为想要约束政府的权力，最有力的工具莫过于法律。在实行人治的社会里，掌握了国家机器的人可以为所欲为，通常会因为自己的利益去偏袒一个利益集团去打击另一个利益集团，这就激化了社会矛盾。在人治的社会里，周期性地发生社会动乱，甚至暴力革命是无法避免的事情。而在法治社会里，一个人即使掌握了最高统治权也不能为所欲为。他必须和普通大众一样依法办事，他所拥有的仅仅是法律赋予他的权力。由法治代替人治，使自然状态下缺乏的是非标准和裁判尺度，缺乏公正的裁判者、公正执行判决的问题得以有效解决。人民要接受法律的约束，政府也和人民一样，书中提到“政府的产生是基于全体成员的一致同意而产生，成员基于共同的社会发展目标及福利将部分权力授予政府，人人都应遵守政府的法律，破坏法律就是毁坏共同的幸福或目标而应遭受惩罚。当然若政府行使的任期届满或政府在行使权力时违反了为全体成员谋福利的唯一目的，政府就必须和每个个体一样，受到相应惩罚甚至被依法解散，或可以重新选择人员或重建政府”。这种法治思想对后世影响深远，今天的中国仍大力倡导依法治国，中国共产党第十八届中央委员会第四次全体会议专题讨论依法治国问题，从司法改革抓起，建设法治中国，法治政府。要求严格依法行政，政府的各项权力都在法制轨道上运行，坚持反腐败工作，根据法律建立权力制约和监督机构，遏制政府滥用权力和防止腐败，以此维护社会和平稳定，推动人类进步发展。

（三）政府的目的

政府是用来保障社会公民权利尤其是私人财产权的，其最大功能是维护社会的公平公正。洛克认为“人在组成政府之前具有多种权利，政府的组建不是剥夺这些权利，相反要保护这些权利”。他所提倡的社会契约论实际的核心思想也是人民主权思想，人民主权贯穿在他关于政府权力的建立、运用、监督等方方面面。人民是主权者，政府只是人民权力的被委托者，政府只能有为人民的唯一目的。作为政府公务人员并不是你犯了错才算滥用权力，如果没有诚心履行应有的职责也是忽视了人民委托的权力。洛克在论自然状态时提及“两个人在荒芜不毛的岛上，如同加西拉索在他的秘鲁历史中所提到的，或一个瑞士人和一个印第安人在美洲森林中所订立的交换协议和契约，对于他们是有约束力的，尽管他们彼此之间完全处于自然状态中。因为诚实和守信是属于作为人而不是作为社会成员的人们的品质”。这使我引发出一个关于信任的问题了，政府应该通过遵纪守法、信守承诺来取得群众的信任，通过依法行政，维持社会公平正义来提高公信力。

五、对国家权力的理解

（一）“三权分立”

在国家权力方面，洛克认为一个国家有三种权力：立法权、行政权和对外权。一方面三种权力性质不同，另一方面也要这三种权力互相约束。立法权是制定和公布法律的权力，一个国家中最根本的权力是制定法律的权力。洛克认为在一个“组织完善的国家”里，“全体的福利受到应得的注意，其立法权属于若干人，他们定期集会，掌握由他们或者同他人制定法律的权力”。行政权是执行法律的权力，需要某种机构监督和保证法律的实施，这就是权力的执行机构了，这一机构的权力就是执行权力。洛克提到“由于那些一时和在短期内制定的法律，具有经常持续的效力，并且需要经常加以执行和注意，因此就需要有一个经常存在的权力，负责执行被指定和继续有效的法律；所以立法权和执行权往往是分立的”。而对外权则是决定“战争与和平、联合与联盟以及同国外一切人士和社会进行一切事务的权力”。洛克认为每种权力都应该由一个特殊的机关来掌握，这就是西方著名的“三权分立”学说的前身，为孟德斯鸠分权学说奠定了基础。另外，洛克强调“劳动创造世界”，我觉得这正是逐渐被人们遗忘的真谛，在现在这个物欲横流的时代，有多少人在想着不劳而获，许多“富二代”拿着家里的钱财随意挥霍，不曾想着通过自己的劳动为这个社会做贡献，虽然时代在快速发展，劳动创造价值的道理却是不会改变的。

（二）局限性

我觉得洛克主张的议会学说还是存在一定的局限性，洛克的分权学说一方面同这些削减和限制封建王权的具体措施的目的是完全一致的；另一方面也正是在为资产阶级议会掌握国家的最高权力辩护。政府的设想虽然是虚构的，但我认为政府依法行政还是要靠人去实施的，并不是说有了法律就一定能保证依法办事。这就需要权力制衡，需要法律的有效监督，任何权力都不能实施垄断，必须进行有效的分权制度，失去监督的权力轻则引发腐败，重则引发社会动乱。在专制社会下，法治没有丝毫存在的空间。因此市场经济需要民主制度，在以市场经济为主导的今天更需要发扬民主政治，分权与制约。美国的三权分立、权力的互相制衡贯彻得最为鲜明，美国宪法中“三权分立”一词从未出现但其有着清晰的指示，“所有立法权力皆由美国国会所有，行政权力由美国总统所有，司法权力由一个美国最高法院和一些可以由国会随时下令设立的次级法院所有”。正是有了稳定的政治体制，才能更好地促进社会经济的快速发展，使美国成为世界第一经济大国。

六、结论

洛克的思想是人类文明史上一颗璀璨的明珠，它对人类社会的发展有着积极的进步作用，经过历史的发展、岁月的变迁，其闪耀的民主、自由的思想仍然照耀着当今的社会。阅读完《政府论》使我的思想层次有了一个新的高度，更开拓了我的思维见解。我还需要反复阅读并琢磨领悟其中的精粹，将理论结合实践更好地运用于现代社会构建之中。

参考文献

[1]［英］约翰·洛克．政府论（上、下篇）［M］．北京：商务印书馆，1964.

[2]［法］卢梭．社会契约论［M］．北京：人民大学出版社，2013.

[3]［法］卢梭．论人类不平等的起源和基础［M］．黄小彦，译．南京：译林出版社，2013.

[4] 法律出版社法规中心．中华人民共和国行政法大全［M］．北京：法律出版社，2011.

[5] 埃德加·博登海默．法理学——法哲学及其方法［M］．邓正来，姬敬武，译．北京：华夏出版社，1987.

[6] 约翰·密尔．论自由［M］．程崇华，译．北京：商务印书馆，1982.

[7] 徐大同．20 世纪西方政治思潮［M］．天津：天津人民出版社，1991.

[8] R. G. 柯林武德．自然的观念［M］．吴国盛，柯映红，译．北京：华夏出版社，1990.

浅谈《欧洲刑事诉讼传统与欧洲人权法院》

张权丰

摘　要：自然科学的进步可谓日新月异，而社会科学也在不断地向前发展，迈着坚实的脚步。法学作为社会科学的重要成员之一，它的成长史也是十分值得我们去认识的。欧洲作为世界经济发达地区，其法律制度也较为完善，而刑法作为法学的重要组成部分，其发展历程也是我们借鉴经验的重要材料。在刑法日益受到公众关注的当下，《欧洲刑事诉讼传统与欧洲人权法院》这本书是我们应当认真阅读的。当下司法改革成为社会热议的话题，公正审判正是司法改革竭力追求的目标，如何在当下这个社会快速转型的时期恰到好处地推行法治，解决现存的一些问题，亟须社会深思。

关键词：人权；法治；审判；公正

一、引言

在该书中，作者介绍到在世界多数地方都存在着纠问制与控辩制两种主要的刑事诉讼制度的典型代表，同时认为英美法系的制度是控辩制的，而欧洲大陆法系的制度是纠问制的。两者如何区别，这在欧洲刑事诉讼的历史长河中有过许多争论。各种制度的分类往往具有不确定性，产生分歧也在所难免。书中介绍了法学家达夫对纠问制和控辩制的个人见解。他认为在欧洲大陆的非控辩制或者纠问制中，“由官方调查来查明真相，当事人不控制举证活动，很少有严格的证据规则”。

二、控辩制与纠问制的发展进程和纠葛

人们指望辩护方协助查明真相。法官在收集和遴选证据中起到重要作用。

裁判的结果来源于建立在大量的行政性程序上的大体上由书面证据构成的全案材料或卷宗。控辩制则开始于警察的侦查。这样的侦查是公开进行的，至少在其将关注点放在某个嫌疑人身上以后，是以收集证明犯罪的证据为目的的。控辩制下的审判是在一个中立的裁判者面前进行的。裁判者是法官或陪审团，他们在审判之前没有看过案卷。律师推动着审判的进行，两方律师都试图说服中立的裁判者相信自己主张的正确性。在控辩制与纠问制两种学说的碰撞过程中，一些欧陆国家引入了不少控辩制的因素。与之相似，意大利的一些改革举措也被认为走向控辩制。于是乎，在有关现代刑事的比较讨论中，“融合说”成为一个反复出现的话题。欧洲的刑事诉讼传统让我们认识到了一个法律发展的复杂过程，也让我们深思。

在该书中界定了《欧洲人权公约》第六条第一款中的“公正”。该条款规定“在判定民事权利及刑事指控的时候，每个当事人都有权在合理的期间内接受依法设立的且中立的法庭所进行的公开、公正的审判”。虽然该条款在理论上得到欧洲每个国家的认可，因为欧洲国家都认为自己的审判是公正的。但是从程序应该采用何种形式而言，这样的规定并没有为刑事公正审判理念的基础提供多少指引。经过多次发展，人们真正认识到，程序公正才能让刑事诉讼公正。程序权力的作用在于对国家权力从程序上进行制约，以便确保个人受到有尊严的对待，并受到尊重。程序权利得到保障，那么便可以促成陪审公正，人们得以维护合法权利。这是我们急需的方面，值得我们去认识、践行。

欧洲法院在适用《欧洲人权公约》第六条公正审判权的过程中所产生的相关诸多判例，值得时下正倡导切实保障公民权利的中国学习和借鉴。例如提供了保障犯罪嫌疑人与被告人获得审判的权利、平等权、质证权、不得强迫自证其罪特权等宝贵经验。法律面前人人平等，双方当事人之间的实体性权利和程序性权利对等，任何一方不应享有超越对方的实质利益。被告人享有由依法设立的、合格的、独立的、无偏倚的法庭审理的权利，享有除特殊情况外公开审判的权利。该公约规定了在欧洲人权法院受刑事指控者所享有的最低限度的权利，主要包括：告知指控，以被告人所了解的语言立即详细地通知他被指控罪名的性质以及被指控的原因；准备辩护，由被告人本人或者其选择的律师协助替自己辩护；询问证人，询问不利于被告人的证人，并在相同的条件下，让有利于他的证人出庭接受询问；获得免费翻译，若被告人不懂或不会讲法院适用的工作语言，可以请求免费的译员协助翻译。同时无罪推定，这实际上是对被告人在刑事诉讼中地位的保护性假定，通过赋予被告人与未犯罪公民相同的身份和地位，享受特殊权利，以保障被告人在刑事诉讼中具有与代表国家的公诉机关抗衡的能力，从而保障自身的合法权利。我想这对于正在进行中的法治建设是有非常大的借鉴意义的，一个人即使被定性为犯罪嫌疑人，但是在未被宣判有罪前，那么犯罪嫌疑人依然拥有法律赋予的应当享有的权利。能够得到公正的审判我想这是每个公诉案件中被告人都想拥有的待遇，在国家公权力机关面前任何个人都是显得那么渺小。孙志刚案件让我们真切地感受到公权力被滥用是多么的让人恐惧，他的逝去让我们见证社会更真实的鲜为人知的一面，我国曾在历史上出现过不少冤假错案，虽然仅有一些得到平反，但却引起了重大的社会反响。屈打成招几乎是每一个冤案必不可少的一环，这如何能让人不对审判机制产生怀疑呢！有些事情不是人们不希望相信官方声明，但赤裸裸、血淋淋的现实一次又一次地动摇着人们对官方的信任。而欧洲人权公约适用无罪推定原则，只有当承担举证责任的控方拥有足够证据能够证明对被告人的有罪指控属实，才能认定被告人有罪；若不具有强有力的证据，不能有效证明被告人实施了指控的犯罪行为，则应当做出有利于被告人的认定。

公正审判权在欧洲人权法院中的适用体现在许多方面：（1）获得审判的权利。欧洲人权法院在裁判的过程中，倾向性的观点是获得审判权的限制与国际法上的限制是一致的，以下案例即体现了这一观点。申请人向国内法院起诉请求国家赔偿强制购买土地的价款和损失，国内法院判定申请人的诉讼请求已过诉讼时效，不予受理。在穷尽国内救济之后，申请人向欧洲人权法院起诉，欧洲人权法院认为，一个人尽管能够使用国内救助手段，但随之由被依据法律事由宣布其诉讼不予受理，这一事实并不能满足公约第六条之要求：必须还要表明国内法所能提供的“进入的程度”足以赋予当事人实实在在的权利，侵犯了申请人获得审判的权利，阻碍了申请人有效参与审判。(2)平等权。欧洲人权法院审理每个案件都力求达到公平正义，但是，作为个人的法官对正义的认识难免有所偏颇，正义的实现需要通过审核双方当事人提交的证据材料、观察当事人在庭审现场的表现、依据事实和法律才能达成。事实上，由于当事人之间在知识、财力、能力等方面的差异，一方当事人不可避免地会在主张权利、收集证据、选择诉讼代理人等方面处于劣势。此时，等臂原则的确具有重大意义。在等臂原则下，双方当事人在诉讼信息获得方面应该处于同等地位，任何一方当事人均有权获得已提交法官并可能对法官的判断产生影响的案件材料，均可以就此案件材料展开辩论，双方当事人的证人也应当受到法庭的平等对待。（3）质证权。质证权是《欧洲人权公约》第六条的重要内容，是与质证相关联的权利，由诉讼双方当事人及其代理人在法庭审理过程中，围绕证据的真实性、关联性、合法性，针对证据能力和证明力的相关问题进行质疑、说明和辩驳的权利。欧洲人权法院审理案件中有大部分与当事人的质证有关，在审理此类案件的过程中，欧洲人权法院的倾向性处理结果是做出有利于申诉人的裁决，认定被申诉人的相关行为侵犯了申诉人的质证权。（4）不得强迫自我归罪特权。《欧洲人权公约》第六条的条文中虽然没有明确规定申诉人享有不得强迫自我归罪特权，但是从欧洲人权法院历年的判例中可以看出，欧洲人权法院认为《欧洲人权公约》第六条的表述蕴含了表示沉默、不提供归罪证据的意思，因而在历年的判例中倾向性的选择是对此项权利给予肯定和保护。在约翰默里案中，欧洲人权法院是这样来定义不得强迫自证其罪特权和沉默权的："通过被告人提供免不正当压力的手段，这些保障措施有助于防止错案，确保《公约》第六条目的的实现。"因此，判例法的关注点试图区分真正的压制与被追诉人可以抵制强制配合压力的情形。真正压制的不当强迫主要是在侦查过程中，当犯罪嫌疑人不配合侦查工作时，以采取制裁对其进行威胁，强迫犯罪嫌疑人做出不利于己的供述，进行自我归罪。在希尼和麦基尼斯诉爱尔兰一案中，申诉人未回答警察的提问而被定罪，欧洲人权法院认为，国家虽然有义务证明被告人有罪，但是不能采取违背被告人意志的方法获取证据，更不能将此证据作为定罪的依据。

三、如何在法治建设过程中贯彻"人权"和"公正"

《马克思恩格斯全集》不仅把两位伟人独特的人格魅力展示在世人面前，也体现了马克思历史唯物主义人权观，马克思历史唯物主义人权观是人类历史上先进的人权理论，指明社会主义的人权发展方向，对当前我国推进人权事业具有十分重要的指导意义。人权法律保障是法治国家应有之义。马克思历史唯物主义提出了权利和义务应该相对应的原则。马克思历史唯物主义人权观认为，权利、义务具有对应性。1864 年马克思为国际工人协会起草《国际工人协会章程》中，马克思首次提出了"权利和义务应该相对应"的原则。该原则的提出，使广大劳动人民群众能够对资产阶级人权的虚伪性有了更本质、更为深刻的理解。这是因为，资产阶级享有广泛的人权却没有相对应的义务，而无产阶级"享有"的是实实在在的繁多、繁重的义务，却没有相应权利。广大劳动人民群众按照"权利和义务应该相对应"原则的提出，成为马克思历史唯物主义人权观的优势体现。在资本主义统治下，广大劳动人民承担的是无穷无尽的义务，却没有相应的人权保障。享受多少权利就承担相应对等的义务，这是容易被广大劳动人民群众所理解的，“章程”中权利和义务应该相对应原则的提出，使马克思历史唯物主义人权观获得了广大劳动人民的关注和支持。马克思进而提出：争取平等的权利和义务，并消灭任何阶级统治。（1）人权具有历史性特征。马克思历史唯物主义人权观认为，人权并非“天赋”的，而是随着历史的发展变化而产生。由于人类生产力决定生产关系，而人类社会的发展由生产方式决定的，生产力的不断发展和更替，从而使人类社会具有历史性，人权也自然具有历史的特性。（2）人权具有物质制约性。人权是一种社会意识，属于上层建筑的范畴，而社会意识、上层建筑受制于经济的发展。经济基础是人权的决定性因素，人权是物质发展到一定阶段的产物，具有显著的物质制约性，这正如马克思曾经指出的：权利永远不能超出社会的经济结构以及由经济结构所制约的社会的文化发展。（3）人权具有阶级性。人是不同阶级、阶层的主体，任何人均属于特定阶级，没有任何人超越阶级而存在。

而在当前我国的法治建设过程中公正审判思想和马克思历史唯物主义人权观都具有重要意义。我国《刑事诉讼法》的某些规定体现了公正审判权的思想，体现了刑事诉讼中作为案件裁判者的法官在审理案件的过程中应当保持中立，同时也体现了对被告进行公正审判的理念。并且出现了公正审判的内容，这可以说是保障犯罪嫌疑人、被告人公正审判权观念的雏形。但实际上，在刑事诉讼中由于公诉机关与被告人力量悬殊，刑讯逼供、超期羁押、限制律师权利、杜绝律师介入、裁判不公等现象频繁发生。与此同时，在损害少数被告人利益来保护社会绝大多人利益的理念的驱动下，这种损害“犯罪者”利益的做法往往会得到社会公众的认可和支持，这使得犯罪嫌疑人、被告人获得公正审判的权利没有得到完全的保障。或许我们会本能地或下意识地认为犯罪嫌疑人还需要被优待吗？但是，假设这是个冤案那又该如何呢！嫌疑人如果有冤屈又该怎样申辩，当今已被媒体揭露的冤案还少吗？云南“躲猫猫”等类似事件还有多少是未知的，公正审判必须得以正视。公正审判原则应当包括三个方面的内容；一是公正的法院，法院的设立、职能的行使、一切活动需依据宪法和法律的相关规定；二是公正的审判程序，在诉讼的整体过程中双方的当事人均享有相同的辩护、申诉、上诉权利，不应因双方当事人具有不同种族、性别、职业、信仰而区别对待：三是公平的判决结果应与被告人的行为一致。我国切实践行公正审判原则，首先要明确树立保障公正审判权这一具体权利，使法院在审判过程中有法可依、有法必依，逐步建立保障犯罪嫌疑人、被告人公正审判权的审判模式。其次是改革司法体制，加强司法机关独立行使职权的组织性保障。保证法院在行使职权时不受到其他不利于公正审判因素的影响。还有在法律救济制度的完善方面，在诉求没有得到保障时还可以进行司法救济。

四、结论

我国现在进行中的司法改革，如何让法院独立地进行审判一直都是个难题，法院一方面想要独立，一方面又不大想独立，而一旦法院要独立不受干预地进行审判那会涉及多方面问题，法院人事调动要听人大，经费在政府手里揣着，案件审理过程中和审结后很可能需要政府多部门的配合，刑事案件那便少不了公安机关的身影。这些问题的完善解决都将有力地加快司法改革步伐，法院获得更大自主权是公正审判强有力的保障。

参考文献

[1] 庞从容．人权基本概念的演变与人权发展历程［J］．政法学刊，2011（6）：82－87.

[2] 曲波．马克思人类解放人权理论范式及其对中国的启示［J］．齐鲁学刊，2013（6）：81－84.

[3] 陈金钊．对“法治思维和法治方式”的诠释［J］．国家检察官学院学报，2013（2）：77－96.

[4] 喻名峰．法治认同的理论辨析与路径探索［J］．湖南师范大学社会科学学报，2015（3）：97－102.

[5] 肖金明．法治中国建设视域下依法执政的基本内涵与实现途径新探［J］．山东大学学报（哲学社会科学版），2015（3）：1－10.

[6] 谢进杰．论审判对象的变更及其控制［J］．中山大学学报（社会科学版），2007（3）：112－119.

[7] 谢澍．刑事审判公开的信息化转型——基于实证研究的路径探寻［J］．中国刑事法杂志，2012（12）：65－75.

[8] 杨海蛟．作为政治价值的公正：一种解释性评价［J］．探索，2011（3）：79－83.

图书在版编目(CIP)数据

追求法治:东莞理工学院首届法学卓越班学生论文集/郑玉敏,强昌文主编.
—合肥:合肥工业大学出版社,2017.2
ISBN 978-7-5650-2283-8

Ⅰ.①追… Ⅱ.①郑…②强… Ⅲ.①法学—文集 Ⅳ.①D90-53

中国版本图书馆 CIP 数据核字(2017)第 033360 号

追求法治
东莞理工学院首届法学卓越班学生论文集

郑玉敏 强昌文 主编 责任编辑 王钱超

出 版	合肥工业大学出版社	版 次	2017 年 2 月第 1 版
地 址	合肥市屯溪路 193 号	印 次	2017 年 5 月第 1 次印刷
邮 编	230009	开 本	710 毫米×1000 毫米 1/16
电 话	人文编辑部:0551-62903205	印 张	12.75
	市场营销部:0551-62903198	字 数	211 千字
网 址	www.hfutpress.com.cn	印 刷	安徽联众印刷有限公司
E-mail	hfutpress@163.com	发 行	全国新华书店

ISBN 978-7-5650-2283-8 定价:39.00 元